中等职业教育汽车专业技能人才培养规划教材
ZHONGDENG ZHIYE JIAOYU QICHE ZHUANYE JINENG RENCAI PEIYANG GUIHUA JIAOCAI

# 汽车保险与理赔

■ 沙克文　主编
杜春盛　张嫣　主审

人 民 邮 电 出 版 社
北 京

图书在版编目（CIP）数据

汽车保险与理赔 / 沙克文主编. -- 北京 : 人民邮电出版社, 2011.12 (2023.1 重印)
中等职业教育汽车专业技能人才培养规划教材
ISBN 978-7-115-26519-7

Ⅰ. ①汽… Ⅱ. ①沙… Ⅲ. ①汽车保险－理赔－中等专业学校－教材 Ⅳ. ①F842.63

中国版本图书馆CIP数据核字(2011)第223867号

## 内 容 提 要

本书共6章，结合最新的《机动车辆保险条款》和发达国家汽车保险的相关规定，介绍了汽车保险概述、汽车保险原则与合同、汽车保险产品、汽车核保、汽车理赔实务、汽车保险与理赔综合案例分析等知识。本书还有针对性地在每章中选择典型的真实案例并进行分析，增加学习的乐趣，以培养读者综合运用专业知识解决实际问题的能力。

本书可作为中等职业学校、技工学校汽车类相关专业学生的教材，还可以作为汽车保险业的岗位培训教材以及从事汽车保险与理赔工作的业务人员的参考书。

中等职业教育汽车专业技能人才培养规划教材

汽车保险与理赔

◆ 主　　编　沙克文
　主　　审　杜春盛　张　嫣
　责任编辑　刘盛平
◆ 人民邮电出版社出版发行　北京市丰台区成寿寺路 11 号
　邮编　100164　电子邮件　315@ptpress.com.cn
　网址　http://www.ptpress.com.cn
　三河市中晟雅豪印务有限公司印刷
◆ 开本：787×1092　1/16
　印张：10.5　2011 年 12 月第 1 版
　字数：264 千字　2023 年 1 月河北第 14 次印刷

ISBN 978-7-115-26519-7

定价：22.00 元

读者服务热线：(010)81055256　印装质量热线：(010)81055316
反盗版热线：(010)81055315
广告经营许可证：京东市监广登字20170147号

汽车的诞生和高速发展，无疑是一场巨大的革命。汽车促进了经济的繁荣，加速了人类的进步，缩短了世界的距离，但是也带来了一定的社会危害。汽车的交通事故及其他灾害事故，一方面对国家的经济构成了严重威胁，形成一种社会的不安定因素；另一方面，每一个汽车的所有者或管理者，都随时面临着蒙受重大经济损失的可能。社会需要安定，企业需要保障，人民需要安居乐业，汽车就需要避免风险，汽车保险即由此而生。在诸多交通事故中，超速行驶、疏忽大意、措施不当、行人穿行机动车道及违章占道驾驶是导致事故的五大主要原因。严酷的事实和血的教训，使与机动车辆有关的人们认识到汽车保险与理赔的重要性，掌握汽车保险与理赔的基本知识和机动车辆保险条款，了解交通事故的处理方法，对于每个汽车拥有者、使用者、管理者及保险与理赔工作者都有十分重大的意义。

本书在编写过程中重点突出教材的实用性，尤其从各大保险公司选取的一些具有代表性的真实案例，使汽车保险与理赔不仅仅是条款和原理的解释，更多的是案例的详细解析，浅显易懂，更加适合中等职业学校以及技工学校汽车类相关专业的学生使用。本书全部采用了2009年最新的机动车辆保险条款，注重汽车保险与理赔的实际业务操作，从应用的角度出发，理论联系实际，提高学生的实践技能。本书也可供从事汽车保险与理赔工作的有关研究和业务人员参考或作为保险公司对车辆保险与理赔人员进行业务培训的教材使用。

本书共分六章，由大连交通技师学院沙克文任主编，杜春盛和张嫣主审。在本书的编写过程中，得到大连理工大学、东北财经大学、中国平安保险公司大连分公司、中国大地财产保险股份有限公司等单位的大力协助，在此一并致谢。

由于编者水平有限，书中难免存在疏漏和不足之处，恳请读者批评指正。

编　者

2011年8月

CONTENTS
目录

# 汽车保险概述

◎ 了解保险的定义、特征、要素、功能以及分类；
◎ 熟悉我国汽车保险市场的发展历程，清楚汽车保险的特点、分类；
◎ 能够分析汽车保险业中的热点问题，锻炼学生独立思考能力。

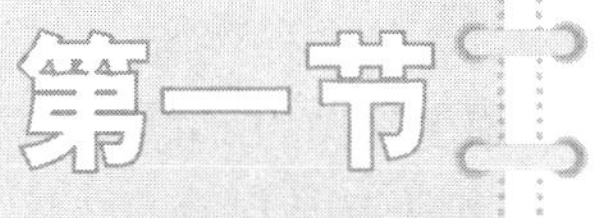


## 保险概述

### 一、保险定义与特征

保险是指投保人根据合同约定，向保险人支付保险费，保险人对于合同约定的可能发生的事故因其发生所造成的财产损失承担赔偿保险金责任，或者当被保险人死亡、伤残、疾病或者达到合同约定的年龄、期限时承担给付保险金责任的商业保险行为。

保险是集合具有同类风险的众多单位和个人，以合理计算风险分担金的形式，向少数因该风险事故（事件）发生而遭受经济损失的成员提供保险经济保障（或赔偿或给付）的一种行为。

在经济学上认为保险是分摊意外事故损失的一种财产安排，而同时保险是具有法律效应的，是一种民事法律主体之间的合同行为。保险不但是经济单位转移风险的一种方法，也是社会生产和生活的“精巧稳定器”。

保险自身具有互助性、契约性、经济性、商品性和科学性五大特征。

商业保险不同于社会保险，尽管它们有很多相同点，例如，人身保险与社会保险都是以风险的存在为前提、以人身要素为对象、以保险基金为物质基础，但是二者存在着本质区别，主要体现在主体不同、保险的行为依据不同、实施方式不同、强调的原则不同、保障的功能不同以及保费负担不同几个方面。社会保险与商业保险的差异如表 1-1 所示。

表 1-1　　社会保险与商业保险的差异

| 项目 | 社会保险 | 商业保险 |
|---|---|---|
| 经营目的 | 不以营利为目的 | 以营利为目的 |
| 权利与义务对等关系 | 不对等 | 对等 |
| 保险的资金来源 | 来源于国家、企业、个人 | 来源于保险客户 |
| 保险的实施方式 | 强制方式实施 | 自愿方式实施 |

续表

| 项目 | 社会保险 | 商业保险 |
| --- | --- | --- |
| 经营主体和管理特征 | 经营主体是国家或由政府指定的专门职能部门，管理具有政策性特点 | 经营主体是以营利为目的的商业保险公司，自主经营，自负盈亏 |
| 保险给付标准依据和保障水平 | 满足基本生活需要 | 多投多保，少投少保 |
| 保险关系建立依据 | 以有关的社会保险法律法规和社会政策为依据 | 以保险合同为依据 |
| 保险所处的财税关系 | 国家财政有对社会保险拨款的义务 | 商业保险企业要向国家纳税 |

## 二、保险要素

保险要素指构成保险关系的主要因素，包括保险人、投保人、被保险人、保险标的及可保风险等。一般地说，现代商业保险的要素包括：可保风险的存在；大量同质风险的集合与分散；保险费率的厘定；保险基金的建立；保险合同的订立。

可保风险指符合保险人承保条件的特定风险。一般来讲，可保风险应具备的条件包括：风险应当是纯粹风险，只有损失的机会，而无获利的可能，而且大量标的均有遭受损失的可能性，有导致重大损失的可能。重大损失是被保险人不愿承担的。如果损失很轻微，则无参加保险的必要。另外不能使大多数的保险标的同时遭受损失，要求损失的发生具有分散性。保险的目的，是以大多数人支付的小额保费，赔付少数人遭遇的大额损失。如果大多数的保险标的同时遭受损失，保险人通过向被保险人收取保险费所建立起的保险资金根本无法抵消损失，从而影响保险公司的经营稳定性。风险必须具有现实的可测性，保险经营中，保险人必须制定出准确的保险费率，而保险费率的计算依据是风险发生的概率及其所致保险标的损失的概率。

风险的大量性一方面是基于风险分散的技术要求，另一方面也是概率论和大数法则的原理在保险经营中得以运用的条件。如果只有少量保险标的，就无所谓集合和分散，损失发生的概率也难以测定，大数法则更不能有效地发挥作用。集合的风险标的越多，风险就越分散，损失发生的概率也就越有规律性和相对稳定性，依此厘定的保险费率也才更为准确合理。

## 三、保险功能

保险具有经济补偿、资金融通和社会管理功能，这三大功能是一个有机联系的整体。经济补偿功能是最基本的功能，也是保险区别于其他行业的最鲜明的特征；资金融通功能是在经济补偿功能的基础上发展起来的；社会管理功能是保险业发展到一定程度并深入到社会生活诸多层面之后产生的一项重要功能，它只有在经济补偿功能和资金融通功能实现以后才能发挥作用。

### （一）经济补偿功能

经济补偿功能是保险的立业之基，最能体现保险业的特色和核心竞争力。具体体现为财产保险的补偿和人身保险的给付两个方面。

1．财产保险的补偿

保险是在特定灾害事故发生时，在保险的有效期和保险合同约定的责任范围以及保险金额内，按其实际损失金额给予补偿。通过补偿使得已经存在的社会财富因灾害事故所致的实际损失在价值上得到补偿，在使用价值上得以恢复，从而使社会再生产过程得以连续进行。这种补偿既包括对被保险人因自然灾害或意外事故造成的经济损失的补偿，也包括对被保险人依法应对第三者承担的经济赔偿责任的经济补偿，还包括对商业信用中违约行为造成经济损失的补偿。

2．人身保险的给付

人身保险的保险数额是由投保人根据被保险人对人身保险的需要程度和投保人的缴费能力，在法律允许的情况下，与被保险人双方协商后确定的。

### （二）资金融通功能

资金融通功能是指将形成的保险资金中的闲置的部分重新投入到社会再生产过程中。保险人为了使保险经营稳定，必须保证保险资金的增值与保值，这就要求保险人对保险资金进行运用。保险资金的运用不仅有其必要性，而且也是可能的。一方面，保险保费收入与赔付支出之间存在时间差；另一方面，保险事故的发生不都是同时的，保险人收取的保险费不可能一次全部赔付出去，也就是保险人收取的保险费与赔付支出之间存在数量差。这些都为保险资金的融通提供了可能。保险资金融通要坚持合法性、流动性、安全性、效益性的原则。

### （三）社会管理功能

社会管理是指对整个社会及其各个环节进行调节和控制的过程。目的在于正常发挥各系统、各部门、各环节的功能，从而实现社会关系和谐、整个社会良性运行和有效管理。

1．社会保障管理

保险作为社会保障体系的有效组成部分，在完善社会保障体系方面发挥着重要作用，一方面，保险通过为没有参与社会保险的人群提供保险保障，扩大社会保障的覆盖面；另一方面，保险通过灵活多样的产品，为社会提供多层次的保障服务。

2．社会风险管理

保险公司具有风险管理的专业知识、大量的风险损失资料，为社会风险管理提供了有力的数据支持。同时，保险公司大力宣传培养投保人的风险防范意识；帮助投保人识别和控制风险，指导其加强风险管理；进行安全检查，督促投保人及时采取措施消除隐患；提取防灾资金，资助防灾设施的添置和灾害防治的研究。

3．社会关系管理

通过保险应对灾害损失，不仅可以根据保险合同约定对损失进行合理补充，而且可以提高事故处理效率，减少当事人可能出现的事故纠纷。由于保险介入灾害处理的全过程，参与到社会关系的管理中，改变了社会主体的行为模式，为维护良好的社会关系创造了有利条件。

4．社会信用管理

保险以最大诚信原则为其经营的基本原则之一，而保险产品实质上是一种以信用为基础的承诺，对保险双方当事人而言，信用至关重要。保险合同履行的过程实际上就为社会信用体系的建立和管理提供了大量重要的信息来源，实现社会信息资源的共享。

## 四、保险分类

### （一）按照保险标的分为人身保险与财产保险

人身保险是以人的寿命和身体为保险标的的保险。当人们遭受不幸事故或因疾病、年老以致丧失工作能力、伤残、死亡或年老退休后，根据保险合同的规定，保险人对被保险人或受益人给付保险金或年金，以解决病、残、老、死所造成的经济困难。财产保险广义上讲，是除人身保险外的其他一切险种，包括财产损失保险、责任保险、信用保险、保证保险、农业保险等。它是以有形或无形财产及其相关利益为保险标的的一类实偿性保险。

（二）按照承包方式分为原保险与再保险

发生在保险人和投保人之间的保险行为，称为原保险。发生在保险人与保险人之间的保险行为，称之为再保险。具体地说，再保险是保险人通过订立合同，将自己已投保的风险，全部或部分转移给一个或几个保险人，以降低自己所面临的风险的保险行为，我们把分出自己承保业务的保险人称为原保险人，接受再保险业务的保险人称为再保险人。

（三）按照是否以营利为目标分为商业保险与社会保险

社会保险是指在既定的社会政策下，由国家通过立法手段对全体社会公民强制征缴保险费，形成保险基金，用以对其中因年老、疾病、生育、伤残、死亡和失业而导致丧失劳动能力或失去工作机会的成员提供基本生活保障的一种社会保障制度。社会保险不以营利为目标，运行中若出现赤字，国家财政将给予支持。商业保险指保险公司所经营的各类保险业务。商业保险以营利为目标，进行独立经济核算。

此外，按保险实务操作习惯分为寿险与非寿险、水险与非水险、车险与非车险，按保障的主体分为个人保险和团体保险，按保险实施方式分为自愿保险和强制保险。当前世界各国绝大部分保险业务都采用自愿保险方式办理，我国也不例外。

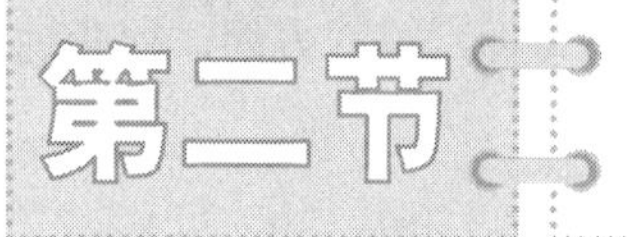

# 第二节 汽车保险

## 一、汽车保险的产生及分类

（一）汽车保险的产生

汽车的诞生和高速发展，无疑是一场巨大的革命。汽车促进了经济的繁荣，加速了人类的进步，缩短了世界的距离，但是也带来了一定的社会危害。汽车的交通事故及其他灾害事故，一方面对国家的经济构成了威胁，形成一种社会的不安定因素；另一方面，每一个汽车的所有者或管理者，都随时面临着蒙受重大经济损失的可能。社会需要安定，企业需要保障，人民需要安居乐业，汽车就需要避免风险，汽车保险即由此而生。

（二）汽车保险的分类

汽车保险简称车险，是指对机动车辆由于自然灾害或意外事故所造成的人身伤亡或财产损失负赔偿责任的一种商业保险。汽车保险是财产保险的一种，在财产保险领域中，汽车保险属于一个相对年轻的险种，这是由于汽车保险是伴随汽车的出现和普及而产生和发展的。同时，与现代机动车辆保险不同的是，在汽车保险的初期是以汽车的第三者责任险为主险的，并逐步扩展到车身的碰擦损失等风险。

汽车保险可以分为三部分，即车辆损失险、第三者责任险和汽车附加险，保险公司分别承担不同的保险责任，而这些保险责任也正是被保险人本来应由自己承担，现在却转嫁给了保险公司的各种风险。

1．车辆损失险

车辆损失险顾名思义是针对由于灾害事故造成车辆本身损失的保险。对于车辆损失的赔偿，需要有一个由被保险人与保险公司共同商订的最高赔偿限额，这就是保险金额。保险金额越高，保险公司承担的赔偿责任就越大，因而相应的保险费也就越多。

2．第三者责任险

第三者责任险是针对由保险车辆所致并须由被保险人承担的对第三者人身伤亡和财产损毁的经济赔偿责任的保险。同车辆损失险类似，第三者责任险也有一个一次事故最高赔偿限额的问题，各地保险公司一般都设定几个限额档次和一个无限额档次，供被保险人选择。与车辆损失险不同的是，无论保险公司的一次赔款是否达到最高赔偿限额，保险责任都继续有效，直至保险期满。

3．汽车附加险

汽车附加险是各地保险公司结合本地区的具体情况开办的用以弥补车辆损失险、第三者责任险不足而附加的保险，以进一步保障被保险人的经济利益。附加险的保险责任一般类似于车辆损失险或第三者责任险，而保险对象则以保险车辆上的人员或货物为多，汽车附加险主要包括全车盗抢险、玻璃单独破碎险、新增设备损失险、自燃损失险、不计免赔特约险、车辆停驶损失险、车上人员责任险、无过失责任险、车载货物掉落责任险和车上货物责任险。对于这些保险对象在保险汽车发生保险责任范围内灾害事故而出现的人员伤亡及财产损毁，保险公司先在双方商订的保险金额内负责赔偿。

汽车保险也适用于摩托车和各种具有行驶功能的专用汽车及专用机械，但保险责任略有差别。因而汽车或其他机动车辆的所有者或管理者在参加保险时，还需要认真了解保险条款及有关规定，以进一步明确自己的权利与义务，切实保障自己的经济利益。

## 二、汽车保险市场起源及我国汽车保险市场发展

### （一）汽车保险市场起源

汽车保险是近代发展起来的，它晚于水险、火险、盗窃险和综合险。保险公司承保机动车辆的保险基础是根据水险、火险、盗窃险和综合责任险的实践经验而来的。汽车保险的发展异常迅速，如今已成为世界保险业的主要业务险种之一，甚至超过了火灾保险。目前，大多数国家均采用强制或法定保险方式承保的汽车第三者责任险，它始于 19 世纪末，并与工业保险一起成为近代保险与现代保险分界的重要标志。

英国法律事故保险公司于 1896 年首先开办了汽车保险，成为汽车保险“第一人”。当时，签发了保费为 10～100 英镑的第三者责任保险单，汽车火险可以加保，但要增加保险费。1899 年，汽车保险责任扩展到与其他车辆发生碰撞所造成的损失。这些保险单是由意外险部的综合第三者责任险组签发的。1901 年开始，保险公司提供的汽车险保单，已具备了现在综合责任险的条件，在上述承保的责任险范围内，增加了碰撞、盗窃和火灾险。1906 年，英国成立了汽车保险有限公司，每年该公司的工程技术人员免费检查保险车辆一次，其防灾防损意识领先于其他保险大国。

实施第三者强制责任保险则始于第一次世界大战后，当时英国机动车辆的流行加重了公路运输的负担，交通事故层出不穷，有些事故中受害的第三者不知道应找哪一方赔偿损失。针对这种情况，政府发起了机动车辆第三者强制保险的宣传，并在《1930 年公路交通法令》中纳入强制保险条款。在实施机动车辆第三者责任强制保险的过程中，政府又针对实际情况对规定作了许多修

改，如颁发保险许可证，取消保险费缓付期限，修改保险合同款式等，以期强制保险业务与法令完全吻合。强制保险的实施使在车祸中死亡或受到伤害的第三方可以得到一笔数额不定的赔偿金。

1945 年，英国成立了汽车保险局。汽车保险局依协议运作，其基金由各保险人按年度汽车保费收入的比例分担。当肇事者没有依法投保强制汽车责任保险或保单失效，受害者无法获得赔偿时，由汽车保险局承担保险责任，该局支付赔偿后，可依法向肇事者追偿。英国现在是世界保险业第三大国，仅次于美国和日本。据英国承保人协会统计，1998 年在普通保险业务中，汽车保险业务首次超过了财产保险业务，保险费达到了 81 亿英镑，汽车保险费占每个家庭支出的 9%，足见其重要地位。

而汽车保险的发展成熟地则是美国。美国被称为“轮子上的国家”，汽车已经成为人们生活的必需品。与此相随，美国汽车保险发展迅速，在短短的近百年的时间内，汽车保险业务量已居世界第一。2000 年美国汽车保险保费总量为 1 360 亿美元，车险保费收入占财险保费收入的 45.12%。其中，机动车辆责任保险保费收入为 820 亿美元，占 60.3%，机动车辆财产损失保险保费收入为 540 亿美元，占 39.7%。机动车辆保险的综合赔付率为 105.4%，其中，净赔付率为 79.3%，费用率为 26.1%。美国车险市场准入和市场退出都相对自由，激烈的市场竞争，较为完善的法律法规，使美国成为世界上最发达的车险市场。

### （二）我国汽车保险市场发展

改革开放以来，随着我国保险业不断发展壮大，保险在经济社会中发挥的功能和作用越来越突出，尤其是汽车保险在 30 年间更是得到了迅速发展，为经济社会发展和人民生活稳定提供了重要保障。

2006 年，我国机动车辆保险保费收入为 1 107.87 亿元，同比增长 29.1%，占财产险公司业务比重为 70.1%，稳居产险业第一大险种。2007 年我国车险业保费收入创造了 30%的高增幅，2008 年的车险市场在受到一系列新政策以及经济低迷导致汽车消费能力减弱的影响下，行业增速明显放缓。2009 年我国汽车销售量在小排量车购置税减半、汽车下乡、以旧换新等多项利好政策综合作用下激增了 50%，从而带动了车险的较快增长。

改革开放 30 年间，中国汽车工业增长迅猛。中国汽车销量以平均每年 40%的速度实现高速增长。我国汽车工业的蓬勃发展预示着汽车保险和汽车保险产业链相关主体都将获得更加广阔的发展空间。随着我国私家车的数量越来越多，汽车逐渐成为城市居民家庭财产的主要部分，如何更好地保护自己的财产已经成为各个家庭的主要任务，中国将是世界上最大最有潜力的汽车保险市场。预计到 2012 年中国车险保费将增至 2 000 亿元。

## 三、汽车保险的特点

汽车保险是以保险汽车的损失，或者以保险汽车的所有人，或者驾驶员因驾驶保险汽车发生交通事故所付的责任为保险标的的保险。

汽车保险具有保险的所有特征，其保险对象为汽车及其责任。从其保障的范围看，它既属财产保险，又属责任保险。

### （一）汽车保险的对象具有广泛性和差异性的特点

一是机动车的拥有者具有广泛性，因而必然存在差异性，不同类型的企事业单位、不同类型的家庭、不同的个人、不同的风险倾向都可以体现这一特点；二是保险标的即机动车辆的种类繁多，性能各异，用途不同；三是机动车辆的价格差别悬殊，由几万元到上千万元等。

（二）标的具有可流动性的特点

财产保险根据流动性，即按动产或者不动产划分保险标的。保险标的可流动性是由于标的作为动产和运输工具的特点决定的。由于机动车辆保险标的流动性的特点，就对机动车辆保险的市场营销、核保、出单、检验、理算提出了更高的要求。

（三）出险频率高的特点

机动车辆作为运输工具大多数处于动态，总是载着人或货物不断地从一个地方开往另一个地方，很容易发生碰撞及其他意外事故，造成人身伤亡或财产损失。由于车辆数量的迅速增加，一些交通设施及管理水平跟不上车辆的发展速度，再加上驾驶人的疏忽、过失等人为原因，交通事故发生频繁，汽车出险率较高。

（四）业务量大，投保率高

由于汽车出险率较高，汽车的所有者需要以保险方式转嫁风险。各国政府在不断改善交通设施，严格制定交通规章的同时，为了保障受害人的利益，对第三者责任保险实施强制保险。

保险人为适应投保人转嫁风险的不同需要，为被保险人提供了更全面的保障，在开展车辆损失险和第三者责任险的基础上，推出了一系列附加险，使汽车保险成为财产保险中业务量较大，投保率较高的一个险种。

（五）扩大保险利益

汽车保险中，针对汽车的所有者与使用者不同的特点，汽车保险条款一般规定：不仅被保险人本人使用车辆时发生保险事故保险人要承担赔偿责任，而且凡是被保险人允许的驾驶人使用车辆时，也视为其对保险标的具有保险利益，如果发生保险单上约定的事故，保险人同样要承担事故造成的损失。

此规定是为了对被保险人提供更充分的保障，并非违背保险利益原则。但如果在保险合同有效期内，被保险人将保险车辆转卖、转让、赠送他人，被保险人应当书面通知保险人并申请办理批改。否则，保险事故发生时，保险人对被保险人不承担赔偿责任。

（六）被保险人自负责任与无赔款优待

为了促使被保险人注意维护、养护车辆，使其保持安全行驶技术状态，并督促驾驶人注意安全行车，以减少交通事故，保险合同上一般规定：驾驶人在交通事故中所负责任，车辆损失险和第三者责任险在符合赔偿规定的金额内实行绝对免赔率；保险车辆在保险期限内无赔款，续保时可以按保险费的一定比例享受无赔款优待。以上两项规定，虽然分别是对被保险人的惩罚和优待，但要达到的目的是一致的。

综上所述，汽车保险具有广泛性、差异性、保险标的可流动性、出险频率高等特点。

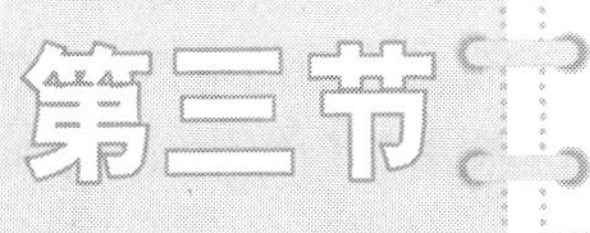

## 第三节 汽车保险发展中的热点问题

回顾汽车保险市场发展历程以及汽车保险的特点，我们不难看出经过几十年的迅速发展，伴随着汽车成为人们生活中密不可分的一部分，汽车保险业的重要性和社会性也正在得到社会各界的关注。与此同时，迅猛发展的我国汽车保险业也出现了一些较为普遍又具有代表性的问题，大致可以分为两类：一类是受到经营过程中综合环境的影响，包括一些保险理论、法律环境、市场环境和人们的保险观念方面的缺陷导致的问题；另一类是受到一些客观条件的限制，一时不可能立刻解决，需要在日后发展的道路上不断完善和改进的问题。

本节从诸多热点问题中选出 3 个具有代表性的，以案例形式加以剖析，希望通过对这些问题的讨论和研究，能够对汽车保险业务从实务到理论的发展起到推动作用。

## 一、保险诈骗

保险诈骗已经成为全球保险业的一个黑洞，严重影响到保险业的健康发展，并逐渐成为一个严重的社会问题。保险诈骗也逐步成为社会犯罪领域中的一种新趋势，下面以真实案例来分析保险诈骗的诈骗手段及解决途径。

### 【案例 1】

为骗取高额保险费，南京一汽修厂两名合伙人 10 个月竟故意“制造”交通事故 19 次，向两家保险公司骗取保险金 55 万余元。这起特大汽车保险诈骗案被南京警方成功破获。

2006 年 9 月，南京警方接到了江苏一保险公司报案，称南京某汽修厂员工赵某等人采取故意撞车、伪造交通事故等方法，有诈骗保险理赔金嫌疑。据悉，这起车祸系赵某驾车追尾撞上了一辆本地牌号小轿车，最后导致四车连撞，赵某负事故全责要求保险理赔。然而，理赔人员到现场发现，被撞小轿车只是后车灯有一个小裂缝，而赵某的车却损坏非常严重。经鉴定，此次车辆撞击痕迹和数月前另一起交通事故痕迹一致，非常可疑，保险公司因此报案。经审查，赵某交代，自 2005 年以来，这家汽修厂老板李某先后购买了 8 辆大宇、本田等进口旧机动车。随后，李某、赵某等人采取故意撞车伪造交通事故，并伪造交通事故责任认定书及事故证明、开具虚假修理发票、向保险公司报假案、私刻他人修理厂发票税务章等方法，先后故意制造 19 起车损事故，共向两家保险公司骗取保险金 55 万余元。

### 【案例 2】

一些车主为了节省开支，大都不投全险，在自己的车辆出现问题后，选择“套保”手段修车。

武某在郑州市某汽配城开了一家汽车修理厂，杨某（另案处理）有辆旧车，时常到店里来修车。2007 年 4 月的一天，杨某找到武某说，自己的车买的是全额保险，让武某找人故意把车撞一下，保险公司理赔后，好好把车修一下。“车险快到期了，再不弄就没有机会了”，杨某还许诺，事成之后，他出钱把武某的车也修理一下。武某答应帮忙。2007 年 5 月 17 日晚，武某打电话找来自己的外甥高某（因保险诈骗罪被判处有期徒刑 3 年，并处罚金 2 万元）、老乡赵某（因保险诈骗罪被判处有期徒刑三年零六个月，并处罚金 3 万元）具体操作此事。当晚 11 时，在一交叉路口，高某驾驶武某的轿车，与赵某驾驶的杨某的轿车迎头相撞。由于碰撞时汽车速度很快，两辆车受损严重。事故发生后，高某、赵某佯装彼此不认识，分别拨打了“110”和保险公司的电话。后经估价，两辆车的损失近 8 万元。但让武某等人没有想到的是，保险公司和交警部门很快发现了问题。2007 年 5 月 31 日，武某、高某、赵某被郑州市公安局中原分局抓获，郑州市中原区法院经审理依法作出一审判决。武某、赵某、高某对判决不服提起上诉。郑州市中级法院经审理依法驳回上诉，维持原判。

帮忙“代撞”骗保赚取利润，这是许多汽车修理厂老板的生财之道。王某是郑州一家汽修厂的老板，据他介绍，汽车修理的利润有两部分，一是工时费，通常可以达到30%；二是材料费，为了挣钱，许多修理厂在对事故车辆进行维修时就开始做手脚。王某说，修理厂可以一方面报损，向保险公司索要更换汽车部件和维修的费用，另一方面将出问题的部分进行修理，或是更换一些价格低甚至是劣质的部件。据调查，汽车修理正常的利润是20%～25%，但如果进行所谓的“代撞”骗保，仅材料费的利润少则可达50%，多则200%、300%，甚至更高。自己的汽修厂也愿意修理投保了车损险的事故车，因为和普通的故障车相比，修理这种车的利润高得多，特别是一些老旧的进口车型更受“青睐”，这是因为这些车逐渐退出市场，配件难寻，维修材料的价格可以抬得比较高，利润空间也就更大。王某说，一些车主为了节省开支，大都不投全险，在自己的车辆出现问题后，便选择“套保”手段修车。他们会伪造现场，将事故归于某辆投保了全险的车以骗取保费。

## 【案例分析】

面对车辆骗保案件，保险公司可谓有苦难言。据有关统计资料显示，2003～2007年，某市各财产保险公司因骗赔造成的保险损失约有13亿余元。尽管保险公司一再加派人手，甚至建立调查人制度，挖掘保险理赔案中的每个疑点，但被查获的汽车骗保案件数量与实际存在的骗保案件的总量相比，只是其中的一小部分。

“保险欺诈产生的根源还是来自于人们的趋利本性和制度漏洞。”某市一家保险公司经理刘先生介绍说，保险公司在发觉保险欺诈案件后，通常会马上报公安部门处理，一般不向社会进行披露。“这是因为保险公司担心过多宣传打击骗保案件，会影响公司车辆保险业务的销售情况。”刘先生道出了保险公司的苦衷。此外，将骗保手段公布于众，会给今后骗保案件的查勘工作造成困难。然而，仅靠保险公司目前的事故勘验手段和理赔方式，是很难防止骗保案件发生的。由于现场工作人员专业素质参差不齐，即使对一些事故有怀疑，因为没有执法权，也很难从手段上突破疑点。到公安机关报案也面临一个难点，那就是对于没有诈骗得逞的事故，公安机关会迫于程序限制难以立即立案，而事故车辆一旦维修了，很多证据就会永远灭失，难以还原事故真相。针对保险诈骗的特点，各保险公司应当通过完善责任追究制度，加强保险代理人、现场勘验人员的职业责任意识；提高事故现场勘验的技术手段和能力，在勘察、估损、赔付的环节上，进行严格的监督管理，防止保险代理人、修理人员利用这些漏洞进行骗保；建立一个全国保险业信息网络平台，实现全国范围内除商业秘密外的重要信息共享；在健全法律制度的同时，还应设立专门的车辆保险调查管理机构或岗位，统一开展疑难案件的调查处理和监控管理，以保险调查工作的技术专业化和职业化来对抗保险欺诈的专业化；还应加强保险行业内的信息收集与交流。

骗保的5种伎俩如下。

（1）制造虚假的交通事故，从而骗取保险金。

（2）修理厂利用便利以全险车代替部分险车，“偷梁换柱”进行骗保。

（3）伪造假事故责任认定书，或向交警隐瞒事实真相，骗取警方事故证明，从而达到骗保目的。

（4）伪造、变造超额修理发票进行骗保。

（5）事故发生后，伪造现场故意扩大损失进行诈骗。

防骗的 4 种策略如下。

（1）修复后验车。要求一些小事故车主修车后再来保险公司验车。

（2）回收旧件。为避免须更换的零配件，不换只修，要求车主领赔款时须交回旧件。

（3）出现场。派经验丰富的定损员出现场。

（4）选择协作修理厂。向客户推荐与保险公司有长期合作关系的修理厂修车。

## 二、车辆损失确定

汽车理赔工作最为核心的是确定造成事故的原因（责任）是不是保险责任和保险财产损失的大小（程度和范围）。

对于事故原因的认定，如果涉及双方对于承担责任的认定，通常是由交通管理部门负责，即由交通警察负责裁定。但是，如果当事人对于裁定不服的，可以通过诉讼方式由法院进行判决。所以对于损失大小的确定是近几年汽车保险经营中的热点问题之一。

**【案例 3】**

四川省金堂县王某用 2 万元买下一辆微型二手面包车，并向保险公司投保，保险金额为 2 万元。在保险期限内，该车发生事故，车辆损失 13 332 元。保险公司称，这辆二手车没有按照新车购置价 4 万元投保，所以只能赔付车损的一半。车主不服，起诉到法院。2007 年 5 月金堂县人民法院一审判决认定，事故车辆购买时实际价值远远低于新车价格，车主在投保时属于足额投保，法院一审判决保险公司如数理赔车损 13 332 元。

庭审中，保险公司认为，原告王某的面包车新车购置价为 4 万元，而他与公司约定的车辆损失险保险金额只有 2 万元，没有足额投保，所以只能赔付核定损失的一半。

原告王某认为，他自己购买的二手车当时的实际价值只有 2 万元，他是足额投保。车辆损失，保险公司就应当在 2 万元车损保险金额内进行赔付。

法院审理认为，保险价值是保险标的的价值。保险金额则是保险人承担保险责任的最高限额。此案中，原被告并没有在保险合同中载明保险标的的保险价值，只约定了保险金额。因此，合同属于不定值保险合同，保险价值只能以保险事故发生当时当地保险标的的市场价格（实际价值）为准。法院认为，原告购买二手车时，该车已行驶 4 年多，其保险价值远低于新车购置价。所以原告在投保时是对车辆进行了足额投保，车损也没有超过约定的 2 万元保险金额。因此，法院判决保险公司败诉。

**【案例分析】**

在这个案子中，法院认定车辆损失保险属于不定值保险，这是正确的，但法院对保险合同中保险价值的认识有误。车辆损失保险的保险价值是发生事故时车辆的重置价值（为方便起见，在实务中，可把保险价值认定为投保时车辆的重置价值）。而不是法院所认为的保险事故发生当时当地保险标的的市场价格（实际价值）。下面，我们通过对车辆损失保险条款中关于保额确定和赔偿处理的具体分析来认识这一问题。

（一）保额确定

《中国人民财产保险股份有限公司营业用汽车损失保险条款》2007 版第十条明确规定，保险金额由投保人和保险人从下列 3 种方式中选择确定，保险人根据确定保险金额的不同方式承担相应的赔偿责任。

（1）按投保时被保险机动车的新车购置价确定。本保险合同中的新车购置价是指在保险合同签订地购置与被保险机动车同类型新车的价格（含车辆购置税）。

（2）按投保时被保险机动车的实际价值确定。本保险合同中的实际价值是指新车购置价减去车辆折旧金额后的价格。

（3）在投保时被保险机动车的新车购置价内协商确定。

（二）赔偿处理

《中国人民财产保险股份有限公司营业用汽车损失保险条款》2007 版第二十六条规定，保险人按下列方式赔偿。

（1）按投保时被保险机动车的新车购置价确定保险金额的，发生部分损失时，按核定修理费用计算赔偿，但不得超过保险事故发生时被保险机动车的实际价值。

（2）按投保时被保险机动车的实际价值确定保险金额或协商确定保险金额的，发生部分损失时，按保险金额与投保时被保险机动车的新车购置价的比例计算赔偿，但不得超过保险事故发生时被保险机动车的实际价值。

在本案中，该辆二手车的新车购置价 4 万元。原告购买二手车时，该车已行驶 4 年多，实际价值为 2 万元。原告王某向保险公司投保时，是按投保时被保险机动车的实际价值确定保险金额的（保险合同中载明保险金额为 2 万元）。而保险价值是车辆的重置价值（即新车购置价）。所以，发生部分损失时，只能按保险金额与投保时被保险机动车的新车购置价的比例计算赔偿，只能赔付核定损失的一半。因此，法院的判决是错误的。

## 三、第三者责任法定化

道路交通事故中，人身伤害的赔偿金额小则几千元，大则数十万元。肇事者的偿付能力成为解决事故、乃至稳定社会的关键。所以在近几年的交通事故的处理中，肇事逃逸呈上升趋势，给事故的妥善处理和社会稳定带来一系列问题，也成为社会关注的热点问题之一。仅 1999 年全国就发生交通事故 41.3 万起，平均每天 1 100 余件。我国现行的机动车保险制度，给交通事故的处理提供了一定的依据，但是远不能赔偿受害人的损失，不利于社会的稳定。特别是机动车第三者责任保险制度与发达国家相比，差距很大，不能有效地解决交通事故赔偿问题。

目前，我国的机动车第三者责任保险实行了强制保险，但是由于逃避保险、脱保、肇事逃逸以及保险合同中约定拒赔条款的存在，尚不能充分、及时、有效地给受害人以赔偿，造成了部分交通事故赔偿案件的“执行难”，导致生效法律文书的“空调、白判”，受害人难以得到满意的赔偿。据调查，某基层法院 2002～2004 年共受理 137 件交通事故赔偿案件，只有 40 件完全兑现，占 29.2%，参加保险的占执结数的 41.1%，特点是要么赔偿金额小，要么参加保险理赔后，其余案件款是由变卖肇事车辆后兑现，有 49 件肇事者下落不明（未投保），占 35.8%，有 15 件虽然投保了机动车第三者责任险，但对保险理赔后剩余款项无力赔偿，占 10.9%，6 件被保险人与保险人恶意串通，制造免责条件，占 4.4%，2 件保险公司不配合，占 1.5%，坚持要投保人签名，无偿还能力的 25 件，占 18.2%。以上数据说明，我国的机动车第三者责任保险制度尚不能有效地保障交通事故受害人的合法权益，对维护社会的稳定尚存在一段差距。因此，保险法需要就特定事项作出特别规定，例如，汽车第三者强制保险关于投保人的投保义务、最低保险金额、受害人对保险人的给付请求权、限制除外责任的适用等，而这些规定均为现行保险法所欠缺。

## 思考与练习

### 一、填空题

1．保险自身具有________、________、________、________、________五大特征。

2．构成保险要素的主要指________、投保人、________、保险标的及可保风险。

3．保险资金融通要坚持________、流动性、安全性、________的原则。

4．汽车保险具有保险的所有特征，其保险对象为汽车及其责任。从其保障的范围看，它既属________保险，又属________保险。

5．汽车理赔工作最为核心的是确定造成事故的原因（责任）是不是________和保险财产________（程度和范围）。

### 二、选择题（不定项）

1．“天有不测风云，人有旦夕祸福”这句谚语体现了风险的什么特征？（　　）

A．客观性　　B．不确定性
C．可测定性　　D．可变性

2．影响汽车保险市场供给的因素有（　　）。

A．保险费率　　B．保险偿付能力
C．消费者收入　　D．文化传统

3．保险的基本职能是（　　）。

A．分散风险　　B．积蓄基金
C．补偿损失　　D．管理风险

4．由于车辆数量的迅速增加，一些交通设施及管理水平跟不上车辆的发展速度，再加上驾驶人的疏忽、过失等人为原因，交通事故发生频繁。上述现象造成汽车保险哪一个特点？（　　）

A．汽车出险率较高　　B．标的可流动性
C．保险对象的广泛性　　D．保险对象的差异性

5．保险自身除了具有互助性还有哪些特征？（　　）

A．契约性　　B．经济性
C．商品性　　D．科学性

### 三、判断题

1．风险管理的目标是为了避免或减少损失的发生，而不是在损失后尽量恢复到损失前的状态。（　　）

2．在财产保险业务中汽车保险是道德风险的“重灾区”。（　　）

3．保险公司的内控制度一般包括定期检查制度、专项检查制度、案件回访制度、客户满意度调查制度等。（　　）

4．保险具有经济补偿、资金融通和社会管理功能。 （ ）

5．汽车保险的对象具有广泛性和差异性的特点。 （ ）

## 四、简答题

1．简述保险的要素。

2．简述汽车保险的特点。

3．简述汽车保险的作用。

4．请结合书中的案例，浅谈你对汽车保险诈骗现象的看法。

# 第二章 汽车保险原则与合同

学习目标

◎ 了解汽车保险合同的性质、特征；

◎ 能够正确分析保险合同的违约及其责任；

◎ 掌握各种保险原则的正确运用以及能够独立进行相关的案例分析。

## 第一节 保险的基本原则及其应用

### 一、保险利益原则

1．保险利益原则的含义

保险利益原则是指在订立和履行保险合同的过程中，投保人或被保险人对保险标的必须具有可保利益，如果投保人对保险标的不具有可保利益，确定的保险合同无效；或者保险合同生效后，投保人或被保险人失去了对保险标的的可保利益，保险合同也随之失效。

如果投保人以不具有保险利益的标的投保，保险人可单方面宣布保险合同无效，保险标的发生保险责任事故，被保险人不得因保险而获得不属于保险利益限度内的额外利益。

2．构成保险利益的要件

构成保险利益的要件可以理解为保险利益必须是确定的、经济上的而且是在法律上所认可的利益。

3．保险利益原则的作用

保险利益原则可以有效防止和遏止投机行为和道德风险的发生，并且在一定程度上有效地限制了保险补偿。

4．保险利益的转移与消灭

保险利益的转移是指在保险合同的有效期内，投保人将保险利益转移给受让人，而保险合同仍然有效；汽车保险有效期内，所有权转移，不需要重新投保，但需要进行批改手续。保险利益消失，则保险合同终止。

5．保险利益原则的应用

**【案例 1】**

2000 年 7 月末，某县林业局将本单位一辆已投保的奥迪轿车以 20 万元卖给该县钢窗厂。双方到车辆交易管理部门办理了交易和过户手续，变更了车牌号码，付款后车转交钢窗厂使用，但未到保险公司办理批改手续。8 月 15 日，该车发生交通事故，致人死亡。经交通部门处理，该款奥迪车负主要责任，赔付对方 7 万余元。保险公司接到报案后，经核实发现该车已于 7 月底办理过户手续，并且变更了车牌号，车辆过户后并未到保险公司办理批改手续。于是，保险公司作出拒赔决定。

**【案例分析】**

《机动车辆保险条款》（新条款第 26 条）规定："在合同有效期内，保险车辆转卖、转让、赠与他人、变更用途或增加危险程度，被保险人应当事先书面通知保险人并申请办理批改。"依照《保险法》的规定，保险利益是指投保人对保险标的具有法律上承认的经济上的利益。被保险车辆转卖后投保人（案中就是被保险人）已经不再具有对原车的保险利益，丧失了被保险车发生保险事故的保险金请求权。而且被保险人对于发生的保险事故并未遭受实际损失。合同中的保险金只能最终支付给被保险人，被保险人以外的其他人无权以自己的名义请求保险公司支付保险金。

**【总结】**

车辆过户后必须及时到保险公司办理批改手续，否则出险后很可能得不到理赔。这里值得一提的是，车辆发生事实上的买卖关系，但未到车辆交易管理部门办理过户手续的，买车人并没有取得该车在法律上的所有权。但并非只有在投保人取得保险标的完全的所有权（占有、使用、收益、处分）的情况下才具有保险利益。以车险而言，占有、保管、租用车辆的情况下，都可以认为具有保险利益。买车人虽未取得该车的所有权，但事实上占有、使用该车，该车的损毁、灭失以及由该车引起的第三者赔偿责任都可能造成其个人的经济损失。因此，以买车人的名义重新订立的保险合同，应该说买车人对该车具有保险利益，该合同是有效合同，保险人应当依约承担保险责任。但买车人必须在特别约定中注明"该车行车执照为×××××，由被保险人使用。未过户"字样。

## 二、最大诚信原则

1．最大诚信原则的含义

诚信是指诚实、守信用。诚实是指一方当事人对另一方当事人不得隐瞒、欺骗；守信用是指任何一方当事人都必须善意地、全面地履行自己的义务。最大诚信原则是指保险合同双方在签订和履行合同的同时，必须以最大的诚意，履行自己应尽的义务，互不欺骗和隐瞒，恪守合同的认定与承诺，否则保险合同无效。

《保险法》第四条规定："从事保险活动必须遵守法律、行政法规，遵循自愿和诚实信用的原则。"

不仅在保险合同订立时要遵守此项原则，在整个合同有效期内和履行合同过程中也都要求当事人间具有"最大诚信"。

2．最大诚信原则的内容

（1）履行如实告知的义务。如实告知的内容主要包含下面几个方面。

① 保险人应主动说明合同条款内容。

② 投保人应对保险标的的重要事实作如实回答。

③ 合同订立后，如保险标的危险增加，应及时通知保险人。

④ 保险事故发生，被保险人应及时通知保险人。

⑤ 重复保险的投保人，应将相关情况通知保险人。

⑥ 保险标的的转让，应及时通知保险人。

保险人的告知形式如下。

① 明确列明：将主要内容明确列明在合同中即可。

② 明确说明：要对主要内容进行提示和正确解释。

投保人的告知形式如下。

① 无限告知：投保人将所有情况尽量告知保险人。

② 询问回答：即有限告知。

目前，我国保险法规定采用询问回答的告知形式。

（2）履行保证义务。保证是指投保人或被保险人对在保险期限内的特定事项作为或不作为向保险人所做的担保或承诺。保险上的保证有下面两种。

① 明示保证。明示保证是以书面形式载明于保险合同中，以“被保险人义务”条款表达的一类保证事项。如汽车保险中有遵守交通规则、安全驾驶、做好车辆维修和保养工作等条款，一旦合同生效，即构成投保人对保险人的保证，对投保人具有作为或不作为的约束力。

② 默示保证。默示保证是指虽未以条款形式列明，但是按照行业或国际惯例、有关法规以及社会公认的准则，投保人或被保险人应该作为或不作为的事项。如醉驾出事交强险也不赔；二手车也要足额投保，否则出险后损失只能按照购置价来报一部分；出险车必须定点维修，否则超出部分自行负担等。

（3）弃权与禁止反言。弃权是指合同一方出于某种目的以明示或默示表示放弃其在保险合同可以主张的某种权利；禁止反言是指放弃权利的一方既然放弃了自己的权利，当保险合同生效后，不得再向对方重新主张这种权利。

在保险活动中，弃权与禁止反言主要是用以约束保险人的。

最大诚信原则是合同的基础，没有遵守此原则就要受到相应的处理，当违反此原则时，受害方有以下权利。

① 废除保险合同。

② 如果涉及欺诈行为，除了可以废除保险合同外，还可以向对方索赔损失。

③ 可以放弃上述两种权利，保险合同继续生效。

3．最大诚信原则的应用

**【案例 2】**

原告王某于 1998 年 7 月 6 日与被告 L 保险支公司订立了一份《机动车辆保险合同》。保险标的为原告的奔驰 600SEL 轿车，险种为车辆损失险、第三者责任险及车上责任险、玻璃破碎险、盗抢等附加险，保险金额总计 220 万元，其中车辆损失险为 130 万元。王某向保险公司支付保费 29 140 元。1999 年 5 月 14 日晚 9 时许，原告驾驶承保车辆发生事故，汽车坠入山涧并起火烧毁。原告在返回公司后报案。被告和 L 市公安局在次日上午进行了现场勘察。原告于 1999 年 8 月 6 日提出索赔，保险公司以“不属于保险责任”为理由拒赔。被保险人遂提起诉讼。

被告认为，原告以 8 万元购买的奔驰轿车却投保 130 万元的车辆损失险，为未履行如实告知的义务，故意隐瞒事实，因此，被告认为原告欺诈骗赔。

法院同意被告的意见，认为原告违反了最大诚信原则，未能及时报案，事后拒绝向被告提供该车的实际价值，判决原告败诉，被告胜诉。

**【总结】**

保险合同是最大诚信合同，被保险人和保险人均应履行如实告知的义务，在这个案例中，在被保险人投保时，如果保险人询问了汽车的购买价格，被保险人没有如实回答就可能构成不实陈述，进而成为保险人解除保险合同的理由。

## 三、近因原则

1．近因原则的含义

所谓近因，不是指在时间或空间上与损失结果最为接近的原因，而是指促成损失结果的最有效的、或起决定作用的原因。近因原则是判断风险事故与保险标的损害之间的因果关系，从而确定保险赔偿或给付责任的一项基本原则。

2．保险事故中近因原则不同情况下的认定方法

损失发生的原因可以归纳为下面 3 种类型。

第一种，几种原因同时作用，即并列发生。在这种情况下，承保损失的近因必须归咎于决定性有效的原因。即这个原因具有现实性、支配性、决定性和有效性。其他原因并不是承保危险，其不决定损失的发生，只决定程度轻重、损失大小。

第二种，几种原因随最初发生的原因不可避免地顺序发生。在此情形下，近因是效果上最接近于损失，而不是时间上最接近于损失的原因。

第三种，几种原因相继发生，但其因果链由于新干预因素而中断。如果这种新干预原因具有现实性、支配性和有效性，那么在此之前的原因就被新干预原因所取代，变成远因而不被考虑，远因是否为承保危险并不重要，同时如果没有远因就不会发生损失也不重要。损失的近因归咎于具有支配性有效的新干预的原因。

根据上述分析，我们可以得出这样一个认定近因的方法，即：近因是指对损失的发生具有现实性、决定性和有效性的原因。损失是近因的必然的和自然的结果和延伸。如果某个原因仅仅是增加了损失的程度或者扩大了损失的范围，则此种原因不能构成近因。

在保险业务实践中，一些案件还存在着同时具有两个近因的特殊情况。在这类情况下，又存在三种不同的情况：第一，两个原因都属于保险责任或者除外责任；第二，其中一个原因属于保险责任，另一个原因属于非承保责任；第三，其中一个原因属于保险责任，另一个原因属于除外责任。

3．近因原则在实际当中的应用

**【案例 3】**

杨某与某保险公司签订了一份机动车辆保险单。保险单上载明投保标的物为一辆宝马轿车，车辆损失险保险价值为人民币 900 000 元，保险期自 1998 年 9 月 12 日零时起至 1999 年 9 月 11 日 24 时止。保险公司按照承保险别，依照该保险单上载明的《机动车辆保险条款》和《机动车辆保险附加险条款》、《中保财产保险有限公司机动车辆保险特约条款》以及其他特别的约定，承担

杨某投保车辆的保险责任。签约后杨某依约向保险公司支付了有关保费。1999 年 7 月 27 日凌晨，市区下了一场倾盆大雨，大多数道路有积水现象。同日上午 9 时，杨某准备开车上班，见停放在其住宅区通道的上述保险车辆轮胎一半受水淹，上车点火起动，发动机发出发动声后死火，而后则无法起动。杨某即将车辆拖至某修理厂，经检查认为系发动机故障。杨某考虑该修理厂设备不齐全，又将车拖至某汽车维修公司，经该公司检查认为故障原因系发动机进气系统入水，水被吸进燃烧室，由于水不可压缩，导致活塞运转中受力过大，连杆折断，缸体破损。杨某向保险公司报案后，因争议太大，保险公司没有赔偿损失，杨某遂诉至法院。该案在审理期间，经保险公司申请，法院委托市产品质量监督检验所对车辆受损原因进行鉴定。市产品质量监督检验所认为：①造成发动机缸体损坏的直接原因是由于进气口浸泡在水中或空气隔有余水，起动发动机，气缸吸入了水，导致连杆折断，从而打烂缸体。②事发时的可能：当天凌晨下了大雨，该车停放的地方涨过水，使该车被雨水严重浸泡，进气管空气格进水，当水退至车身地台以下，驾驶员起动汽车时，未先检查汽车进气管空气格有无进水，使空气格余水被吸入发动机气缸，造成连杆折断，缸体破损。杨某和保险公司对质量监督检验所的鉴定意见均无异议。

这起保险纠纷案在证据的采信和事实认定上均无异议，只是对保险公司应否赔偿车损有下面 3 种意见。

第一种意见认为，杨某在暴雨积水导致保险车辆遭受泡浸后，没有进行修理、清洗，而继续使用导致发动机受损，属于操作不当，根据《机动车辆保险条款》第三条关于遭受保险责任范围内的损失后，未经必要修理继续使用，导致损失扩大部分保险人不负责赔偿的规定，保险公司对车辆发动机气缸被击穿的费用不予偿付，只需赔偿合理的清洗费用。

第二种意见认为，造成保险车辆发动机缸体损坏的原因是由于进气管空气格有余水，起动发动机，气缸吸入了水，导致连杆折断，从而打烂缸体。而进气管空气格有余水，则是由暴雨所造成。暴雨和起动发动机这两个危险事故先后出现，前因与后因之间不具有关联性，后因既不是前因的合理延续，也不是前因自然延长的结果，后因是完全独立于前因之外的一个原因。根据保险法的近因原则，起动发动机是直接导致保险车辆发动机缸体损坏的原因，故为发动机缸体损坏的近因。暴雨为发动机缸体损坏的远因。而起动发动机属除外风险，由起动发动机这一除外风险所致发动机缸体损坏的损失，保险人不负赔偿责任，保险公司只需赔偿因暴雨造成汽车浸水后进行清洗的费用。

第三种意见认为，杨某在车辆受浸低于车身地台的情况下，不可预见进气管空气格进水，此时起动车辆属正常操作；另外，从危险事故与保险标的损失之间的因果关系来看，本案属于多种原因连续发生造成损失的情形，其中暴雨是前因，车辆进气管空气格进水相对于暴雨是后因，而相对于起动发动机是前因，起动发动机是后因，正是由于暴雨的发生，才导致车辆进气管空气格进水，才使起动发动机这一开动汽车必不可少的条件发生作用，导致发动机缸体损坏，根据保险法的近因原则，暴雨才是近因，因此保险公司应向杨某赔偿车辆的实际损失。

## 【总结】

认定保险公司应否承担赔偿责任的关键是搞清保险合同的近因原则。所谓近因原则是指：保险标的物的损失，只有当它的近因是合同约定的保险人应负保险责任的保险事故时，保险人才对损失负赔偿责任。这里的近因并非指时间上最接近损失的原因，而是指直接促成结果的原因，效果上有支配力或有效的原因。在多种原因连续发生所造成的损失中，如果后因是前因的直接的必然的结果，或者后因是前因的合理的连续，或者后因属于前因自然延长的结果，那么前因为近因。起动发动机是开动汽车的必要条件，也就是说开动汽车不可避免要起动发动机。本案中虽然起动发动机是导致车损的重要原因，但它并不必然直接引起损失结果，如果没有暴雨的发生，则车辆进气管空气格将不会进水，此时起动发动机也不会有车辆损失结果的发生。既然暴雨使车辆进气管空气格进水，那么起动发动机造成车辆气缸损坏成为了必然。因此，车辆损失的近因是暴雨而不是起动发动机，虽然起动发动机不是保险责任范围，且在其后发生，但是暴雨却属于保险责任范围，既然暴雨是造成车损的原因，保险公司理应赔偿发动机缸体损坏的损失。

## 四、损失补偿原则

1．损失补偿原则的含义

损失补偿原则是指投保人与保险人订立保险合同，将特定的危险转移给保险人承担；当保险事故发生时，保险人给予被保险人的经济赔偿恰好填补被保险人遭受保险事故的经济损失。“填补损失”在保险关系中称为“补偿”。通过补偿，使被保险人的保险标的在经济上恢复到受损前的状态，不允许被保险人因损失而获得额外的利益。

损失补偿原则的核心是要维护保险作为一个社会经济制度的积极意义，即它一方面要确保被保险人在遇到承保风险造成损失时能够得到充分的补偿，以稳定其正常的生产和生活活动，另一方面又要防止一些不法的被保险人利用保险进行非法牟利。只有这样保险才能健康有序地发展，才能真正发挥其保障作用。

损失补偿原则除以受损失为限外，往往还受到保险合同中约定的其他一些限制，如以保险金额为限、按比例投保因而按比例赔偿的限制。另外还受赔偿方法的限制，如某些保险中规定了免赔额，或赔偿限额等。

2．损失补偿方式

（1）第一损失补偿方式。在保险金额限度内，按照实际损失补偿。

当损失金额≤保险金额时，赔偿金额 = 损失金额；

当损失金额＞保险金额时，赔偿金额 = 保险金额。

（2）比例计算赔偿方式。赔偿金额 = 损失金额 × 保险金额/损失当时保险财产的实际价值。

3．损失补偿原则的应用

### 【案例 4】

2005 年 8 月 27 日晚 7 时，被告彭某驾驶华鹰 175 型三轮摩托车载客从茨岩塘镇去龙山县城，途经桑龙线 89km+950m 处时，与被告余某驾驶的渝 G07238 号大卧客车相撞，造成三轮摩托车上乘客两死一伤的重大交通事故。原告之子曹某即为死者之一。事故发生后，龙山县交通警察大队对事故现场进行了勘察，认为该事故系三轮摩托车无证违章载客碾压路边砂堆致左侧翻与大卧客车占道行驶等行为直接结合造成，彭某负主要责任，余某负次要责任。2005 年 9 月 12 日，原、被告在交警部门的主持下进行了调解，因被告拒绝受害人家属的合理要求，调解未能达成协议。原告认为，由于两被告无视交通法规，引发重大交通事故，致原告唯一的儿子死亡，而且其头部被大卧客车严重碾压后，造成头颅破裂，脑髓喷溅，右侧头颅面部全部缺失的惨状，给原告的精神造成巨大伤害，理应赔偿精神损害抚慰金。且原告之子曹某身前虽系农村户口，但三年前就已到龙山县民安镇民安电子批发部务工，月薪千余元，故其死亡赔偿金应按湖南省城镇居民人均可支配收入的标准计算。被告武隆客运公司作为渝 G07328 号大卧客车的法律车主，应与被告余某承担连带赔偿责任。被告平安保险公司作为渝 G07328 号大卧客车的保险单位，应在该车保险限额内给受害人予以优先赔偿。据此，要求儿被告共同赔偿原告的物质损害赔偿金和精神损害抚慰金共计 277 749.6 元（包括死亡赔偿金 172 349.6 元、处理丧葬事宜的交通费 2 000 元、住宿费 1 400 元、误工损失 2 000 元、精神损害抚慰金 10 万元）。

**【案例分析】**

对于保险公司在交通事故案件中的法律地位问题及承担何种民事责任，依据《道路交通安全法》第 76 条规定，机动车发生交通事故造成人身伤亡、财产损失的，由保险公司在机动车第三者责任强制保险责任限额内予以赔偿。《保险法》第 50 条规定，保险人对责任保险的被保险人给第三者造成的损害，可以依照法律规定或合同的约定，直接向该第三人赔偿保险金。因此，投保了第三者责任险的机动车给第三者造成损害的，第三者可以将保险公司作为被告，要求其直接承担赔偿责任，本案平安保险公司辩称其不是适合被告的主张不能成立。同时，平安保险公司提出按投保人在事故中所负的责任比例承担赔偿责任的观点也不能成立。因《道路交通安全法》第 76 条的立法旨意是确立了机动车第三者责任强制保险是一种无过错补偿责任。故在当前将第三者责任险视同第三者强制责任险的情形下（保监发[2004]39 号通知），不必审查保险合同中约定的免赔、折扣赔付等条款，这些条款只在保险合同当事人之间发生法律效力，不能对抗受害人。故平安保险公司应当在第三者责任险限额内对原告直接承担无过错赔偿责任。

**【结论】**

法院判决如下。

（1）原告的物质损害赔偿金 175 339.6 元（其中死亡赔偿金 172 349.6 元、交通费 270 元、住宿费 1 400 元、误工费 1 320 元）及精神损害抚慰金 30 000 元共计 205 339.6 元，由平安保险公司于判决生效后 5 日内在 50 万元第三者责任险限额内予以偿付。

（2）被告彭某、余某、武隆客运公司对超出保险责任限额的部分互负连带清偿责任。

（3）驳回原告的其他诉讼请求。

案件受理费 6 670 元，其他诉讼费 3 000 元，诉讼保全费 2 000 元，合计 11 670 元由原告承担 1 000 元，被告彭某承担 5 670 元，余某承担 5 000 元。

## 五、代位原则

1．代位原则的含义

代位原则是损失补偿原则的派生原则。保险的代位，指的是保险人取代投保人的求偿权和对保险标的的所有权。代位追偿原则是指在财产保险中保险人依照法律或保险合同的约定，对被保险人遭受的损失进行赔偿后，依法取得向对损失负有责任的第三者进行追偿的权利或取得被保险人对保险标的的所有权。

代位原则由代位追偿和物上代位两部分组成。

所谓代位追偿，又称权利代位，指在财产保险中，由于第三者的过错致使保险标的发生保险责任范围内的损失，保险人按照保险合同的约定给付了保险金后，有权将自己置于被保险人的地位，获得被保险人有关该项损失的一切权利和补偿。

代位追偿的主要目的在于防止被保险人由于保险事故的发生，从保险人和第三方责任人那里获得双份额外利益。

2．代位追偿权产生的条件

根据《保险法》的有关规定及保险原则，代位追偿权的产生应具备以下条件。

（1）保险标的的损失必须是由第三者造成的，依法应由第三者承担赔偿责任。所谓第三者是指保险人与被保险人以外的人。

（2）保险标的的损失是保险责任范围内的损失，根据保险合同的约定，保险人应当承担赔偿责任。如汽车保险中的车辆损失险，保险车辆因碰撞发生保险事故造成损失，根据保险合同的约定，保险公司应负责赔偿。如果不属于保险责任范围内的损失，则不适用代位追偿。

（3）代位追偿权的产生必须是在保险人给付保险金之后，保险人才能取代被保险人的地位与第三者产生债务债权关系。

3．代位追偿权的应用

## 【案例 5】

小王驾驶自己的宝马车外出，突然对面一部面包车失控越过中间的防护栏撞上了小王的车，宝马车严重受损，幸好人没事。经交警部门鉴定，该事故由面包车负全部责任，全部损失应由面包车车主负责赔偿。但面包车没有保险，车主也没有经济能力赔偿。小王的宝马车投保了车辆损失险和第三者责任险，但小王对事故没有责任，他投保的保险公司会赔付宝马车的损失么？

## 【案例分析】

只要在保险责任范围之内的损失，保险公司就要负责赔偿，不管被保险人对事故是否有责任，所以答案是肯定的。

## 【总结】

《保险法》规定，因第三者对保险标的的损害而造成保险事故的，保险人自向被保险人赔偿之日起，在赔偿金额范围内代为行使被保险人对第三者请求赔偿的权利。在保险公司赔偿前，小王应当向面包车车主索赔，如果面包车车主不予支付，小王也可以提起诉讼。保险公司根据小王的书面赔偿要求按照保险单规定赔偿小王，但小王必须将向面包车追偿的权力转让给保险公司，并协助保险公司向面包车追偿，这就是代位追偿权。当然，保险公司行使代位请求赔偿的权利，并不影响小王就未取得赔偿部分继续向面包车索赔的权力。相反，如果保险事故发生后，保险公司未赔偿保险金之前，小王放弃对面包车请求赔偿的权力，保险公司就不承担赔偿责任了。

4．物上代位

保险事故发生后，保险人支付了全部保险金额并且保险金额等于保险价值的，受损保险标的全部权利归于保险人；保险金额低于保险价值的，保险人按照保险金额与保险价值的比例取得受损保险标的的部分权利。

## 【案例 6】

2008 年 7 月 23 日，张某将其私有轿车向保险公司投保了车辆损失险，保险金额为 5 万元。同年 10 月 6 日，该车在途径邻县一险要处时坠入了悬崖下一条湍急的河流，该车驾驶员（系张某堂兄）随车遇难。事故发生后，张某向保险公司报案索赔。保险公司经现场查勘，认为地形险要，无法打捞，按推定全损处理，当即赔付张某人民币 5 万元，同时声明，车内尸体及善后工作保险公司不负责任，由车主自理。到 10 月 10 日，张某考虑到堂兄尸体及随身携带的采购货物的 10 000 元现金均在车内，就将残车以 2 000 元转让给事发地附近的王某。双方约定：由王某负责打捞，车内尸体及现金归张某，残车归王某。10 月 13 日，残车被打捞出来，张某和王某均按约办事。保险公司知悉后，认为张某未经保险公司允许擅自处理实际所有权已转让的残车是违法的。于是双方发生纠纷。

**【案例分析】**

本案中，保险公司在给付了车损赔偿后，对于事故车辆的未打捞是否意味着被保险人可以对事故残值进行处理？答案是否定的。因为保险公司在给付了 5 万元的赔款后，张某作为被保险人，他所受到的经济损失已经得到补偿，此时，相当于把车“卖”给了保险公司，所以事故车辆的残值理应归保险公司，同时保险公司并没有说要放弃残值的处理权，只是暂时没有进行打捞。而张某通过转让残车获得了 2 000 元的收入，其所获总收入大于总损失，显然不符合物上代位原则。

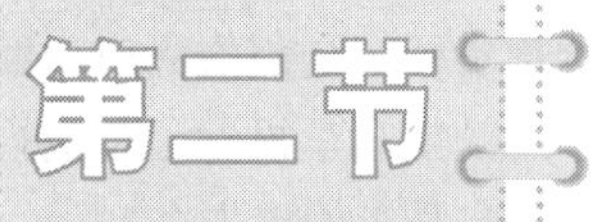

# 第二节 汽车保险合同

## 一、保险合同的概念

保险合同是投保人与保险人约定保险权利与义务关系的协议。保险合同不仅适用《保险法》，而且适用《中华人民共和国合同法》和《中华人民共和国民法通则》的有关规定。

## 二、保险合同的特点

保险合同是一种特殊的民商事合同，除具有一般合同的共性外，还具有特殊性，具体特点有下面几个方面。

1．保险合同是双务合同

保险合同作为一种法律行为，一旦生效，便对双方当事人具有约束力。各方当事人必须依协议履行自己的义务，一方当事人的义务则是另一方的权利。例如，投保人有交付保险费的义务，与此相对的是，保险人有收取保险费的权利。

2．保险合同是附和性与约定性并存的合同

一般的民商事合同完全或者主要是各方进行协商约定合同的内容，但是，保险合同则不然，其内容的产生体现了一种附和性合同的特征，也就是说保险合同的主要内容由保险人单方以格式条款的方式提出，投保人或被保险人只有接受或不接受，一般不能改变。

对于那些非主要条款的，可以根据具体情况由当事人进行选择、商讨的合同内容，当事人可以进行充分协商，达成意思表示一致，即使在保险合同生效后依然可以协商，进行合同的变更。并且这部分可变更的部分是非常有限的。因此，保险合同的约定性是辅助的。

3．保险合同是要式合同

所谓要式就是指合同的订立要依法律规定的特定形式进行。订立合同的方式多种多样，保险合同一般以书面形式订立，即保险单、其他保险凭证及当事人协商同意的书面协议，这已经成为国际惯例。通过书面形式可以使各方当事人明确了解自己的权利、义务和责任，并且成为解决纠纷的重要依据，方便保存。

4．保险合同是有偿合同

被保险人要想取得保险保障，必须支付相应的保险费。

5．保险合同是诚实信用合同

保险合同的诚实信用程度要远远大于其他民事合同，必须建立在诚实守信的基础上才能得到相应的保险权利与义务，所以保险合同也称“最大诚信合同”。

6．保险合同是“保障性合同”

即被保险人遭受保险事故时保险人提供经济保障的合同。

7．保险合同是诺成性合同

只要当事人意思表示一致，保险合同即告成立，并不以保险费用或是其他实物交付为必要条件。

## 三、汽车保险合同的特点

汽车保险合同与一般保险合同相比，不但具有上述特点，还具有自身的特点。

1．汽车保险合同的可保利益较大

对于汽车保险，不仅被保险人使用保险的车辆拥有保险利益，对于被保险人允许的合格驾驶员（非本人）使用保险车辆，也具有保险利益。

2．汽车保险合同是包含财产保险和责任保险的综合保险合同

汽车保险的标的可以是汽车本身，还可以是当保险汽车发生保险事故后被保险人依法应负的民事赔偿责任，除了涉及投保人、被保险人之外，还有第三者受害人。

3．汽车保险合同属于不定值保险合同，其保险金额的确定方法不同

在汽车保险合同中，车辆损失的保险金额可以按照实际投保时保险标的的实际价值确定，也可以由投保人或被保险人与保险人协商确定，并将投保金额作为保险补偿的最高限额。例如，第三者险将投保人选择的投保限额作为保险责任的最高赔偿限额，而不像人身保险合同的投保金额是受一些身体条件、经济状况等其他因素影响。所以在我国现行的机动车辆保险条款中明确规定汽车保险合同是不定值保险合同，该合同是给付性的，其保险金额的确定具有不定值的特点。

4．汽车保险合同确保保险人具有对第三者责任的追偿权

当保险汽车发生保险责任事故时，尽管有些损失是由第三者责任引起的，被保险人还是可以从保险人处取得赔款，但是第三者的追偿权让与保险人，以防被保险人获得双重的经济补偿。

## 四、汽车保险合同的形式

在汽车保险的具体实务工作中，汽车保险合同主要有以下几种。

1．投保单

投保单是投保人申请保险的一种书面的形式，又称“要保单”。主要包括被保险人、投保人的名称，保险车辆的名称，投保的险别，保险金额以及保险期限等内容。

2．暂保单

暂保单是保险人出立正式保单以前签发的临时保险合同，用以证明保险人同意承保。其内容

较为简单，仅包括保险标的、保险责任、保险金额、保险关系当事人的权利与义务等。

暂保单具有正式保单同等的法律效力。不同的是暂保单保险期限短，可以由保险代理机构签发，而正式保单保险期限通常为一年，必须由保险人签发。

3．保险单

保险单简称“保单”，是订立保险合同的正式书面凭证，上面列明了保险合同所有内容，它是保险双方当事人确定权利与义务和在发生保险事故遭受经济损失后，被保险人索赔的重要依据。

4．保险凭证

保险凭证是保险人发给被保险人证明保险合同已经订立的一种凭证，也是保险合同的一种存在形式。在实际保险业务中，保险人除签发保险单外，还须出立保险凭证，用以证明被保险人已经投保机动车辆损失险及第三者责任险，便于交通事故的处理。

5．批单

批单是更改保险合同某些内容的更改说明书。在机动车辆保险实际业务中，被保险人、保险金额、保险期限等内容变更非常频繁，出具保险单往往成了一种繁琐的工作，由此便有了批单的出现及广泛使用。凡经批改过的内容均以批单为准，批单是保险单中的一个重要组成部分。

6．书面协议

保险人经与投保人协商同意，可将双方约定的承保内容及彼此的权利义务关系以书面协议形式明确下来。这种书面协议形式也是保险合同的另一种表现。它具有较大的灵活性和针对性，其保险单的格式不固定，但具有同等法律效力。

## 五、保险合同的解除

投保人与保险人订立保险合同或在保险合同执行过程中，如果出现了某些特定情况，保险人、投保人或被保险人有权解除保险合同关系。特定情况包括以下几方面。

（1）投保人故意隐瞒事实，不履行或者因过失未履行如实告知义务，保险人有权决定是否同意承保或者提高保险费率，并且有权解除保险合同。保险人不仅不承担保险合同解除之前的保险事故赔偿与给付责任，若是投保人因过失造成未向保险人如实相告的，保险人可以退还所交保险费，否则也不退还所交保险费。

### 【案例 7】

2001 年 12 月 6 日，保险人中国平安保险股份有限公司深圳蛇口支公司开给投保人甲一份货车机动车辆保险单，约定了险种（第三者责任险、乘客责任险、驾驶员作为责任险）、保险金额、保险费、保险期限（自 2001 年 12 月 7 日零时起至 2002 年 12 月 6 日 24 时止）等。合同签订后，投保人按时足额缴纳了保险费。2002 年 1 月 12 日，投保人雇佣的司机驾驶投保的货车发生车祸，致使司机、一名乘客、一名第三人死亡，两人受伤，货车不同程度损坏的交通事故。经过交警部门认定，该司机负事故的全部责任。后受害人要求甲赔偿，法院判决甲负担赔偿责任。保险事故发生后，甲依据保险合同向保险人提出索赔要求。2002 年 11 月 20 日，保险人向甲送达了机动车辆拒赔通知书，理由为“根据保监法［1999］32 号《深圳市机动车辆保险条款》第 6 条第 6.2 款、第 6.7 款以及第 6.9 款的规定，我公司决定对该案作拒赔处理”。甲遂诉至法院，要求保险人理赔。

【案例分析】

本案保险车辆发生交通事故后，被上诉人拒赔所依据的保险条款是被保险人义务和其他事项，并不属于责任免除条款。投保人投保车辆效能不合格，严重超载，投保人也未及时将保险车辆危险程度增加的情况通知保险人，保险人对保险车辆危险程度增加而发生的保险事故不承担赔偿责任。

（2）投保人或被保险人未按照保险合同约定履行其对保险标的的安全应尽的责任，保险人有权解除保险合同。

（3）合同执行过程中，由于保险标的危险程度增加，被保险人应当及时通知保险人，否则，保险人有权解除保险合同。

【案例 8】

某厂与保险公司签订了机动车保险合同，投保险种为车辆损失险、第三者责任险等，合同条款注明“因投保人或被保险人的故意违章行为造成的损害，保险人不负赔偿责任”。该投保车辆核定载重量为 10 吨，而被保险人经常将该车超过载重标准运行。在保险期限内，该厂驾驶员驾驶所投保的车辆发生重大交通事故，损失 15.6 万余元。经查明，发生事故时，该保险车辆载重至 48 吨。主管部门依据《道路交通事故处理办法》作出交通事故责任认定书，认定驾驶员因违章超载刹车失效，造成事故，负全部责任。事后，该厂依据机动车保险合同向保险公司索赔，保险公司拒赔。

【案例分析】

就本案来看，被保险人车辆行驶证上保险标的的核定载重量为 10 吨，而被保险人故意违反行政法规的强制性规定，严重超载至 48 吨，使保险标的的危险增加，严重影响其安全性，最终导致交通事故的发生，构成严重的违反道路交通法的行为。如果按照保险法学说，被保险人应在进行该违章行为之前当即履行通知义务，对此种故意行为，保险人享有及时的合同解除权。本案中，被保险人即使在事后履行通知义务，但由于故意超载增加了保险标的的危险，最终导致严重事故的发生。该事故发生原因确属保险合同特别约定的除外责任范围，因此，保险人就该保险事故不应承担赔偿责任。

（4）保险合同成立前，保险责任尚未开始，投保人有权要求解除保险合同。即使在保险责任开始后，也可以要求解除合同，不过，要支付已经发生的保险费（自保险责任开始之日起至合同解除之日止），保险人退还剩余保险费。

另外，除了上述几种情形外，保险人在保险合同成立后无权解除，而投保人可以随时解除保险合同。但是需要强调的是，货物运输保险合同和运输工具航程保险合同中，保险责任开始后，保险人、被保险人均不能解除保险合同。

## 思考与练习

一、填空题

1．机动车辆保险合同的期限通常为一年，一般是自________开始，至________止。

2．汽车保险条款规定，保险合同由________组成。凡涉及本保险合同的约定，均应采用________形式。

3．在保险合同有效期内，保险车辆转卖、转让、赠送他人、变更用途或增加危险程度，被保险人应当事先________通知保险人并申请办理________。

4．保险利益原则可以有效防止和遏止________和________的发生，并且在一定程度上有效地限制了保险补偿。

5．保险合同是________与________约定保险权利与义务关系的协议。

二、选择题（不定项）

1．汽车保险合同的关系人包括（　　）。

A．汽车保险代理人、汽车保险经纪人　　B．被保险人、投保人

C．投保人、保险人　　D．被保险人、受益人

2．引起保险合同终止的原因主要有（　　）。

A．自然终止　　B．投保人单方解除

C．义务已履行　　D．协议终止

3．汽车保险原则包括（　　）。

A．保险利益原则　　B．最大诚信原则

C．被保险人最大利益原则　　D．代位追偿原则

4．在机动车辆保险合同中，被保险人的义务有（　　）。

A．损失补偿的义务　　B．出险通知义务

C．按时交纳保费义务　　D．危险增加告知义务

5．保险合同的主体包括（　　）。

A．保险人　　B．保险公估人

C．投保人　　D．被保险人

6．保险损失的近因，是指在保险事故发生时（　　）。

A．时间上最接近损失的原因　　B．引起损失发生的第一个原因

C．空间上最接近损失的原因　　D．最直接、起主导和支配作用的原因

7．下列哪一项不是投保单的主要内容？（　　）

A．被保险人、投保人的名称　　B．保险车辆的名称

C．投保的险别　　D．批单

8．代位原则是（　　）原则的派生原则。

A．损害补偿　　B．保险利益

C．最大诚信　　D．近因

三、判断题

1．保险人在拥有物上代位后，保险标的所有利益归保险人所有，若保险利益超过赔偿，则超过部分退还被保险人。（　　）

2．保险人在订立汽车保险合同时未履行责任免除明确说明义务，则该合同的责任免除条款无效。（　　）

3．投保人故意隐瞒事实，不履行或者因过失未履行如实告知义务，保险人有权决定是否同意

承保或者提高保险费率，并且有权解除保险合同。（　）

4. 构成保险利益的要件可以理解为保险利益必须是确定的、经济上的而且是在法律上所认可的利益。（　）

5. 保险合同是有偿合同，被保险人要想取得保险保障，必须要支付相应的保险费。（　）

四、简答题

1. 什么是汽车保险原则中的代位原则？保险双方在代位求偿中的权利与义务是什么？

2. 简述汽车保险原则有哪些。

3. 简述保险合同有哪些形式。

# 第三章 汽车保险产品

**学习目标**

- ◎ 了解汽车保险费率的确定原则、确定模式；
- ◎ 了解汽车保险风险因素；
- ◎ 掌握机动车交通事故责任强制保险、机动车商业险基本险、附加险的含义、费率；
- ◎ 理解并且能够独立分析交强险、车损险、三者险等险种的相关案例。

车险种类按性质可分为强制保险与商业险。强制保险（交强险）是国家划定强制购买的保险，商业险是非强制购买的保险。商业险根据保证的责任范围不同还可以分为基本险和附加险。基本险包括第三者责任险、车辆损失险、全车盗抢险、车上人员责任险共 4 个独立的险种。

基本险项下各自都有附加险。在投保了车辆损失险的基础上，方可投保全车盗抢险、玻璃单独破碎险、车辆停驶损失险、车身划痕险、自燃损失险、新增加设备损失险。在投保了第三者责任险的基础上，方可投保车上责任险、无过失责任险、车载货物掉落责任险。在投保了车辆损失险和第三者责任险的基础上，方可投保不计免赔特约金。

当然，上述是比较常见的车险险种。车险改革后，各家公司自主设定车险条款和费率，不同公司、不同地区的车险产品都不尽相同。比如，有的公司的基本险把车身划痕险、玻璃单独破碎险包含在内，有的公司还可以负责第三者的精神损害赔偿、酒后驾车险等。投保车险时，最好根据实际情况来选择公司和车险产品。

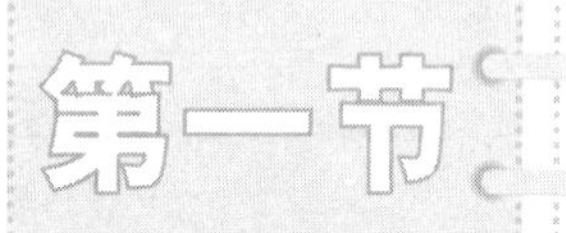

## 第一节 汽车保险费率

### 一、汽车保险费率确定原则

根据保险价格理论，厘定保险费率的科学方法是依据不同保险对象的客观环境和主观条件形成的危险度，采用非寿险精算的方法进行确定。但是，非寿险精算是一个纯技术的范畴，在实际经营过程中，非寿险精算仅仅是提供一个确定费率的基本依据和方法，而保险人确定费率还应当遵循一些基本的原则。

（一）公平合理原则

公平合理原则的核心是确保实现每一个被保险人的保费负担基本上是依据或者反映了保险标的的危险程度。这种公平合理的原则应在以下两个层面加以体现。

（1）在保险人和被保险人之间。在保险人和被保险人之间体现公平合理的原则，是指保险人的总体收费应当符合保险价格确定的基本原理，尤其是在附加费率部分，不应让被保险人负担保险人不合理的经营成本和利润。

（2）在不同的被保险人之间。在被保险人之间体现公平合理是指不同被保险人的保险标的的危险程度可能存在较大的差异，保险人对不同的被保险人收取的保险费应当反映这种差异。

由于保险商品存在一定的特殊性，要实现绝对的公平合理是不可能的，所以，公平合理只能是相对的，只是要求保险人在确定费率的过程中注意体现一种公平合理的倾向，力求实现费率确定的相对公平合理。

### （二）保证偿付原则

保证偿付原则的核心是确保保险人具有充分的偿付能力。保险费是保险标的的损失偿付的基本资金，所以，厘定的保险费率应保证保险公司具有相应的偿付能力，这是保险的基本职能决定的。保险费率过低，势必削弱保险公司的偿付能力，从而影响对被保险人的实际保障。

在市场经济条件下，经常出现一些保险公司在市场竞争中为了争取市场份额，盲目地降低保险费率，结果是严重影响其自身的偿付能力，损害了被保险人的利益，甚至对整个保险业和社会产生巨大的负面影响。为了防止这种现象的发生，各国对于保险费率的厘定，大都实行由同业公会制定统一费率的方式，有的国家在一定的历史时期甚至采用由国家保险监督管理部门颁布统一费率，并要求强制执行的方式。如我国 2000 年 7 月 1 日开始实施的《汽车保险条款》，就采取统一费率的方法。

保证偿付能力是保险费率确定原则的关键，原因是保险公司是否具有足够的偿付能力，这不仅仅影响到保险业的经营秩序和稳定，同时，也可能对广大的被保险人，乃至整个社会产生直接的影响。

### （三）相对稳定原则

相对稳定原则是指保险费率厘定之后，应当在相当长的一段时间内保持稳定，不要轻易地变动。由于汽车保险业务存在保费总量大，单量多的特点，经常的费率变动势必增加保险公司的业务工作量，导致经营成本上升。同时也会给被保险人需要不断适应新的费率带来不便。

要实现保险费率相对稳定的原则，在确定保险费率时就应充分考虑各种可能影响费率的因素，建立科学的费率体系，更重要的是应对未来的趋势作出科学的预测，确保费率的适度超前，从而实现费率的相对稳定。

要求费率的确定具有一定的稳定性是相对的，一旦经营的外部环境发生了较大的变化，保险费率就必须进行相应的调整，以符合公平合理的原则。

### （四）促进防损原则

防灾防损是保险的一个重要职能，其内涵是保险公司在经营过程中应协调某一风险群体的利益，积极推动和参与针对这一风险群体的预防灾害和损失活动，减少或者避免不必要的灾害事故的发生。这样不仅可以减少保险公司的赔付金额和减少被保险人的损失，更重要的是可以保障社会财富，稳定企业的经营，安定人民的生活，促进社会经济的发展。为此，保险人在厘定保险费率的过程中应将防灾防损的费用列入成本，并将这部分费用用于防灾防损工作。在汽车保险业务中防灾防损职能显得尤为重要。一方面保险公司将积极参与汽车制造商对于汽车安全性能的改进工作，如每年均有一些大的保险公司资助汽车制造商进行测试汽车安全性能的碰撞试验。另一方面保险公司对于被保险人的加强安全生产，进行防灾防损的工作也会予以一定的支持，目的是调动被保险人主动加强风险管理和防灾防损工作的积极性。

## 二、汽车保险费率的确定模式

保险费率：依照保险金额计算保险费的比例，通常以千分率（‰）来表示。

保险金额：简称保额，保险合同双方当事人约定的保险人于保险事故发生后应赔偿（给付）保险金的限额，它是保险人据以计算保险费的基础。

保险费：简称保费，是投保人参加保险时所交付给保险人的费用。

在市场经济条件下，价值价格规律的核心是使价格真实地反映价值，从而体现在交易过程中公平和对价的原则。但是，如何才能够实现这一目标，从被动的角度出发，可以通过市场适度和有序的竞争实现这一目标，但这往往需要付出一定的代价。从主动和积极的角度出发，保险人希望能够在市场上生存和发展，就必须探索出确定价格的科学和合理的模式。

就汽车保险而言，保险人同样希望保费设计得更精确、更合理。在不断的统计和分析研究中，人们发现影响汽车保险索赔频率和索赔幅度的危险因子很多，而且影响的程度也各不相同。每一辆汽车的风险程度是由其自身风险因子综合影响的结果，所以，科学的方法是通过全面综合地考虑这些风险因子后确定费率。通常保险人在经营汽车保险的过程中将风险因子分为两类：一类是与汽车相关的风险因子，主要包括汽车的种类、使用的情况和行驶的区域等。另一类是与驾驶人相关的风险因子，主要包括驾驶人的性格、年龄、婚姻状况、职业等。

由此各国汽车保险的费率模式基本上可以划分为两大类，即从车费率模式和从人费率模式。

### （一）从车费率模式

从车费率模式是指在确定保险费率的过程中主要以被保险车辆的风险因子作为影响费率确定因素的模式。目前，我国采用的汽车保险的费率模式就属于从车费率模式，影响费率的主要因素是被保险车辆有关的风险因子。

现行的汽车保险费率体系中，影响费率的主要变量为车辆的使用性质、车辆生产地和车辆的种类。

（1）根据车辆的使用性质，划分营业性车辆与非营业性车辆。

（2）根据车辆的生产地，划分进口车辆与国产车辆。

（3）根据车辆的种类，划分车辆种类与吨位。

除了上述的 3 个主要的从车因素外，现行的汽车保险费率还将车辆行驶的区域作为汽车保险的风险因子，即按照车辆使用的不同地区，适用不同的费率，如在深圳和大连采用专门的费率。

从车费率模式具有体系简单，易于操作的特点，同时，由于我国在一定的历史时期被保险的车辆绝大多数是“公车”，驾驶人与车辆不存在必然的联系，也就不具备采用从人费率模式的条件。随着经济的发展和人民生活水平的提高，汽车正逐渐进入家庭，2003 年各保险公司制定并执行的汽车保险条款，就开始采用从人费率模式。

从车费率模式的缺陷是显而易见的，因为在汽车的使用过程中对于风险的影响起到决定因素的是与车辆驾驶人有关的风险因子。尤其是将汽车保险特有的无赔偿优待与车辆联系，而不是与驾驶人联系，显然不利于调动驾驶人的主观能动性，其本身也与设立无赔偿优待制度的初衷相违背。

### （二）从人费率模式

从人费率模式是指在确定保险费率的过程中主要以被保险车辆驾驶人的风险因子作为影响费率确定因素的模式。目前，大多数国家采用的汽车保险的费率模式均属于从人费率模式，影响费率的主要因素是与被保险车辆驾驶人有关的风险因子。

各国采用的从人费率模式考虑的风险因子也不尽相同，主要有驾驶人的年龄、性别、驾驶年限、安全行驶记录等。

（1）根据驾驶人的年龄划分。通常将驾驶人按年龄划分为三组，第一组是初学驾驶，性格不稳定，缺乏责任感的年轻人；第二组是具有一定驾驶经验，生理和心理条件均较为成熟，有家庭和社会责任感的中年人；第三组是与第二组情况基本相同，但年龄较大，反应较为迟钝的老年人。通常认为第一组驾驶人为高风险人群，第三组驾驶人为次高风险人群，第二组驾驶人为低风险人群。至于三组人群的年龄段划分是根据各国的不同情况确定的。

（2）根据驾驶人的性别划分。研究表明女性群体的驾驶倾向较为谨慎，为此，相对于男性她们为低风险人群。

（3）根据驾驶人的驾龄划分。驾龄的长短可以从一个侧面反映驾驶人员的驾驶经验，通常认为初次领证后的1～3年为事故多发期。

（4）根据安全记录划分。安全记录可以反映驾驶人的驾驶心理素质和对待风险的态度，经常发生交通事故的驾驶人可能存在某一方面的缺陷。

从以上对比和分析可以看出，从人费率相对于从车费率具有更科学和合理的特征，所以，我国正在积极探索，逐步将从车费率的模式过渡到从人费率的模式。

## 三、汽车保险风险因素

汽车保险公司是经营风险的企业，那么对于风险的管理就是能够识别潜在的风险，只有认识风险，才能有效地评估和处理风险，实现管理和控制风险的目的。所以，对于风险因素的认识是风险管理的基础。

汽车保险风险因素主要有车辆主要风险、驾驶人员风险、汽车行驶环境、经营管理风险、损失记录等。以下将对其中主要的风险因素进行简单分析。

### （一）车辆的主要风险因素

1．汽车发动机的排气量

排气量是用以衡量汽车发动机规格的一个参数。排气量所体现的是汽车的动力性能。排气量越大，汽车的动力性能就越好，对于相同车型的汽车而言，也就意味着速度会更快，出险的可能性更高。并且在相同事故原因下，速度越快，所造成的损失危害也就更大，这就意味着风险也更高。从保险公司实际的理赔情况看，高速公路上发生的汽车追尾事故，大部分就是因为车速过高，导致驾驶员来不及作出避险反应而出险的。加上汽车发动机排量数据可以方便和真实地获得，而且不会发生变化，因此排气量是考虑风险的第一位重要因素。

2．汽车的车龄

车龄是指最初汽车购置日起至投保（或续保）日止期间的年限，年限以12个月的日历年为标准。汽车运动状况同车龄有着直接的关系，汽车的使用年限越长，汽车的磨损和老化程度就越高，从而导致车况越差，因而出险的概率也相应增大。汽车的车龄数据也可以方便和可靠地获得，加上车龄与汽车风险间的正相关关系，因此将车龄作为保费计算要考虑的重要因素。

3．汽车的安全系统

安全，是衡量汽车性能最重要的标准之一。汽车的安全系统是以提高行车安全和降低事故损失为目的的，因此汽车的安全系统直接体现了车辆的风险程度。汽车的安全系统，可分为撞时或撞车后的被动安全系统和能预知危险、回避危险的主动安全系统两个种类。其中，安全带、安全气囊、保险杠等是被动安全系统的代表，而常见的主动安全系统有ABS（防抱死刹车系统）、TCS（牵引力控制系统）、加距报警装置、高位刹车灯等。显而易见，被动安全系统只是为“以防万一”而配备的，平时用处不大；而良好的主动安全系统则可以“消祸患于无形”，是避免事故的必备装置，能有效地降低汽车的风险。汽车的安全性自然是考虑风险的又一个重要因素。所以，车辆的用途和性能不同，风险状况也就不同，费率标准就不同。私人用车与营业用车、小客车与越野车、轿车与载货车、新车与旧车等，风险程度区别很大。此外，有无安装或配备安全带、安全气囊、ABS、GPS等安全装置对费率也有一定的影响。

### （二）驾驶人员的主要风险因素

目前，汽车的安全性能越来越好，但对于驾驶员而言，安全驾驶才是第一位的，这是任何先进的安全装置都无法替代的。根据交通事故统计，交通事故的原因分为三大类，即驾驶员、行人、车辆，因驾驶员产生的事故约占95%，行人约占5%，属于车辆保养不善的只占0.5%以下。驾驶员的风险因素主要有如下几点。

1．驾驶员的个人驾驶能力

目前可以比较客观地评估驾驶员个人驾驶能力的因素主要是驾驶执照。从总体上而言，由于驾驶经验和车辆的差别，可以认为在私车第三者责任保险中，持有A类驾驶证的驾驶员的总体驾驶能力应高于B证驾驶员，B类证高于C类证；同样，A类证的总体风险应该小于B类证，B类证小于C类证。可见，根据驾照来评估驾驶员个人风险是一个较为有效的手段，而且C证驾驶员的保单应该是核保的重点对象。

2．驾驶员的性别

很多国家的保险公司把驾驶员的性别作为风险形成的变量。国外对驾驶员进行分组统计的研究表明，交通肇事记录同性别有密切的关系。就整体情况而言，男性驾驶员的重大事故肇事概率要比女性高。这主要是因为男性的性别特征决定了其更具有冒险性，驾车整体速度较快。同时，在饮酒肇事事故中男性的比例也明显高于女性。

3．驾驶员的年龄

汽车事故在不同年龄的驾驶员中发生的概率存在一定的统计规律。按照年龄分组表明，24岁以下年龄组的青年人，年轻气盛，性情不稳定，往往喜欢高速驾车，因而发生交通事故的概率较高，而且容易导致恶性交通事故；54岁以上年龄组的老年人，驾车速度相对较慢，但因反应相对较为迟钝，也很容易发生交通事故，但导致死亡事故的比例相对较小，一般均为小事故；24～54岁之间年龄组的中青年人，除了生理条件具有一定优势外，一般具有一定的驾驶经验，分析和判断能力较强，同时具有稳健的心态和较强的责任感，因此，驾车相对安全，风险相对较低。

4．驾驶员的驾龄

驾驶员的驾龄体现了其驾驶经验，驾龄的长短和事故发生的概率也存在一定的统计规律。一般说来，驾驶年龄越长，出险概率相对要低得多，这类驾驶员的风险也越低。据统计，上海市驾龄不满3年的驾驶员肇事的占了全部汽车肇事总数的51.5%：全国范围内，不满3年的驾驶员肇事占了全部肇事总数的33.8%。由此可见，按照驾驶员的驾龄来考虑驾驶员的风险是合理的。

5．驾驶员的肇事记录

违章是事故的前奏，违章多的驾驶员，事故发生的概率必然很高。对于那些虽无事故发生，但违章不断的驾驶员，其潜在风险也必然很高。因此，把驾驶员的肇事记录作为风险分类的重要变量是公平合理的。第二者责任险的费率与违章记录相挂钩，这是国际保险界的惯例。

综上所述，驾驶员的技术水平、安全意识、违章肇事记录、索赔记录、保险车辆的驾驶员数量等是影响费率高低的重要因素。因此，很多时候如果是指定驾驶员，该驾驶员又健康状况良好，已婚，没有不良嗜好（不吸烟、不喝酒）等，保险公司会给予一定的特别优惠。

（三）汽车行驶环境

在汽车保险中，汽车是具有流动性的标的。时刻变化着的外部环境会影响着汽车保险的风险。环境风险因素又可以细分为地理交通环境因素和社会环境因素。

地理交通环境因素主要有气候、地形与地貌、交通路况。另外，交通流量的大小也直接影响到交通事故的高低。一般来说，交通流量大、情况复杂的路段事故发生率高，如交叉路口高于路段，城市道路高于郊县公路，出入口繁忙路段高于一般路段。

各地的自然条件不同，风险也就不同。车辆所在地的治安状况、车辆密度和人口密度等与车辆的损失密切相关。此外，停放地点对费率也有影响，如有固定的停车位的投保人就比没有固定停车位的投保人在费率上有优惠。

社会环境因素对汽车的风险具有较大的影响，主要是法制环境因素和经济环境因素。法制环境对于汽车风险的影响主要有两个方面：一是驾驶员与行人的法制观念。法制环境良好的地区，驾驶员和行人能够自觉遵守有关法律法规，是从根本上避免和降低交通事故的关键所在。二是法制环境良好的地区，一旦发生交通事故，对于事故的处理在法律和程序上均具有较高的确定性和透明度，从而使保险人与被保险人的利益都得到充分的保障。相反，法制环境较差的地区，保险人和被保险人的合法利益容易受到损害。

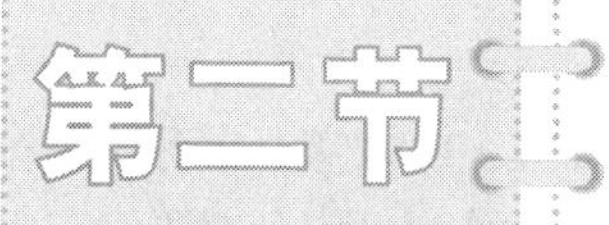

## 第二节 机动车交通事故责任强制保险与费率

### 一、国外强制汽车责任保险

（一）产生背景

第一次世界大战后，随着汽车的大量生产和分期付款促销方式的出现，普通平民开始拥有汽车，汽车迅速在大众中普及，为汽车保险业的迅速发展创造了条件。然而，当时的汽车价格仍是不菲，购车时几乎花费了所有积蓄，出现了无力购买车险或无相应财产做担保的驾车人。当事故发生时不仅自己的损失无法弥补，而且意外事故的受害人的损害也无法得到及时有效的赔偿。同时，有的驾车人虽然购买了汽车保险，但因保险责任限额很低，也无法弥补受害人的经济损失。为了改变这种状况，许多国家和地区相继制定有关法令，强制实行汽车责任保险，以确保受害人能够得到及时的补偿。

世界上最初将车辆损害视为社会问题的是美国的马萨诸塞州。

英国于 1931 年、日本于 1956 年、法国于 1959 年、德国于 1965 年分别实施了强制汽车责任保险。目前，世界上绝大部分国家或地区都实行了强制汽车责任保险制度。

（二）强制汽车责任保险的特征

（1）强制汽车责任保险具有强制性，汽车拥有者必须购买，否则属于违法行为。

（2）强制汽车责任保险对第三者的利益具有基本保障性，强制汽车责任保险的责任限额是固定的，比较低，较低的限额只是对事故受害者的一个基本保障。

（3）强制汽车责任保险以无过失责任为基础。

（4）强制汽车责任保险具有公益性。费率由政府统一定制，且不考虑盈利，所以保险费率相对较低，具有公益性。

### （三）强制汽车责任保险的实施方式

1．混合实施

英国的强制汽车责任保险就是这种实施类型。在英国，汽车保险被设计分为下面 4 个层次的类型。

（1）法定最低要求的汽车责任保险。

（2）第三者责任保险。

（3）第三者责任、火灾和盗窃保险。

（4）综合保险。

每个层次类型都包括法定最低要求的汽车责任保险的内容。投保何种保险，由投保人自由决定。

2．分离实施

分离实施方式表现为强制汽车责任保险与一般汽车责任保险分别实施。此种实施方式下，强制汽车责任保险是最基本保险，汽车所有人或驾驶员必须办理。同时设有汽车保险的主要险和附加险，供投保人自愿选择。

## 二、我国强制汽车责任保险概述

### （一）产生背景

1983 年，国务院颁发第 27 号文件，要求汽车及拖拉机必须参加三者险。1984 年，国务院发布 151 号文件，明确提出对汽车的第三者责任保险问题。以后公安部也曾多次作出规定，对于汽车不参加三者险的不发牌照。从这个意义上说，我国已经实行了强制汽车责任保险。但在法律上明确汽车责任保险的强制性是 2004 年 5 月 1 日实施的《道路交通安全法》。该法第 17 条规定，国家实行机动车第三者责任强制保险制度，设立道路交通事故社会救助基金。但是，《道路交通安全法》只是对强制责任保险做了一个原则性的规定，与之配套施行的《强制三者险条例》却一直到 2006 年才公布。2006 年 3 月 21 日，国务院总理温家宝签署第 462 号国务院令，颁布了《机动车交通事故责任强制保险条例》，自 2006 年 7 月 1 日起施行。这一条例就是业界称为的《强制三者险条例》。

### （二）我国交强险概述

（1）交强险的保障对象是被保险机动车致害的交通事故受害人，但不包括被保险机动车本车人员、被保险人。其保障内容包括受害人的人身伤亡和财产损失。

（2）交强险的特点。一是突出“以人为本”，将保障受害人得到及时有效的赔偿作为首要目标；二是体现“奖优罚劣”，即安全驾驶者将享有优惠的费率，经常肇事者将负担高额保费；三是坚持社会效益原则，即保险公司经营交强险不以赢利为目的；四是实行商业化运作，即交强险的条款费率由保险公司制定，保监会按照交强险业务总体上不盈利不亏损的原则进行审批。

（3）建立交强险制度的意义。有利于道路交通事故受害人获得及时有效的经济保障和医疗救治；有利于减轻交通事故肇事方的经济负担；有利于促进道路交通安全，通过“奖优罚劣”的费率经济杠杆手段，促进驾驶人增强安全意识；有利于充分发挥保险的社会保障功能，维护社会稳定。

（三）《机动车交通事故责任强制保险》条款解析

总　　则

第一条　根据《中华人民共和国道路交通安全法》、《中华人民共和国保险法》，制定本条例。

第二条　交强险合同由本条款与投保单、保险单、批单和特别约定共同组成。凡是与交强险合同有关的约定，都应当采用书面形式。

第三条　交强险费率实行与被保险机动车道路交通安全违法行为、交通事故记录相联系的浮动机制。签订交强险合同时，投保人应当一次支付全部保险费。保险费按照中国保险监督管理委员会（以下简称保监会）批准的交强险费率计算。

定　　义

第四条　交强险合同中的被保险人是指投保人及其允许的合法驾驶人。投保人是指与保险人订立交强险合同，并按照合同负有支付保险费义务的机动车的所有人、管理人。

第五条　交强险合同中的受害人是指因被保险机动车发生交通事故遭受人身伤亡或者财产损失的人，但不包括被保险机动车本车车上人员、被保险人。

第六条　交强险合同中的责任限额是指被保险机动车发生交通事故，保险人对每次保险事故所有受害人的人身伤亡和财产损失所承担的最高赔偿金额。责任限额分为死亡伤残赔偿限额、医疗费用赔偿限额、财产损失赔偿限额以及被保险人在道路交通事故中无责任的赔偿限额。其中无责任的赔偿限额分为无责任死亡伤残赔偿限额、无责任医疗费用赔偿限额以及无责任财产损失赔偿限额。

第七条　交强险合同中的抢救费用是指被保险机动车发生交通事故导致受害人受伤时，医疗机构对生命体征不平稳和虽然生命体征平稳但如果不采取处理措施会产生生命危险，或者导致残疾、器官功能障碍，或者导致病程明显延长的受害人，参照国务院卫生主管部门组织制定的交通事故人员创伤临床诊疗指南和国家基本医疗保险标准，采取必要的处理措施所发生的医疗费用。

保 险 责 任

第八条　在中华人民共和国境内（不含港、澳、台地区），被保险人在使用被保险机动车过程中发生交通事故，致使受害人遭受人身伤亡或者财产损失，依法应当由被保险人承担的损害赔偿责任，保险人按照交强险合同的约定对每次事故在下列赔偿限额内负责赔偿。

（1）死亡伤残赔偿限额为 110 000 元；

（2）医疗费用赔偿限额为 10 000 元；

（3）财产损失赔偿限额为 2 000 元；

（4）被保险人无责任时，无责任死亡伤残赔偿限额为 11 000 元；无责任医疗费用赔偿限额为 1 000 元；无责任财产损失赔偿限额为 100 元。

死亡伤残赔偿限额和无责任死亡伤残赔偿限额项下负责赔偿丧葬费、死亡补偿费、受害人亲属办理丧葬事宜支出的交通费用、残疾赔偿金、残疾辅助器具费、护理费、康复费、交通费、被扶养人生活费、住宿费、误工费，被保险人依照法院判决或者调解承担的精神损害抚慰金。

医疗费用赔偿限额和无责任医疗费用赔偿限额项下负责赔偿医药费、诊疗费、住院费、住院伙食补助费，必要的、合理的后续治疗费、整容费、营养费。

新旧交强险方案比较如表 3-1 所示。

表 3–1 新旧版交强险方案对比

| | 旧版交强险 | 交强险听证方案 | 新版交强险 |
| --- | --- | --- | --- |
| 6 座以下家庭自用汽车交强险保费 | 1 050 元/年 | 950 元/年 | 950 元/年 |
| 责任限额 | 6 万 | 12 万 | 12.2 万 |
| 机动车在道路交通事故中有责任的赔偿限额 | 死亡伤残赔偿限额：50 000 元<br>医疗费用赔偿限额：8 000 元<br>财产损失赔偿限额：2 000 元 | 死亡伤残赔偿限额：110 000 元<br>医疗费用赔偿限额：8 000 元<br>财产损失赔偿限额：2 000 元 | 死亡伤残赔偿限额：110 000 元<br>医疗费用赔偿限额：10 000 元<br>财产损失赔偿限额：2 000 元 |
| 机动车在道路交通事故中无责任的赔偿限额 | 死亡伤残赔偿限额：10 000 元<br>医疗费用赔偿限额：1 600 元<br>财产损失赔偿限额：400 元 | 死亡伤残赔偿限额：11 000 元<br>医疗费用赔偿限额：800 元<br>财产损失赔偿限额：200 元 | 死亡伤残赔偿限额：11 000 元<br>医疗费用赔偿限额：1 000 元<br>财产损失赔偿限额：100 元 |

垫付与追偿

第九条　被保险机动车在本条（1）至（4）之一的情形下发生交通事故，造成受害人受伤需要抢救的，保险人在接到公安机关交通管理部门的书面通知和医疗机构出具的抢救费用清单后，按照国务院卫生主管部门组织制定的交通事故人员创伤临床诊疗指南和国家基本医疗保险标准进行核实。对于符合规定的抢救费用，保险人在医疗费用赔偿限额内垫付。被保险人在交通事故中无责任的，保险人在无责任医疗费用赔偿限额内垫付。

对于其他损失和费用，保险人不负责垫付和赔偿。

（1）驾驶人未取得驾驶资格的；

（2）驾驶人醉酒的；

（3）被保险机动车被盗抢期间肇事的；

（4）被保险人故意制造交通事故的。

对于垫付的抢救费用，保险人有权向致害人追偿。

责 任 免 除

第十条　下列损失和费用，交强险不负责赔偿和垫付。

（1）因受害人故意造成的交通事故的损失；

（2）被保险人所有的财产及被保险机动车上的财产遭受的损失；

（3）被保险机动车发生交通事故，致使受害人停业、停驶、停电、停水、停气、停产、通信或者网络中断、数据丢失、电压变化等造成的损失以及受害人财产因市场价格变动造成的贬值、修理后因价值降低造成的损失等其他各种间接损失；

（4）因交通事故产生的仲裁或者诉讼费用以及其他相关费用。

保 险 期 间

第十一条　除国家法律、行政法规另有规定外，交强险合同的保险期间为一年，以保险单载明的起止时间为准。

投保人、被保险人义务

第十二条　投保人投保时，应当如实填写投保单，向保险人如实告知重要事项，并提供被保险机动车的行驶证和驾驶证复印件。重要事项包括机动车的种类、厂牌型号、识别代码、号牌号码、使用性质和机动车所有人或者管理人的姓名（名称）、性别、年龄、住所、身份证或者驾驶证号码（组织机构代码）、续保前该机动车发生事故的情况以及保监会规定的其他事项。

投保人未如实告知重要事项，对保险费计算有影响的，保险人按照保单年度重新核定保险费计收。

第十三条　签订交强险合同时，投保人不得在保险条款和保险费率之外，向保险人提出附加其他条件的要求。

第十四条　投保人续保的，应当提供被保险机动车上一年度交强险的保险单。

第十五条　在保险合同有效期内，被保险机动车因改装、加装、使用性质改变等导致危险程度增加的，被保险人应当及时通知保险人，并办理批改手续。否则，保险人按照保单年度重新核定保险费计收。

第十六条　被保险机动车发生交通事故，被保险人应当及时采取合理、必要的施救和保护措施，并在事故发生后及时通知保险人。

第十七条　发生保险事故后，被保险人应当积极协助保险人进行现场查勘和事故调查。

发生与保险赔偿有关的仲裁或者诉讼时，被保险人应当及时书面通知保险人。

赔 偿 处 理

第十八条　被保险机动车发生交通事故的，由被保险人向保险人申请赔偿保险金。被保险人索赔时，应当向保险人提供以下材料。

（1）交强险的保险单；

（2）被保险人出具的索赔申请书；

（3）被保险人和受害人的有效身份证明、被保险机动车行驶证和驾驶人的驾驶证；

（4）公安机关交通管理部门出具的事故证明，或者人民法院等机构出具的有关法律文书及其他证明；

（5）被保险人根据有关法律法规规定选择自行协商方式处理交通事故的，应当提供依照《交通事故处理程序规定》规定的记录交通事故情况的协议书；

（6）受害人财产损失程度证明、人身伤残程度证明、相关医疗证明以及有关损失清单和费用单据；

（7）其他与确认保险事故的性质、原因、损失程度等有关的证明和资料。

第十九条　保险事故发生后，保险人按照国家有关法律法规规定的赔偿范围、项目和标准以及交强险合同的约定，并根据国务院卫生主管部门组织制定的交通事故人员创伤临床诊疗指南和国家基本医疗保险标准，在交强险的责任限额内核定人身伤亡的赔偿金额。

第二十条　因保险事故造成受害人人身伤亡的，未经保险人书面同意，被保险人自行承诺或支付的赔偿金额，保险人在交强险责任限额内有权重新核定。

因保险事故损坏的受害人财产需要修理的，被保险人应当在修理前会同保险人检验，协商确定修理或者更换项目、方式和费用。否则，保险人在交强险责任限额内有权重新核定。

第二十一条　被保险机动车发生涉及受害人受伤的交通事故，因抢救受害人需要保险人支付抢救费用的，保险人在接到公安机关交通管理部门的书面通知和医疗机构出具的抢救费用清单后，按照国务院卫生主管部门组织制定的交通事故人员创伤临床诊疗指南和国家基本医疗保险标准进行核实。对于符合规定的抢救费用，保险人在医疗费用赔偿限额内支付。被保险人在交通事故中无责任的，保险人在无责任医疗费用赔偿限额内支付。

合同变更与终止

第二十二条　在交强险合同有效期内，被保险机动车所有权发生转移的，投保人应当及时通知保险人，并办理交强险合同变更手续。

第二十三条 在下列三种情况下，投保人可以要求解除交强险合同。

（1）被保险机动车被依法注销登记的；

（2）被保险机动车办理停驶的；

（3）被保险机动车经公安机关证实丢失的。

交强险合同解除后，投保人应当及时将保险单、保险标志交还保险人；无法交回保险标志的，应当向保险人说明情况，征得保险人同意。

第二十四条 发生《机动车交通事故责任强制保险条例》所列明的投保人、保险人解除交强险合同的情况时，保险人按照日费率收取自保险责任开始之日起至合同解除之日止期间的保险费。

附 则

第二十五条 因履行交强险合同发生争议的，由合同当事人协商解决。

协商不成的，提交保险单载明的仲裁委员会仲裁。保险单未载明仲裁机构或者争议发生后未达成仲裁协议的，可以向人民法院起诉。

第二十六条 交强险合同争议处理适用中华人民共和国法律。

第二十七条 本条款未尽事宜，按照《机动车交通事故责任强制保险条例》执行。

## 三、交强险费率

### （一）我国交强险费率厘定概述

交强险价格与消费者切身利益息息相关。目前的交强险费率厘定，是以保险公司历史赔付数据为基础，在充分考虑新环境下赔偿原则、保障范围、赔偿标准、强制性要求、机动车数量增加及投保面扩大等因素对出险频率和案均赔款的影响下，测算出交强险费率水平。然后保监会广泛听取消费者代表、有关部委和专家意见，综合考虑目前国民经济发展水平和消费者承受能力，以及保险公司经营能力，对交强险费率方案进行审批。

确定第一年先实行全国统一保险价格，之后通过实行“奖优罚劣”的费率浮动机制，并根据各地区经营情况，逐步在费率中加入地区差异化因素等，进而实行差异化费率。

### （二）交强险基础费率（见表 3-2）

表 3-2 机动车交通事故责任强制保险基础费率表（2008 版） 单位：人民币元

| 车辆大类 | 序号 | 车辆明细分类 | 保费 |
|---|---|---|---|
| 一、家庭自用车 | 1 | 家庭自用汽车 6 座以下 | 950 |
| | 2 | 家庭自用汽车 6 座及以上 | 1 100 |
| 二、非营业客车 | 3 | 企业非营业汽车 6 座以下 | 1 000 |
| | 4 | 企业非营业汽车 6～10 座 | 1 130 |
| | 5 | 企业非营业汽车 10～20 座 | 1 220 |
| | 6 | 企业非营业汽车 20 座以上 | 1 270 |
| | 7 | 机关非营业汽车 6 座以下 | 950 |
| | 8 | 机关非营业汽车 6～10 座 | 1 070 |
| | 9 | 机关非营业汽车 10～20 座 | 1 140 |
| | 10 | 机关非营业汽车 20 座以上 | 1 320 |

续表

| 车辆大类 | 序号 | 车辆明细分类 | 保费 |
| --- | --- | --- | --- |
| 三、营业客车 | 11 | 营业出租租赁 6 座以下 | 1 800 |
| | 12 | 营业出租租赁 6～10 座 | 2 360 |
| | 13 | 营业出租租赁 10～20 座 | 2 400 |
| | 14 | 营业出租租赁 20～36 座 | 2 560 |
| | 15 | 营业出租租赁 36 座以上 | 3 530 |
| | 16 | 营业城市公交 6～10 座 | 2 250 |
| | 17 | 营业城市公交 10～20 座 | 2 520 |
| | 18 | 营业城市公交 20～36 座 | 3 020 |
| | 19 | 营业城市公交 36 座以上 | 3 140 |
| | 20 | 营业公路客运 6～10 座 | 2 350 |
| | 21 | 营业公路客运 10～20 座 | 2 620 |
| | 22 | 营业公路客运 20～36 座 | 3 420 |
| | 23 | 营业公路客运 36 座以上 | 4 690 |
| 四、非营业货车 | 24 | 非营业货车 2 吨以下 | 1 200 |
| | 25 | 非营业货车 2～5 吨 | 1 470 |
| | 26 | 非营业货车 5～10 吨 | 1 650 |
| | 27 | 非营业货车 10 吨以上 | 2 220 |
| 五、营业货车 | 28 | 营业货车 2 吨以下 | 1 850 |
| | 29 | 营业货车 2～5 吨 | 3 070 |
| | 30 | 营业货车 5～10 吨 | 3 450 |
| | 31 | 营业货车 10 吨以上 | 4 480 |
| 六、特种车 | 32 | 特种车一 | 3 710 |
| | 33 | 特种车二 | 2 430 |
| | 34 | 特种车三 | 1 080 |
| | 35 | 特种车四 | 3 980 |
| 七、摩托车 | 36 | 摩托车 50CC 及以下 | 80 |
| | 37 | 摩托车 50～250CC（含） | 120 |
| | 38 | 摩托车 250CC 以上及侧三轮 | 400 |
| 八、拖拉机 | 39 | 兼用型拖拉机 14.7kW 及以下 | 按保监产险[2007]53 号实行地区差别费率 |
| | 40 | 兼用型拖拉机 14.7kW 以上 | |
| | 41 | 运输型拖拉机 14.7kW 及以下 | |
| | 42 | 运输型拖拉机 14.7kW 以上 | |

说明：

（1）座位和吨位的分类都按照“含起点不含终点”的原则来解释。

（2）特种车一：油罐车、汽罐车、液罐车；特种车二：专用净水车、特种车一以外的罐式货车以及用于清障、清扫、清洁、起重、装卸、升降、搅拌、挖掘、推土、冷藏、保温等的各种专用机动车；特种车三：装有固定专用仪器设备从事专业工作的监测、消防、运钞、医疗、电视转播等的各种专用机动车；特种车四：集装箱拖头。

（3）挂车根据实际的使用性质并按照对应吨位货车的 30%计算。

（4）低速载货汽车参照运输型拖拉机 14.7kW 以上的费率执行。

（三）交强险费率浮动项目

“奖优罚劣”费率浮动机制是指费率水平将与道路交通安全违法行为和道路交通事故挂钩，安全驾驶者可以享受优惠的费率，交通肇事者将负担高额保费。

1．与道路交通违法行为相结合的浮动项目

（1）费率上浮的项目。上一保险年度具有下列交通违法行为的，根据发生次数费率上浮一定比例。

① 饮酒后驾驶机动车的。

② 公路营运客车载人超过核定人数20%以上的或者违反规定载货的。

③ 无证驾驶或机动车驾驶证被暂扣期间驾驶机动车的。

④ 机动车行驶超过规定时速的。

⑤ 造成交通事故后逃逸，尚不构成犯罪的。

⑥ 正常道路状况下，在高速公路上低于规定最低速度的。

⑦ 货车载物超过核定载质量30%的。

⑧ 连续驾驶机动车超过4h未停车休息或停车休息时间少于20min的。

⑨ 在高速公路上倒车、逆行、穿越中央分隔带掉头的。

⑩ 在高速公路上试车和学习驾驶机动车的。

⑪ 在高速公路上不按规定停车的。

⑫ 机动车在高速公路上发生故障、事故停车后，不按规定使用灯光或设置警告标志的。

⑬ 违反交通信号，闯红灯、闯禁行的。

⑭ 驾驶和准驾驶车型不符的机动车的。

⑮ 在高速公路上违反规定拖拽故障车、肇事车的。

⑯ 低能见度气象条件下在高速公路上不按规定行驶的。

⑰ 不按规定运载危险物品的。

（2）费率下浮或不浮动的项目。

① 上一保险年度未发生任何交通违法行为的，费率下浮一定比例。

② 上一保险年度发生其他交通违法行为的，或发生违法行为次数达不到有关上浮标准的，不上浮费率，但也不下浮费率。

2．与道路交通事故相结合的浮动项目

（1）费率上浮项目。上一保险年度具有下列交通事故的，根据事故次数费率上浮一定比例。

① 发生涉及人伤的交通事故并负主要以上责任的。

② 发生未涉及人伤的交通事故并负主要以上责任的。

③ 发生涉及人伤的交通事故并负同等责任的。

④ 发生未涉及人伤的交通事故并负同等责任的。

⑤ 发生涉及人伤的交通事故并负次要责任的。

⑥ 发生未涉及人伤的交通事故并负次要责任的。

（2）费率下浮的项目。上一保险年度、上2个保险年度或上3个及以上保险年度未发生有责任交通事故的，费率下浮一定比例。其中，交通事故包括经公安交通管理部门认定的交通事故以及虽未经公安交通管理部门认定，但保险人已经在交强险项下承担赔偿责任的事故。

3．交强险最终保险费计算方法

交强险最终保险费=交强险基础保险费 ×（1+与道路交通事故相联系的浮动比率）

与道路交通事故相联系的浮动比率如表 3-3 所示。

表 3–3 与道路交通事故相联系的浮动比率

| 浮动因素 | | | 浮动比率 |
|---|---|---|---|
| 与道路交通事故相联系的浮动 A | A1 | 上一个年度未发生有责任道路交通事故 | -10% |
| | A2 | 上两个年度未发生有责任道路交通事故 | -20% |
| | A3 | 上三个及以上年度未发生有责任道路交通事故 | -30% |
| | A4 | 上一个年度发生一次有责任不涉及死亡的道路交通事故 | 0% |
| | A5 | 上一个年度发生两次及两次以上有责任道路交通事故 | 10% |
| | A6 | 上一个年度发生有责任道路交通死亡事故 | 30% |

附件：机动车交通事故责任强制保险费率浮动告知单

机动车交通事故责任强制保险费率浮动告知单

尊敬的投保人：

您的机动车投保基本信息如下：

车牌号码： 号牌种类：

发动机号： 识别代码（车架号）：

浮动因素计算区间： 年 月 日零时至 年 月 日二十四时

根据中国保险监督管理委员会批准的机动车交通事故责任强制保险（以下简称交强险）费率，您的机动车交强险基础保险费是：人民币 元。

您的机动车从上年度投保以来至今，发生的有责任道路交通事故记录如下：

| 序号 | 赔付时间 | 是否造成受害人死亡 |
|---|---|---|
| | | |
| | | |
| | | |
| | | |
| | | |

或者：您的机动车在上 个年度内未发生道路交通事故。

根据中国保险监督管理委员会公布的《机动车交通事故责任强制保险费率浮动暂行办法》，与道路交通事故相联系的费率浮动比率为： %。

交强险最终保险费=交强险基础保险费 ×（1+与道路交通事故相联系的浮动比率）

本次投保的应交保险费：人民币 元（大写： ）

以上告知，如无异议，请您签字（签章）确认。

投保人签字（盖章）：____________

日期：________年____月____日

## 四、交强险案例分析

**【案例 1】**

2008 年春节，李某一家 3 口驾车出游，在经过山西一转弯路段时，与对面车 X 相撞。导致 X 车司机死亡，X 车车上人员小王重伤，李某一家三口重伤。两车均只购买了交强险。

问：交强险赔款，受害人是谁？保险公司分别为哪些人赔款？

**【案例分析】**

因为两车均购买了交强险，所以根据交强险第五条规定可知受害人为李某一家三口、X 车司机和小王，保险公司均需要为他们赔款。

**【案例 2】**

2008 年 7 月 1 日，A 车在去往秦皇岛的途中被 B 车碰撞，B 车负事故全部责任，两车均只投保了交强险。两车的维修费分别为：A 车 3 000 元；B 车 1 000 元。

思考：

（1）B 全责，A、B 各在的保险公司如何赔偿对方的损失？

（2）假设事故中 A 负责 40%的责任，B 负责 60%的责任。如何赔偿？

**【案例分析】**

（1）因为 B 车全责，所以根据交强险第八条，A 车交强险赔付 B 车 100 元，B 车交强险赔付 A 车 2 000 元。

（2）依照交强险理赔，B 车车损金额在限额以内，故 A 车交强险赔付 B 车 1 000 元；B 车交强险赔付 A 车 2 000 元。

**【案例 3】**

甲车投保交强险及商业三者险 20 万元，发生交通事故后撞了一骑自行车的人，造成自行车上乙、丙两人受伤，财物受损，其中乙医疗费 7 000 元，死亡伤残费 50 000 元，财物损失 2 500 元，丙医疗费 8 000 元，死亡伤残费 35 000 元，财物损失 2 000 元，经事故处理部门认定甲车负事故 70%的责任。

问甲车能从交强险中获得多少赔款？

**【案例分析】**

交强险分三项限额，分别计算。

医疗费用：7 000+8 000＞限额 10 000 元，所以按限额赔偿 10 000 元。

死亡伤残：50 000+35 000＜限额 110 000 元，所以按实际赔偿 85 000 元。

财产损失：2 500+2 000＞限额 2 000 元，所以按限额赔偿 2 000 元。

所以，甲车从交强险中能获得 97 000 元赔款。

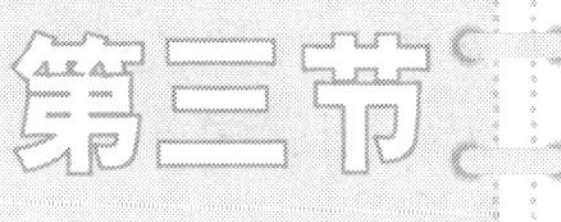

# 第三节 机动车商业险基本险与费率

汽车商业保险其实就是机动车商业保险。机动车辆商业险，是车主投保了国家规定必保的机动车辆交强险，自愿投保商业保险公司的机动车辆保险。主要分为基本险与附加险。2007 年 2 月 27 日保监会对中国保险行业协会申报的《中国保险行业协会关于申报车险 A、B、C 三款（2007 版）行业条款费率方案的请示》批复，4 月 1 日起各财产保险公司实施条款、费率切换工作。此次条款费率调整，A、B、C 三款条款费率趋于一致，各公司在承保规则和附加条款上略有差异。2007 年版 A、B、C 三套条款的险种构成见表 3-4。

表 3–4　　2007 年版 A、B、C 三套条款的险种构成

| A 款险种构成 | B 款险种构成 | C 款险种构成 |
|---|---|---|
| 机动车第三者责任保险<br>家庭自用汽车损失保险<br>非营业用汽车损失保险<br>营业用汽车损失保险<br>特种车保险<br>摩托车、拖拉机保险<br>机动车车上人员责任保险<br>机动车盗抢保险<br>玻璃单独破碎险<br>车身划痕损失险<br>可选免赔额特约条款<br>不计免赔率特约条款 | 商业第三者责任保险<br>车辆损失险<br>全车盗抢险<br>车上人员责任险<br>摩托车、拖拉机保险<br>玻璃单独破碎险条款<br>车身划痕损失险条款<br>基本险不计免赔率特约条款 | 机动车损失保险<br>机动车第三者责任保险<br>机动车车上人员责任险<br>机动车全车盗抢损失险<br>摩托车、拖拉机保险<br>玻璃单独破碎险<br>车身油漆单独损伤险<br>车损免赔额特约条款<br>基本险不计免赔特约条款 |

由此可以看出 2007 版 A、B、C 三行业条款，均分为两部分：基本险和附加条款，基本险可单独承保。其中基本险包括第三者责任险、车辆损失险、车上人员责任险、盗抢险。

## 一、机动车第三者责任保险

### （一）第三者责任险概述

第三者责任险早于车损险出现。第三者责任险是指被保险人或其允许的合格驾驶员，在使用汽车过程中，发生意外事故，致使第三者遭受人身伤亡或财产的直接损毁，依法应当由被保险人支付的赔偿金额，保险人给予赔偿的一种保险。对于超过机动车交通事故责任强制保险各分项赔偿限额的部分给予赔偿。限额分为 5 万元、10 万元、15 万元、20 万元、30 万元、50 万元、100 万元。

其中保险人为第一者，被保险人或投保人为第二者，遭受人身伤害或财产损失的受害人为第三者。

### （二）条款（以 A 款为例）

A 款——机动车第三者责任保险条款

总　则

第一条　机动车第三者责任保险合同（以下简称本保险合同）由本条款、投保单、保险单、批单和特别约定共同组成。凡涉及本保险合同的约定，均应采用书面形式。

第二条　本保险合同中的机动车是指在中华人民共和国境内（不含港、澳、台地区）行驶，以动力装置驱动或者牵引，上道路行驶的供人员乘用或者用于运送物品以及进行专项作业的轮式车辆（含挂车）、履带式车辆和其他运载工具（以下简称被保险机动车），但不包括摩托车、拖拉机和特种车。

第三条　本保险合同中的第三者是指因被保险机动车发生意外事故遭受人身伤亡或者财产损失的人，但不包括被保险机动车本车上人员、投保人、被保险人和保险人。

保 险 责 任

第四条　被保险人或其允许的合法驾驶人在使用被保险机动车过程中发生意外事故，致使第三者遭受人身伤亡或财产直接损毁，依法应当由被保险人承担的损害赔偿责任，保险人依照本保险合同的约定，对于超过机动车交通事故责任强制保险各分项赔偿限额以上的部分负责赔偿。

责 任 免 除

第五条　被保险机动车造成下列人身伤亡或财产损失，不论在法律上是否应当由被保险人承担赔偿责任，保险人均不负责赔偿。

（一）被保险人及其家庭成员的人身伤亡、所有或代管的财产的损失；

（二）被保险机动车本车驾驶人及其家庭成员的人身伤亡、所有或代管的财产的损失；

（三）被保险机动车本车上其他人员的人身伤亡或财产损失。

第六条　下列情况下，不论任何原因造成的对第三者的损害赔偿责任，保险人均不负责赔偿。

（一）地震、战争、军事冲突、恐怖活动、暴乱、扣押、收缴、没收、政府征用；

（二）竞赛、测试、教练，在营业性维修、养护场所修理、养护期间；

（三）利用被保险机动车从事违法活动；

（四）驾驶人饮酒、吸食或注射毒品、被药物麻醉后使用被保险机动车；

（五）事故发生后，被保险人或其允许的驾驶人在未依法采取措施的情况下驾驶被保险机动车或者遗弃被保险机动车逃离事故现场，或故意破坏、伪造现场、毁灭证据。

第七条　下列损失和费用，保险人不负责赔偿。

（一）被保险机动车发生意外事故，致使第三者停业、停驶、停电、停水、停气、停产、通信或者网络中断、数据丢失、电压变化等造成的损失以及其他各种间接损失；

（二）精神损害赔偿；

（三）因污染（含放射性污染）造成的损失；

（四）第三者财产因市场价格变动造成的贬值、修理后因价值降低引起的损失；

（五）被保险机动车被盗窃、抢劫、抢夺期间造成第三者人身伤亡或财产损失；

（六）被保险人或驾驶人的故意行为造成的损失；

（七）仲裁或者诉讼费用以及其他相关费用。

第八条　应当由机动车交通事故责任强制保险赔偿的损失和费用，保险人不负责赔偿。

保险事故发生时，被保险机动车未投保机动车交通事故责任强制保险或机动车交通事故责任强制保险合同已经失效的，对于机动车交通事故责任强制保险各分项赔偿限额以内的损失和费用，保险人不负责赔偿。

第九条　保险人在依据本保险合同约定计算赔款的基础上，在保险单载明的责任限额内，按下列免赔率免赔。

（一）负次要事故责任的免赔率为5%，负同等事故责任的免赔率为10%，负主要事故责任的免赔率为 15%，负全部事故责任的免赔率为 20%；

（二）违反安全装载规定的，增加免赔率 10%；

（三）投保时指定驾驶人，保险事故发生时为非指定驾驶人使用被保险机动车的，增加免赔率 10%；

（四）投保时约定行驶区域，保险事故发生在约定行驶区域以外的，增加免赔率 10%。

第十条　其他不属于保险责任范围内的损失和费用。

责 任 限 额

第十一条　每次事故的责任限额，由投保人和保险人在签订本保险合同时按保险监管部门批准的限额档次协商确定。

第十二条　主车和挂车连接使用时视为一体，发生保险事故时，由主车保险人和挂车保险人按照保险单上载明的机动车第三者责任保险责任限额的比例，在各自的责任限额内承担赔偿责任，但赔偿金额总和以主车的责任限额为限。

保 险 期 间

第十三条　除另有约定外，保险期间为一年，以保险单载明的起讫时间为准。

保险人义务

第十四条　保险人在承保时，应向投保人说明投保险种的保险责任、责任免除、保险期间、保险费及支付办法、投保人和被保险人义务等内容。

第十五条　保险人应及时受理被保险人的事故报案，并尽快进行查勘。

保险人接到报案后 48 小时内未进行查勘且未给予受理意见，造成财产损失无法确定的，以被保险人提供的财产损毁照片、损失清单、事故证明和修理发票作为赔付理算依据。

第十六条　保险人收到被保险人的索赔请求后，应当及时作出核定。

（一）保险人应根据事故性质、损失情况，及时向被保险人提供索赔须知。审核索赔材料后认为有关的证明和资料不完整的，应当及时通知被保险人补充提供有关的证明和资料；

（二）在被保险人提供了各种必要单证后，保险人应当迅速审查核定，并将核定结果及时通知被保险人；

（三）对属于保险责任的，保险人应在与被保险人达成赔偿协议后 10 日内支付赔款。

第十七条　保险人对在办理保险业务中知道的投保人、被保险人的业务和财产情况及个人隐私，负有保密的义务。

投保人、被保险人义务

第十八条　投保人应如实填写投保单并回答保险人提出的询问，履行如实告知义务，并提供被保险机动车行驶证复印件、机动车登记证书复印件，如指定驾驶人的，应当同时提供被指定驾驶人的驾驶证复印件。

在保险期间内，被保险机动车改装、加装或者被保险家庭自用汽车、非营业用汽车从事营业运输等，导致被保险机动车危险程度增加的，被保险人应当及时书面通知保险人。否则，因被保险机动车危险程度增加而发生的保险事故，保险人不承担赔偿责任。

第十九条　除另有约定外，投保人应当在本保险合同成立时交清保险费。保险费交清前发生的保险事故，保险人不承担赔偿责任。

第二十条　发生保险事故时，被保险人应当及时采取合理的、必要的施救和保护措施，防止或者减少损失，并在保险事故发生后 48 小时内通知保险人。否则，造成损失无法确定或扩大的部分，保险人不承担赔偿责任。

第二十一条 发生保险事故后，被保险人应当积极协助保险人进行现场查勘。

被保险人在索赔时应当提供有关证明和资料。引起与保险赔偿有关的仲裁或者诉讼时，被保险人应当及时书面通知保险人。

赔偿处理

第二十二条 被保险人索赔时，应当向保险人提供与确认保险事故的性质、原因、损失程度等有关的证明和资料。

被保险人应当提供保险单、损失清单、有关费用单据、被保险机动车行驶证和发生事故时驾驶人的驾驶证。

属于道路交通事故的，被保险人应当提供公安机关交通管理部门或法院等机构出具的事故证明、有关的法律文书（判决书、调解书、裁定书、裁决书等）及其他证明。

属于非道路交通事故的，应提供相关的事故证明。

第二十三条 因保险事故损坏的第三者财产，应当尽量修复。修理前被保险人应当会同保险人检验，协商确定修理项目、方式和费用。否则，保险人有权重新核定或拒绝赔偿。

第二十四条 保险人依据被保险机动车驾驶人在事故中所负的事故责任比例，承担相应的赔偿责任。

被保险人或被保险机动车驾驶人根据有关法律、法规的规定选择自行协商，或者公安机关交通管理部门未确定交通事故责任比例的，保险人按照下列规定确定事故责任比例。

被保险机动车驾驶人负主要事故责任的，事故责任比例为70%；

被保险机动车驾驶人负同等事故责任的，事故责任比例为50%；

被保险机动车驾驶人负次要事故责任的，事故责任比例为30%。

第二十五条 保险事故发生后，保险人按照国家有关法律、法规规定的赔偿范围、项目和标准以及本保险合同的约定，在保险单载明的责任限额内核定赔偿金额。

保险人按照国家基本医疗保险的标准核定医疗费用的赔偿金额。

未经保险人书面同意，被保险人自行承诺或支付的赔偿金额，保险人有权重新核定。不属于保险人赔偿范围或超出保险人应赔偿金额的，保险人不承担赔偿责任。

第二十六条 被保险机动车重复保险的，保险人按照本保险合同的责任限额与各保险合同责任限额的总和的比例承担赔偿责任。

其他保险人应承担的赔偿金额，保险人不负责赔偿和垫付。

第二十七条 保险人受理报案、现场查勘、参与诉讼、进行抗辩、向被保险人提供专业建议等行为，均不构成保险人对赔偿责任的承诺。

第二十八条 保险人支付赔款后，对被保险人追加的索赔请求，保险人不承担赔偿责任。

第二十九条 被保险人获得赔偿后，本保险合同继续有效，直至保险期间届满。

保险费调整

第三十条 保险费调整的比例和方式以保险监管部门批准的机动车保险费率方案的规定为准。

本保险及其附加险根据上一保险期间发生保险赔偿的次数，在续保时实行保险费浮动。

合同变更和终止

第三十一条 本保险合同的内容如需变更，须经保险人与投保人书面协商一致。

第三十二条 在保险期间内，被保险机动车转让他人的，投保人应当书面通知保险人并办理批改手续。

第三十三条　保险责任开始前，投保人要求解除本保险合同的，应当向保险人支付应交保险费5%的退保手续费，保险人应当退还保险费。

保险责任开始后，投保人要求解除本保险合同的，自通知保险人之日起，本保险合同解除。保险人按短期月费率（见表3-5）收取自保险责任开始之日起至合同解除之日止期间的保险费，并退还剩余部分保险费。

表3–5　短期月费率表

| 保险期间（月） | 1 | 2 | 3 | 4 | 5 | 6 | 7 | 8 | 9 | 10 | 11 | 12 |
|---|---|---|---|---|---|---|---|---|---|---|---|---|
| 短期月费率（%） | 10 | 20 | 30 | 40 | 50 | 60 | 70 | 80 | 85 | 90 | 95 | 100 |

注：保险期间不足一个月的部分，按一个月计算。

争议处理

第三十四条　因履行本保险合同发生的争议，由当事人协商解决。

协商不成的，提交保险单载明的仲裁机构仲裁。保险单未载明仲裁机构或者争议发生后未达成仲裁协议的，可向人民法院起诉。

第三十五条　本保险合同争议处理适用中华人民共和国法律。

附　则

第三十六条　本保险合同（含附加险）中下列术语的含义。

测试：指对被保险机动车的性能和技术参数进行测量或试验。

教练：指尚未取得合法机动车驾驶证，但已通过合法教练机构办理正式学车手续的学员，在固定练习场所或指定路线，并有合格教练随车指导的情况下驾驶被保险机动车。

污染：指被保险机动车正常使用过程中或发生事故时，由于油料、尾气、货物或其他污染物的泄漏、飞溅、排放、散落等造成被保险机动车污损或状况恶化。

家庭自用汽车：指在中华人民共和国境内（不含港、澳、台地区）行驶的家庭或个人所有，且用途为非营业性运输的核定座位在9座以下的客车。

非营业用汽车：指在中华人民共和国境内（不含港、澳、台地区）行驶的党政机关、企事业单位、社会团体、使领馆等机构从事公务或在生产经营活动中不以直接或间接方式收取运费或租金的自用汽车，包括客车、货车、客货两用车。

营业运输：指经由交通运输管理部门核发营运证书，被保险人或其允许的驾驶人利用被保险机动车从事旅客运输、货物运输的行为。未经交通运输管理部门核发营运证书，被保险人或其允许的驾驶人以牟利为目的，利用被保险机动车从事旅客运输、货物运输的，视为营业运输。

转让：指以转移所有权为目的，处分被保险机动车的行为。被保险人以转移所有权为目的，将被保险机动车交付他人，但未按规定办理转移（过户）登记的，视为转让。

第三十七条　保险人按照保险监管部门批准的机动车保险费率方案计算保险费。

第三十八条　在投保机动车第三者责任保险的基础上，投保人可投保附加险。

（三）案例分析

**【案例4】**

上海某物流公司在2008年7月2日购新车时，便购买了上海某保险公司（简称保险公司）车辆损失险、第三者责任险等险种。某日，司机李某在国道上重新起动时，车尾剐倒了路上正在休息的同车人王某，导致王某右髋关节脱位、右坐骨下支及髋臼骨折（伤残六级）。共产生 39 万元医疗费用。

交警认定李某负全责。该保险公司拒赔，是否合理？

**【案例分析】**

双方争议的焦点是，本起交通事故造成王某伤害，是否属于《机动车辆保险条款》所规定“本车上的一切人员和财产”的第三者责任险的免赔条款范围。

车上的一切人员是否包括了受伤人王某？这是本案最有争议的一点。被告保险公司认为，按《机动车辆保险条款解释》对“本车上的一切人员和财产”的理解是：意外事故发生的瞬间，在本保险车辆上的一切人员和财产，包括此时在车下的王某。

而原告物流公司认为，伤者王某正常下车休息，符合在车下受害的第三方即第三者的条件，不属于“本车上的一切人员和财产”的免除责任范围。

对同样一个规定却有两个不同的理解时应怎么办？根据《中华人民共和国保险法》第 31 条规定：“对于保险合同的条款，保险人与投保人、被保险人或者受益人有争议时，人民法院或者仲裁机关应当作有利于被保险人和受益人的解释。”

因此，法院作出了有利于投保人和被保险人的合理解释，并根据《合同法》有关规定，判令给予王某全额赔偿。

**【案例 5】**

粟先生买了一辆小货车做生意，并买了交强险和三者险。几个月后，因为驾驶技术不过硬，粟先生在倒车过程中，无意撞伤了正在车后指挥倒车的儿子。

思考：保险公司如何理赔？

**【案例分析】**

根据责任免除条款第五条，保险公司不负责赔偿。

**【案例 6】**

孙先生陪客户吃完饭后，自己驾车被马先生的车追尾，造成两车各 1 万元的损失。按照常规应是追尾方全责，但交警部门调查后，认定孙先生是饮酒驾车，且负全部责任。

孙先生先前投保了交强险及三者险。事故发生之后，他立即向保险公司报案，并要求赔偿。

思考：保险公司实际应如何处理？

**【案例分析】**

根据责任免除条款第六条，保险公司不负责赔偿。

## 二、机动车损失保险

### （一）车辆损失险概述

由于使用汽车的意外事故很多，各国为扩大对被保险人的保障，方便投保人的购买，车辆损失险一般提供较综合的保险责任，涵盖碰撞损失危险和非碰撞损失危险。后来，各国又针对一些损失频率很高的危险事故，从综合的保险责任中剔除，单独开发成独立险种。

车辆损失险是指车辆因遭受保险责任范围内的自然灾害或意外事故，造成车辆本身损失，以及发生的合理施救费用，保险人依照保险合同的规定给予赔偿。

自然灾害包括雷击、暴风、暴雨、洪水、龙卷风、雹灾、台风、海啸、热带风暴、地陷、崖崩、滑坡、泥石流、雪崩、冰陷、雪灾、冰凌。

意外事故包括碰撞、倾覆；火灾、爆炸；外界物体倒塌、空中物体坠落、保险机动车行驶中坠落。

### （二）条款（以 A 款为例）

A 款——家庭自用汽车损失保险条款

总　则

第一条　家庭自用汽车损失保险合同（以下简称本保险合同）由本条款、投保单、保险单、批单和特别约定共同组成。凡涉及本保险合同的约定，均应采用书面形式。

第二条　本保险合同中的家庭自用汽车是指在中华人民共和国境内（不含港、澳、台地区）行驶的家庭或个人所有，且用途为非营业性运输的核定座位在 9 座以下的客车（以下简称被保险机动车）。

第三条　本保险合同为不定值保险合同。保险人按照承保险别承担保险责任，附加险不能单独承保。

保 险 责 任

第四条　保险期间内，被保险人或其允许的合法驾驶人在使用被保险机动车过程中，因下列原因造成被保险机动车的损失，保险人依照本保险合同的约定负责赔偿。

（一）碰撞、倾覆、坠落；

（二）火灾、爆炸；

（三）外界物体坠落、倒塌；

（四）暴风、龙卷风；

（五）雷击、雹灾、暴雨、洪水、海啸；

（六）地陷、冰陷、崖崩、雪崩、泥石流、滑坡；

（七）载运被保险机动车的渡船遭受自然灾害（只限于驾驶人随船的情形）。

第五条　发生保险事故时，被保险人为防止或者减少被保险机动车的损失所支付的必要的、合理的施救费用，由保险人承担，最高不超过保险金额的数额。

责 任 免 除

第六条　下列情况下，不论任何原因造成被保险机动车损失，保险人均不负责赔偿。

（一）地震。

（二）战争、军事冲突、恐怖活动、暴乱、扣押、收缴、没收、政府征用。

（三）竞赛、测试，在营业性维修、养护场所修理、养护期间。

（四）利用被保险机动车从事违法活动。

（五）驾驶人饮酒、吸食或注射毒品、被药物麻醉后使用被保险机动车。

（六）事故发生后，被保险人或其允许的驾驶人在未依法采取措施的情况下驾驶被保险机动车或者遗弃被保险机动车逃离事故现场，或故意破坏、伪造现场、毁灭证据。

（七）驾驶人有下列情形之一者：

1．无驾驶证或驾驶证有效期已届满；

2．驾驶的被保险机动车与驾驶证载明的准驾车型不符；

3．持未按规定审验的驾驶证，以及在暂扣、扣留、吊销、注销驾驶证期间驾驶被保险机动车；

4．依照法律法规或公安机关交通管理部门有关规定不允许驾驶被保险机动车的其他情况下驾车。

（八）非被保险人允许的驾驶人使用被保险机动车。

（九）被保险机动车转让他人，未向保险人办理批改手续。

（十）除另有约定外，发生保险事故时被保险机动车无公安机关交通管理部门核发的行驶证和号牌，或未按规定检验或检验不合格。

第七条　被保险机动车的下列损失和费用，保险人不负责赔偿。

（一）自然磨损、朽蚀、腐蚀、故障；

（二）玻璃单独破碎，车轮单独损坏；

（三）无明显碰撞痕迹的车身划痕；

（四）人工直接供油、高温烘烤造成的损失；

（五）自燃以及不明原因火灾造成的损失；

（六）遭受保险责任范围内的损失后，未经必要修理继续使用被保险机动车，致使损失扩大的部分；

（七）因污染（含放射性污染）造成的损失；

（八）市场价格变动造成的贬值、修理后价值降低引起的损失；

（九）标准配置以外新增设备的损失；

（十）发动机进水后导致的发动机损坏；被保险机动车所载货物坠落、倒塌、撞击、泄漏造成的损失；被盗窃、抢劫、抢夺，以及因被盗窃、抢劫、抢夺受到损坏或车上零部件、附属设备丢失；被保险人或驾驶人的故意行为造成的损失；应当由机动车交通事故责任强制保险赔偿的。

第八条　保险人在依据本保险合同约定计算赔款的基础上，按照下列免赔率免赔。

（一）负次要事故责任的免赔率为 5%，负同等事故责任的免赔率为 8%，负主要事故责任的免赔率为 10%，负全部事故责任或单方肇事事故的免赔率为 15%；

（二）被保险机动车的损失应当由第三方负责赔偿的，无法找到第三方时，免赔率为 30%；

（三）被保险人根据有关法律法规规定选择自行协商方式处理交通事故，不能证明事故原因的，免赔率为 20%；

（四）投保时指定驾驶人，保险事故发生时为非指定驾驶人使用被保险机动车的，增加免赔率 10%；

（五）投保时约定行驶区域，保险事故发生在约定行驶区域以外的，增加免赔率 10%。

第九条　其他不属于保险责任范围内的损失和费用。

### 保险金额

第十条　保险金额由投保人和保险人从下列三种方式中选择确定，保险人根据确定保险金额的不同方式承担相应的赔偿责任。

（一）按投保时被保险机动车的新车购置价确定。

本保险合同中的新车购置价是指在保险合同签订地购置与被保险机动车同类型新车的价格

（含车辆购置税）。

投保时的新车购置价根据投保时保险合同签订地同类型新车的市场销售价格（含车辆购置税）确定，并在保险单中载明，无同类型新车市场销售价格的，由投保人与保险人协商确定。

（二）按投保时被保险机动车的实际价值确定。

本保险合同中的实际价值是指新车购置价减去折旧金额后的价格。

投保时被保险机动车的实际价值根据投保时的新车购置价减去折旧金额后的价格确定。

被保险机动车的折旧按月计算，不足一个月的部分，不计折旧。9 座以下客车月折旧率为 0.6%，10 座以上客车月折旧率为 0.9%，最高折旧金额不超过投保时被保险机动车新车购置价的 80%。

折旧金额 = 投保时的新车购置价 × 被保险机动车已使用月数 × 月折旧率

（三）在投保时被保险机动车的新车购置价内协商确定。

保 险 期 间

第十一条　除另有约定外，保险期间为一年，以保险单载明的起讫时间为准。

保险人义务

第十二条　保险人在订立保险合同时，应向投保人说明投保险种的保险责任、责任免除、保险期间、保险费及支付办法、投保人和被保险人义务等内容。

第十三条　保险人应及时受理被保险人的事故报案，并尽快进行查勘。

保险人接到报案后 48 小时内未进行查勘且未给予受理意见，造成财产损失无法确定的，以被保险人提供的财产损毁照片、损失清单、事故证明和修理发票作为赔付理算依据。

第十四条　保险人收到被保险人的索赔请求后，应当及时作出核定。

（一）保险人应根据事故性质、损失情况，及时向被保险人提供索赔须知。审核索赔材料后认为有关的证明和资料不完整的，应当及时通知被保险人补充提供有关的证明和资料；

（二）在被保险人提供了各种必要单证后，保险人应当迅速审查核定，并将核定结果及时通知被保险人；

（三）对属于保险责任的，保险人应在与被保险人达成赔偿协议后 10 日内支付赔款。

第十五条　保险人对在办理保险业务中知道的投保人、被保险人的业务和财产情况及个人隐私，负有保密的义务。

投保人、被保险人义务

第十六条　投保人应如实填写投保单并回答保险人提出的询问，履行如实告知义务，并提供被保险机动车行驶证复印件、机动车登记证书复印件，如指定驾驶人的，应当同时提供被指定驾驶人的驾驶证复印件。

在保险期间内，被保险机动车改装、加装或从事营业运输等，导致被保险机动车危险程度增加的，应当及时书面通知保险人。否则，因被保险机动车危险程度增加而发生的保险事故，保险人不承担赔偿责任。

第十七条　投保人应当在本保险合同成立时交清保险费；保险费交清前发生的保险事故，保险人不承担赔偿责任。

第十八条　发生保险事故时，被保险人应当及时采取合理的、必要的施救和保护措施，防止或者减少损失，并在保险事故发生后 48 小时内通知保险人。否则，造成损失无法确定或扩大的部分，保险人不承担赔偿责任。

第十九条　发生保险事故后，被保险人应当积极协助保险人进行现场查勘。

被保险人在索赔时应当提供有关证明和资料。

发生与保险赔偿有关的仲裁或者诉讼时，被保险人应当及时书面通知保险人。

第二十条　因第三方对被保险机动车的损害而造成保险事故的，保险人自向被保险人赔偿保险金之日起，在赔偿金额范围内代位行使被保险人对第三方请求赔偿的权利，但被保险人必须协助保险人向第三方追偿。

由于被保险人放弃对第三方的请求赔偿的权利或过错致使保险人不能行使代位追偿权利的，保险人不承担赔偿责任或相应扣减保险赔偿金。

赔 偿 处 理

第二十一条　被保险人索赔时，应当向保险人提供与确认保险事故的性质、原因、损失程度等有关的证明和资料。

被保险人应当提供保险单、损失清单、有关费用单据、被保险机动车行驶证和发生事故时驾驶人的驾驶证。

属于道路交通事故的，被保险人应当提供公安机关交通管理部门或法院等机构出具的事故证明、有关的法律文书（判决书、调解书、裁定书、裁决书等）和通过机动车交通事故责任强制保险获得赔偿金额的证明材料。

属于非道路交通事故的，应提供相关的事故证明。

第二十二条　被保险人或被保险机动车驾驶人根据有关法律法规规定选择自行协商方式处理交通事故的，应当立即通知保险人，协助保险人勘验事故各方车辆、核实事故责任，并依照《交通事故处理程序规定》签订记录交通事故情况的协议书。

第二十三条　因保险事故损坏的被保险机动车，应当尽量修复。修理前被保险人应当会同保险人检验，协商确定修理项目、方式和费用。否则，保险人有权重新核定；无法重新核定的，保险人有权拒绝赔偿。

第二十四条　被保险机动车遭受损失后的残余部分由保险人、被保险人协商处理。

第二十五条　保险人依据被保险机动车驾驶人在事故中所负的事故责任比例，承担相应的赔偿责任。

被保险人或被保险机动车驾驶人根据有关法律法规规定选择自行协商或由公安机关交通管理部门处理事故未确定事故责任比例的，按照下列规定确定事故责任比例。

被保险机动车方负主要事故责任的，事故责任比例为70%；

被保险机动车方负同等事故责任的，事故责任比例为50%；

被保险机动车方负次要事故责任的，事故责任比例为30%。

第二十六条　保险人按下列方式赔偿。

（一）按投保时被保险机动车的新车购置价确定保险金额的：

1. 发生全部损失时，在保险金额内计算赔偿，保险金额高于保险事故发生时被保险机动车实际价值的，按保险事故发生时被保险机动车的实际价值计算赔偿。

保险事故发生时被保险机动车的实际价值根据保险事故发生时的新车购置价减去折旧金额后的价格确定。

保险事故发生时的新车购置价根据保险事故发生时保险合同签订地同类型新车的市场销售价格（含车辆购置税）确定，无同类型新车市场销售价格的，由被保险人与保险人协商确定。

折旧金额 = 保险事故发生时的新车购置价 × 被保险机动车已使用月数 × 月折旧率

2．发生部分损失时，按核定修理费用计算赔偿，但不得超过保险事故发生时被保险机动车的实际价值。

（二）按投保时被保险机动车的实际价值确定保险金额或协商确定保险金额的：

1．发生全部损失时，保险金额高于保险事故发生时被保险机动车实际价值的，以保险事故发生时被保险机动车的实际价值计算赔偿；保险金额等于或低于保险事故发生时被保险机动车实际价值的，按保险金额计算赔偿。

2．发生部分损失时，按保险金额与投保时被保险机动车的新车购置价的比例计算赔偿，但不得超过保险事故发生时被保险机动车的实际价值。

（三）施救费用赔偿的计算方式同本条（一）、（二），在被保险机动车损失赔偿金额以外另行计算，最高不超过保险金额的数额。

被施救的财产中，含有本保险合同未承保财产的，按被保险机动车与被施救财产价值的比例分摊施救费用。

第二十七条　被保险机动车重复保险的，保险人按照本保险合同的保险金额与各保险合同保险金额的总和的比例承担赔偿责任。

其他保险人应承担的赔偿金额，保险人不负责赔偿和垫付。

第二十八条　保险人受理报案、现场查勘、参与诉讼、进行抗辩、要求被保险人提供证明和资料、向被保险人提供专业建议等行为，均不构成保险人对赔偿责任的承诺。

第二十九条　下列情况下，保险人支付赔款后，本保险合同终止，保险人不退还家庭自用汽车损失保险及其附加险的保险费。

（一）被保险机动车发生全部损失；

（二）按投保时被保险机动车的实际价值确定保险金额的，一次赔款金额与免赔金额之和（不含施救费）达到保险事故发生时被保险机动车的实际价值；

（三）保险金额低于投保时被保险机动车的实际价值的，一次赔款金额与免赔金额之和（不含施救费）达到保险金额。

保险费调整

第三十条　保险费调整的比例和方式以保险监管部门批准的机动车保险费率方案的规定为准。

本保险及其附加险根据上一保险期间发生保险赔偿的次数，在续保时实行保险费浮动。

合同变更和终止

第三十一条　本保险合同的内容如需变更，须经保险人与投保人书面协商一致。

第三十二条　在保险期间内，被保险机动车转让他人的，投保人应当书面通知保险人并办理批改手续。

第三十三条　保险责任开始前，投保人要求解除本保险合同的，应当向保险人支付应交保险费 5%的退保手续费，保险人应当退还保险费。

保险责任开始后，投保人要求解除本保险合同的，自通知保险人之日起，本保险合同解除。保险人按短期月费率（见表 3-6）收取自保险责任开始之日起至合同解除之日止期间的保险费，并退还剩余部分保险费。

表 3-6 短期月费率表

| 保险期间（月） | 1 | 2 | 3 | 4 | 5 | 6 | 7 | 8 | 9 | 10 | 11 | 12 |
|---|---|---|---|---|---|---|---|---|---|---|---|---|
| 短期月费率（年保险费的百分比） | 10% | 20% | 30% | 40% | 50% | 60% | 70% | 80% | 85% | 90% | 95% | 100% |

注：保险期间不足一个月的部分，按一个月计算。

争 议 处 理

第三十四条 因履行本保险合同发生的争议，由当事人协商解决。

协商不成的，提交保险单载明的仲裁机构仲裁。保险单未载明仲裁机构或者争议发生后未达成仲裁协议的，可向人民法院起诉。

第三十五条 本保险合同争议处理适用中华人民共和国法律。

附 则

第三十六条 本保险合同（含附加险）中下列术语的含义。

不定值保险合同：指双方当事人在订立保险合同时不预先确定保险标的的保险价值，而是按照保险事故发生时保险标的的实际价值确定保险价值的保险合同。

碰撞：指被保险机动车与外界物体直接接触并发生意外撞击、产生撞击痕迹的现象。包括被保险机动车按规定载运货物时，所载货物与外界物体的意外撞击。

倾覆：指意外事故导致被保险机动车翻倒（两轮以上离地、车体触地），处于失去正常状态和行驶能力、不经施救不能恢复行驶的状态。

坠落：指被保险机动车在行驶中发生意外事故，整车腾空后下落，造成本车损失的情况。非整车腾空，仅由于颠簸造成被保险机动车损失的，不属坠落责任。

火灾：指被保险机动车本身以外的火源引起的、在时间或空间上失去控制的燃烧（即有热、有光、有火焰的剧烈的氧化反应）所造成的灾害。

暴风：指风速在 28.5 米/秒（相当于 11 级大风）以上的大风。风速以气象部门公布的数据为准。

地陷：指地壳因为自然变异、地层收缩而发生突然塌陷以及海潮、河流、大雨侵蚀时，地下有孔穴、矿穴，以致地面突然塌陷。

玻璃单独破碎：指未发生被保险机动车其他部位的损坏，仅发生被保险机动车前后风挡玻璃和左右车窗玻璃的损坏。

车轮单独损坏：指未发生被保险机动车其他部位的损坏，仅发生轮胎、轮辋、轮毂罩的分别单独损坏，或上述三者之中任意二者的共同损坏，或三者的共同损坏。

竞赛：指被保险机动车作为赛车参加车辆比赛活动，包括以参加比赛为目的进行的训练活动。

测试：指对被保险机动车的性能和技术参数进行测量或试验。

自燃：指在没有外界火源的情况下，由于本车电器、线路、供油系统、供气系统等被保险机动车自身原因发生故障或所载货物自身原因起火燃烧。

污染：指被保险机动车正常使用过程中或发生事故时，由于油料、尾气、货物或其他污染物的泄漏、飞溅、排放、散落等造成被保险机动车污损或状况恶化。

营业运输：指经由交通运输管理部门核发营运证书，被保险人或其允许的驾驶人利用被保险机动车从事旅客运输、货物运输的行为。未经交通运输管理部门核发营运证书，被保险人或其允许的驾驶人以牟利为目的，利用被保险机动车从事旅客运输、货物运输的，视为营业运输。

单方肇事事故：指不涉及与第三方有关的损害赔偿的事故，但不包括因自然灾害引起的事故。

转让：指以转移所有权为目的，处分被保险机动车的行为。被保险人以转移所有权为目的，将被保险机动车交付他人，但未按规定办理转移（过户）登记的，视为转让。

第三十七条　保险人按照保险监管部门批准的机动车保险费率方案计算保险费。

第三十八条　在投保家庭自用汽车损失保险的基础上，投保人可投保附加险。

附加险条款未尽事宜，以本条款为准。

（三）案例分析

**【案例 7】**

司机不慎将车辆开到路边，歪在沟中，但没有发生车损，如不施救很有可能扩大损失，造成翻车等事故。产生的施救费是否可以获得保险公司的赔偿?（投保了车损险）

**【案例分析】**

根据车损险第五条，产生的施救费由保险公司承担，但不超过保险金额的数额。

**【案例 8】**

小王年轻气盛，开车喜欢追求风驰电掣的感觉，为此他经常与几个同伴相约飙车，限速 60 千米/小时的路段，小王的车速经常超过 100 千米/小时。一次飙车途中，小王不幸发生了车祸，车子损坏比较严重，修理费用要好几万元。他认为自己投保了车损险，故向保险公司提出了赔付请求，但却遭到了拒绝。

**【案例分析】**

根据车损险条款规定，“保险车辆在竞赛、检测、修理、养护，被扣押、征用、没收期间”发生意外事故，保险人是不负赔偿责任的，而小王的情况属于“竞赛”，所以理应被拒赔。

**【案例 9】**

李女士是一位新驾驶员，一次在小区里停车，不慎倒车时撞坏了后视镜，她通过 4S 店投保了全险，所以申请按照车损险赔付，但却被告知不能得到理赔。

**【案例分析】**

李女士的情况属于“倒车镜单独损坏”，并非因驾车发生事故致损，所以也不在车损险的理赔范围之内。

## 三、机动车车上人员责任保险

### （一）车上人员责任险概述

车上人员责任险是指负责赔偿车辆在使用过程中发生意外事故，致使车上人员遭受人身伤害，被保险人依法应支付的赔偿金额，保险人在扣除机动车交通事故责任强制保险应当支付的赔款后，给予赔偿。

该险种的风险概率小，如行车状况不复杂，可不保。

## （二）条款

### 总 则

第一条 机动车车上人员责任保险合同（以下简称本保险合同）由本条款、投保单、保险单、批单和特别约定共同组成。凡涉及本保险合同的约定，均应采用书面形式。

第二条 本保险合同中的机动车是指在中华人民共和国境内（不含港、澳、台地区）行驶，以动力装置驱动或者牵引，上道路行驶的供人员乘用或者用于运送物品以及进行专项作业的轮式车辆（含挂车）、履带式车辆和其他运载工具（以下简称被保险机动车）。

第三条 本保险合同中的车上人员是指保险事故发生时在被保险机动车上的自然人。

### 保 险 责 任

第四条 保险期间内，被保险人或其允许的合法驾驶人在使用被保险机动车过程中发生意外事故，致使车上人员遭受人身伤亡，依法应当由被保险人承担的损害赔偿责任，保险人依照本保险合同的约定负责赔偿。

### 责 任 免 除

第五条 被保险机动车造成下列人身伤亡，不论在法律上是否应当由被保险人承担赔偿责任，保险人均不负责赔偿。

（一）被保险人或驾驶人的故意行为造成的人身伤亡；

（二）被保险人及驾驶人以外的其他车上人员的故意、重大过失行为造成的自身伤亡；

（三）违法、违章搭乘人员的人身伤亡；

（四）车上人员因疾病、分娩、自残、斗殴、自杀、犯罪行为造成的自身伤亡；

（五）车上人员在被保险机动车车下时遭受的人身伤亡。

第六条 下列情况下，不论任何原因造成的对车上人员的损害赔偿责任，保险人均不负责赔偿。

（一）地震。

（二）战争、军事冲突、恐怖活动、暴乱、扣押、收缴、没收、政府征用。

（三）竞赛、测试、教练，在营业性维修、养护场所修理、养护期间。

（四）利用被保险机动车从事违法活动。

（五）驾驶人饮酒、吸食或注射毒品、被药物麻醉后使用被保险机动车。

（六）事故发生后，被保险人或其允许的驾驶人在未依法采取措施的情况下驾驶被保险机动车或者遗弃被保险机动车离开事故现场，或故意破坏、伪造现场、毁灭证据。

（七）驾驶人有下列情形之一者：

1. 无驾驶证或驾驶证有效期已届满；

2. 驾驶的被保险机动车与驾驶证载明的准驾车型不符；

3. 实习期内驾驶公共汽车、营运客车或者载有爆炸物品、易燃易爆化学物品、剧毒或者放射性等危险物品的被保险机动车，实习期内驾驶的被保险机动车牵引挂车；

4. 持未按规定审验的驾驶证，以及在暂扣、扣留、吊销、注销驾驶证期间驾驶被保险机动车；

5. 使用各种专用机械车、特种车的人员无国家有关部门核发的有效操作证，驾驶营运客车的驾驶人无国家有关部门核发的有效资格证书；

6. 依照法律法规或公安机关交通管理部门有关规定不允许驾驶被保险机动车的其他情况下驾车。

（八）非被保险人允许的驾驶人驾驶被保险机动车。

（九）被保险机动车转让他人，未向保险人办理批改手续。

（十）除另有约定外，发生保险事故时被保险机动车无公安机关交通管理部门核发的行驶证或号牌，或未按规定检验或检验不合格。

第七条　下列损失和费用，保险人不负责赔偿。

（一）精神损害赔偿；

（二）因污染（含放射性污染）造成的人身伤亡；

（三）仲裁或者诉讼费用以及其他相关费用；

（四）应当由机动车交通事故责任强制保险赔偿的损失和费用。

第八条　保险人在依据本保险合同约定计算赔款的基础上，在保险单载明的责任限额内，按下列免赔率免赔。

（一）负次要事故责任的免赔率为 5%，负同等事故责任的免赔率为 8%，负主要事故责任的免赔率为 10%，负全部事故责任或单方肇事事故的免赔率为 15%；

（二）投保时指定驾驶人，保险事故发生时为非指定驾驶人使用被保险机动车的，增加免赔率 10%；

（三）投保时约定行驶区域，保险事故发生在约定行驶区域以外的，增加免赔率 10%。

第九条　其他不属于保险责任范围内的损失和费用。

责 任 限 额

第十条　驾驶人每次事故责任限额和乘客每次事故每人责任限额由投保人和保险人在投保时协商确定。投保乘客座位数按照被保险机动车的核定载客数（驾驶人座位除外）确定。

保 险 期 间

第十一条　除另有约定外，保险期间为一年，以保险单载明的起讫时间为准。

保险人义务

第十二条　保险人在订立保险合同时，应向投保人说明投保险种的保险责任、责任免除、保险期间、保险费及支付办法、投保人和被保险人义务等内容。

第十三条　保险人应及时受理被保险人的事故报案，并尽快进行查勘。

第十四条　保险人收到被保险人的索赔请求后，应当及时作出核定。

（一）保险人应根据事故性质、损失情况，及时向被保险人提供索赔须知。审核索赔材料后认为有关的证明和资料不完整的，应当及时通知被保险人补充提供有关的证明和资料；

（二）在被保险人提供了各种必要单证后，保险人应当迅速审查核定，并将核定结果及时通知被保险人；

（三）对属于保险责任的，保险人应在与被保险人达成赔偿协议后 10 日内支付赔款。

第十五条　保险人对在办理保险业务中知道的投保人、被保险人的业务和财产情况及个人隐私，负有保密的义务。

投保人、被保险人义务

第十六条　投保人应如实填写投保单并回答保险人提出的询问，履行如实告知义务，并提供被保险机动车行驶证复印件、机动车登记证书复印件，如指定驾驶人的，应当同时提供被指定驾驶人的驾驶证复印件。

在保险期间内，被保险机动车改装、加装或被保险家庭自用汽车、非营业用汽车从事营业运输等，导致被保险机动车危险程度增加的，应当及时书面通知保险人。否则，因被保险机动车危险程度增加而发生的保险事故，保险人不承担赔偿责任。

第十七条　除另有约定外，投保人应当在本保险合同成立时交清保险费；保险费交清前发生的保险事故，保险人不承担赔偿责任。

第十八条　发生保险事故时，被保险人应当及时采取合理的、必要的施救和保护措施，防止或者减少损失，并在保险事故发生后48小时内通知保险人。否则，造成损失无法确定或扩大的部分，保险人不承担赔偿责任。

第十九条　发生保险事故后，被保险人应当积极协助保险人进行现场查勘。

被保险人在索赔时应当提供有关证明和资料。

引起与保险赔偿有关的仲裁或者诉讼时，被保险人应当及时书面通知保险人。

赔 偿 处 理

第二十条　被保险人索赔时，应当向保险人提供与确认保险事故的性质、原因、损失程度等有关的证明和资料。

被保险人应当提供保险单、损失清单、有关费用单据、被保险机动车行驶证和发生事故时驾驶人的驾驶证。

属于道路交通事故的，被保险人应当提供公安机关交通管理部门或法院等机构出具的事故证明、有关的法律文书（判决书、调解书、裁定书、裁决书等）和通过机动车交通事故责任强制保险获得赔偿金额的证明材料。

属于非道路交通事故的，应提供相关的事故证明。

第二十一条　保险人依据被保险机动车驾驶人在事故中所负的事故责任比例，承担相应的赔偿责任。

公安机关交通管理部门处理事故未确定事故责任比例的，按照下列规定确定事故责任比例。

被保险机动车方负主要事故责任的，事故责任比例为70%；

被保险机动车方负同等事故责任的，事故责任比例为50%；

被保险机动车方负次要事故责任的，事故责任比例为30%。

第二十二条　每次事故车上人员的人身伤亡按照国家有关法律、法规规定的赔偿范围、项目和标准以及本保险合同的约定进行赔偿。驾驶人的赔偿金额不超过保险单载明的驾驶人每次事故责任限额；每位乘客的赔偿金额不超过保险单载明的乘客每次事故每人责任限额，赔偿人数以投保乘客座位数为限。

保险人按照国家基本医疗保险的标准核定医疗费用的赔偿金额。

未经保险人书面同意，被保险人自行承诺或支付的赔偿金额，保险人有权重新核定。不属于保险人赔偿范围或超出保险人应赔偿金额的，保险人不承担赔偿责任。

第二十三条　被保险机动车重复保险的，保险人按照本保险合同的责任限额与各保险合同责任限额的总和的比例承担赔偿责任。

其他保险人应承担的赔偿金额，保险人不负责赔偿和垫付。

第二十四条　保险人受理报案、现场查勘、参与诉讼、进行抗辩、要求被保险人提供证明和资料、向被保险人提供专业建议等行为，均不构成保险人对赔偿责任的承诺。

第二十五条　保险人支付赔款后，对被保险人追加的索赔请求，保险人不承担赔偿责任。

第二十六条　被保险人获得赔偿后，本保险合同继续有效，直至保险期间届满。

保险费调整

第二十七条　保险费调整的比例和方式以保险监管部门批准的机动车保险费率方案的规定为准。

本保险及其附加险根据上一保险期间发生保险赔偿的次数，在续保时实行保险费浮动。

合同变更和终止

第二十八条　本保险合同的内容如需变更，须经保险人与投保人书面协商一致。

第二十九条　本保险合同生效后，被保险机动车转让他人的，被保险人应当书面通知保险人并办理批改手续。

第三十条　保险责任开始前，投保人要求解除本保险合同的，应当向保险人支付应交保险费5%的退保手续费，保险人应当退还保险费。

保险责任开始后，投保人要求解除本保险合同的，自通知保险人之日起，本保险合同解除。保险人按短期月费率（见表 3-7）收取自保险责任开始之日起至合同解除之日止期间的保险费，并退还剩余部分保险费。

表 3–7　短期月费率表

| 保险期间（月） | 1 | 2 | 3 | 4 | 5 | 6 | 7 | 8 | 9 | 10 | 11 | 12 |
|---|---|---|---|---|---|---|---|---|---|---|---|---|
| 短期月费率（年保险费的百分比） | 10% | 20% | 30% | 40% | 50% | 60% | 70% | 80% | 85% | 90% | 95% | 100% |

注：保险期间不足一个月的部分，按一个月计算。

争 议 处 理

第三十一条　因履行本保险合同发生的争议，由当事人协商解决。

协商不成的，提交保险单载明的仲裁机构仲裁。保险单未载明仲裁机构或者争议发生后未达成仲裁协议的，可向人民法院起诉。

第三十二条　本保险合同争议处理适用中华人民共和国法律。

附　　则

第三十三条　本保险合同（含附加险）中下列术语的含义。

竞赛：指被保险机动车作为赛车参加车辆比赛活动，包括以参加比赛为目的进行的训练活动。

测试：指对被保险机动车的性能和技术参数进行测量或试验。

教练：指尚未取得合法机动车驾驶证，但已通过合法教练机构办理正式学车手续的学员，在固定练习场所或指定路线，并有合格教练随车指导的情况下驾驶被保险机动车。

污染：指被保险机动车正常使用过程中或发生事故时，由于油料、尾气、货物或其他污染物的泄漏、飞溅、排放、散落等造成的人身伤亡。

家庭自用汽车：指在中华人民共和国境内（不含港、澳、台地区）行驶的家庭或个人所有，且用途为非营业性运输的客车。

非营业用汽车：指在中华人民共和国境内（不含港、澳、台地区）行驶的党政机关、企事业单位、社会团体、使领馆等机构从事公务或在生产经营活动中不以直接或间接方式收取运费或租金的自用汽车，包括客车、货车、客货两用车。

营业运输：指经由交通运输管理部门核发营运证书，被保险人或其允许的驾驶人利用被保险机动车从事旅客运输、货物运输的行为。未经交通运输管理部门核发营运证书，被保险人或其允许的驾驶人以牟利为目的，利用被保险机动车从事旅客运输、货物运输的，视为营业运输。

转让：指以转移所有权为目的，处分被保险机动车的行为。被保险人以转移所有权为目的，将被保险机动车交付他人，但未按规定办理转移（过户）登记的，视为转让。

第三十四条　保险人按照保险监管部门批准的机动车保险费率方案计算保险费。

第三十五条　在投保机动车车上人员责任保险的基础上，投保人可投保附加险。

附加险条款未尽事宜，以本条款为准。

（三）案例分析

**【案例 10】**

2007 年 8 月 18 日，任某乘坐刘某驾驶的中巴车时，由于刘某未关车门，任某从车上摔下，随后被该车碾轧致右小腿受伤。该起事故经交警大队认定，司机刘某负事故的全部责任。后经鉴定，任某为 10 级伤残。

车上人员险是否理赔？若保险齐全，应有哪些保险对任某进行理赔？

**【案例分析】**

根据车上人员责任险第五条，人员险不能理赔，但是若保险齐全，则可由交强险对任某进行理赔。因为交强险是指由保险公司对被保险机动车发生道路交通事故造成本车人员、被保险人以外的受害人的人身伤亡、财产损失，在责任限额内予以赔偿的强制性责任保险。这里的本车人员仅指发生意外事故时身处保险车辆之上的人员。基于第三者和车上人员均为特定时空条件下的临时身份，两者可以因特定时空条件的变化而变化。判断因保险车辆发生意外交通事故而受害的人属于第三者还是属于车上人员，必须以该人在交通事故发生当时这一特定的时间是否身处保险车辆之上为依据。涉案交通事故发生时，任某不是在涉案车辆之上，而是在该车辆之下，故可以按照交强险进行理赔。

**【案例 11】**

2008 年 5 月，王某将其拥有的一辆桑塔纳轿车向保险公司投保了车上人员责任险，投保了 2 个座位，每座限额 1 万元。

投保一个月后，发生单方肇事事故，造成驾驶员王某及车上两名乘客不同程度受伤。经过交警部门认定，王某负事故全部责任，承担事故造成的全部经济损失。

王某花费 2 000 元，乘客甲花费 3 000 元，乘客乙花费 4 000 元。

保险公司如何理赔？

**【案例分析】**

现行的《机动车辆保险条款》车上人员责任险，并没有要求被保险人在选择座位投保时一定要约定明确投保哪一座位。

一旦发生保险事故，造成车上人员受伤，均视为投保座位上的人员受伤；或者在车辆核定座位数内，当受伤人数多于投保座位时，要求将产生医疗费用高的伤者作为投保座位上的人员，而向保险公司索赔。

## 四、全车盗抢险

### （一）全车盗抢险概述

该险偶发，一旦发生损失大，可单独投保。它是指被保险机动车在使用过程中，因下列原因造成的损失，保险人依照保险合同约定负责赔偿。

（1）全车被盗窃、被抢劫、被抢夺，经县级以上公安刑侦部门立案证实，满60天未查明下落；

（2）全车被抢劫、被抢夺过程中受到损坏需要修复的合理费用；

（3）全车被盗窃、被抢劫、被抢夺后受到损坏或因此造成车上零部件、附属设备丢失需要修复的合理费用。

全车盗抢险实行20%的绝对免赔率和车辆文件、钥匙等单项免赔，个别公司可通过购买基本险不计免赔转嫁20%绝对免赔率损失。也有的个别公司对个别车型不足额承保盗抢险。

### （二）2007年版机动车盗抢保险条款（基本险）

总　　则

第一条　机动车盗抢保险合同（以下简称本保险合同）由本条款、投保单、保险单、批单和特别约定共同组成。凡涉及本保险合同的约定，均应采用书面形式。

第二条　本保险合同中的机动车是指在中华人民共和国境内（不含港、澳、台地区）行驶，以动力装置驱动或者牵引，上道路行驶的供人员乘用或者用于运送物品以及进行专项作业的轮式车辆（含挂车）、履带式车辆和其他运载工具（以下简称被保险机动车）。

第三条　本保险合同为不定值保险合同。保险人按照承保险别承担保险责任，附加险不能单独承保。

保 险 责 任

第四条　保险期间内，被保险机动车的下列损失和费用，保险人依照本保险合同的约定负责赔偿。

（一）被保险机动车被盗窃、抢劫、抢夺，经出险当地县级以上公安刑侦部门立案证明，满60天未查明下落的全车损失；

（二）被保险机动车全车被盗窃、抢劫、抢夺后，受到损坏或车上零部件、附属设备丢失需要修复的合理费用；

（三）被保险机动车在被抢劫、抢夺过程中，受到损坏需要修复的合理费用。

责 任 免 除

第五条　下列情况下，不论任何原因造成被保险机动车损失，保险人均不负责赔偿。

（一）地震；

（二）战争、军事冲突、恐怖活动、暴乱、扣押、收缴、没收、政府征用；

（三）竞赛、测试、教练，在营业性维修、养护场所修理、养护期间；

（四）利用被保险机动车从事违法活动；

（五）驾驶人饮酒、吸食或注射毒品、被药物麻醉后使用被保险机动车；

（六）非被保险人允许的驾驶人使用被保险机动车；

（七）租赁机动车与承租人同时失踪；

（八）被保险机动车转让他人，未向保险人办理批改手续；

（九）除另有约定外，发生保险事故时被保险机动车无公安机关交通管理部门核发的行驶证或号牌，或未按规定检验或检验不合格；

（十）被保险人索赔时，未能提供机动车停驶手续或出险当地县级以上公安刑侦部门出具的盗抢立案证明。

第六条 被保险机动车的下列损失和费用，保险人不负责赔偿：

（一）自然磨损、朽蚀、腐蚀、故障；

（二）遭受保险责任范围内的损失后，未经必要修理继续使用被保险机动车，致使损失扩大的部分；

（三）市场价格变动造成的贬值、修理后价值降低引起的损失；

（四）标准配置以外新增设备的损失；

（五）非全车遭盗窃，仅车上零部件或附属设备被盗窃或损坏；

（六）被保险机动车被诈骗造成的损失；

（七）被保险人因民事、经济纠纷而导致被保险机动车被抢劫、抢夺；

（八）被保险人及其家庭成员、被保险人允许的驾驶人的故意行为或违法行为造成的损失。

第七条 被保险机动车被盗窃、抢劫、抢夺期间造成人身伤亡或本车以外的财产损失，保险人不负责赔偿。

第八条 保险人在依据本保险合同约定计算赔款的基础上，按下列免赔率免赔：

（一）发生全车损失的，免赔率为 20%；

（二）发生全车损失，被保险人未能提供《机动车行驶证》、《机动车登记证书》、机动车来历凭证、车辆购置税完税证明（车辆购置附加费缴费证明）或免税证明的，每缺少一项，增加免赔率 1%；

（三）投保时指定驾驶人，保险事故发生时为非指定驾驶人使用被保险机动车的，增加免赔率 5%；

（四）投保时约定行驶区域，保险事故发生在约定行驶区域以外的，增加免赔率 10%。

第九条 其他不属于保险责任范围内的损失和费用。

保 险 金 额

第十条 保险金额由投保人和保险人在投保时被保险机动车的实际价值内协商确定。

本保险合同中的实际价值是指新车购置价减去折旧金额后的价格。

本保险合同中的新车购置价是指在保险合同签订地购置与被保险机动车同类型新车的价格（含车辆购置税）。

投保时被保险机动车的实际价值根据投保时的新车购置价减去折旧金额后的价格确定。

投保时的新车购置价根据投保时保险合同签订地同类型新车的市场销售价格（含车辆购置税）确定，并在保险单中载明，无同类型新车市场销售价格的，由投保人与保险人协商确定。车辆折旧率如表 3-8 所示。

表 3-8 车辆折旧率表

| 车辆种类 | 月折旧率 | | | | |
|---|---|---|---|---|---|
| | 家庭自用 | 非营业 | 营业 | | 特种车 |
| | | | 出租 | 其他 | |
| 9 座以下客车 | 0.60% | 0.60% | 1.10% | 0.90% | — |
| 10 座以上客车 | 0.90% | 0.90% | 1.10% | 0.90% | — |

续表

| 车辆种类 | 月折旧率 | | | | |
|---|---|---|---|---|---|
| | 家庭自用 | 非营业 | 营业 | | 特种车 |
| | | | 出租 | 其他 | |
| 微型载货汽车 | — | 0.90% | 1.10% | 1.10% | — |
| 带拖挂的载货汽车 | — | 0.90% | 1.10% | 1.10% | — |
| 低速货车和三轮汽车 | — | 1.10% | 1.40% | 1.40% | — |
| 矿山专用车 | — | — | — | — | 1.10% |
| 其他车辆 | — | 0.90% | 1.10% | 0.90% | 0.90% |

折旧按月计算，不足一个月的部分，不计折旧。最高折旧金额不超过投保时被保险机动车新车购置价的 80%。

折旧金额 = 投保时的新车购置价 × 被保险机动车已使用月数 × 月折旧率

保 险 期 间

第十一条 除另有约定外，保险期间为一年，以保险单载明的起讫时间为准。

保险人义务

第十二条 保险人在订立保险合同时，应向投保人说明投保险种的保险责任、责任免除、保险期间、保险费及支付办法、投保人和被保险人义务等内容。

第十三条 保险人应及时受理被保险人的事故报案，并尽快进行查勘。

保险人接到报案后 48 小时内未进行查勘且未给予受理意见，造成财产损失无法确定的，以被保险人提供的财产损毁照片、损失清单、事故证明和修理发票作为赔付理算依据。

第十四条 保险人收到被保险人的索赔请求后，应当及时作出核定。

（一）保险人应根据事故性质、损失情况，及时向被保险人提供索赔须知。审核索赔材料后认为有关的证明和资料不完整的，应当及时通知被保险人补充提供有关的证明和资料。

（二）在被保险人提供了各种必要单证后，保险人应当迅速审查核定，并将核定结果及时通知被保险人。

（三）对属于保险责任的，保险人应在与被保险人达成赔偿协议后 10 日内支付赔款。

第十五条 保险人对在办理保险业务中知道的投保人、被保险人的业务和财产情况及个人隐私，负有保密的义务。

投保人、被保险人义务

第十六条 投保人应如实填写投保单并回答保险人提出的询问，履行如实告知义务，并提供被保险机动车行驶证复印件、机动车登记证书复印件，如指定驾驶人的，应当同时提供被指定驾驶人的驾驶证复印件。

在保险期间内，被保险机动车改装、加装等，导致被保险机动车危险程度增加的，应当及时书面通知保险人。否则，因被保险机动车危险程度增加而发生的保险事故，保险人不承担赔偿责任。

第十七条 除另有约定外，投保人应当在本保险合同成立时交清保险费；保险费交清前发生的保险事故，保险人不承担赔偿责任。

第十八条 发生保险事故时，被保险人应当及时采取合理的、必要的施救和保护措施，防止或者减少损失；被保险人知道保险事故发生后，应在 24 小时内向出险当地公安刑侦部门报案，并通知保险人。否则，造成损失无法确定或扩大的部分，保险人不承担赔偿责任。

第十九条　发生保险事故后，被保险人应当积极协助保险人进行现场查勘。被保险人在索赔时应当提供有关证明和资料。发生与保险赔偿有关的仲裁或者诉讼时，被保险人应当及时书面通知保险人。

第二十条　因第三方对被保险机动车的损害而造成保险事故的，保险人自向被保险人赔偿保险金之日起，在赔偿金额范围内代位行使被保险人对第三方请求赔偿的权利，但被保险人必须协助保险人向第三方追偿。

由于被保险人放弃对第三方的请求赔偿的权利或过错致使保险人不能行使代位追偿权利的，保险人不承担赔偿责任或相应扣减保险赔偿金。

赔 偿 处 理

第二十一条　被保险人索赔时，须提供保险单、损失清单、有关费用单据、《机动车行驶证》、《机动车登记证书》、机动车来历凭证、车辆购置税完税证明（车辆购置附加费缴费证明）或免税证明、机动车停驶手续以及出险当地县级以上公安刑侦部门出具的盗抢立案证明。

第二十二条　因保险事故损坏的被保险机动车，应当尽量修复。修理前被保险人应当会同保险人检验，协商确定修理项目、方式和费用。否则，保险人有权重新核定；无法重新核定的，保险人有权拒绝赔偿。

第二十三条　保险人按下列方式赔偿。

（一）全车损失，在保险金额内计算赔偿，但不得超过保险事故发生时被保险机动车的实际价值。

保险事故发生时被保险机动车的实际价值根据保险事故发生时的新车购置价减去折旧金额后的价格确定。

保险事故发生时的新车购置价根据保险事故发生时保险合同签订地同类型新车的市场销售价格（含车辆购置税）确定，无同类型新车市场销售价格的，由被保险人与保险人协商确定。

折旧金额 = 保险事故发生时的新车购置价 × 被保险机动车已使用月数 × 月折旧率

（二）部分损失，在保险金额内按实际修复费用计算赔偿，但不得超过保险事故发生时被保险机动车的实际价值。

第二十四条　保险人确认索赔单证齐全、有效后，被保险人签具权益转让书，保险人赔付结案。

第二十五条　被保险机动车全车被盗窃、抢劫、抢夺后被找回的：

保险人尚未支付赔款的，被保险机动车应归还被保险人。

保险人已支付赔款的，被保险机动车应归还被保险人，被保险人应将赔款返还给保险人；被保险人不同意收回被保险机动车，被保险机动车的所有权归保险人，被保险人应协助保险人办理有关手续。

第二十六条　被保险机动车重复保险的，保险人按照本保险合同的保险金额与各保险合同保险金额的总和的比例承担赔偿责任。其他保险人应承担的赔偿金额，保险人不负责赔偿和垫付。

第二十七条　保险人受理报案、现场查勘、参与诉讼、进行抗辩、要求被保险人提供证明和资料、向被保险人提供专业建议等行为，均不构成保险人对赔偿责任的承诺。

第二十八条　下列情况下，保险人支付赔款后，本保险合同终止，保险人不退还机动车盗抢保险及其附加险的保险费。

（一）被保险机动车发生全车损失；

（二）按投保时被保险机动车的实际价值确定保险金额的，部分损失一次赔款金额与免赔金额之和（不含施救费）达到保险事故发生时被保险机动车的实际价值；

（三）保险金额低于投保时被保险机动车的实际价值的，部分损失一次赔款金额与免赔金额之和（不含施救费）达到保险金额。

保险费调整

第二十九条　保险费调整的比例和方式以保险监管部门批准的机动车保险费率方案的规定为准。

本保险及其附加险根据上一保险期间发生保险赔偿的次数，在续保时实行保险费浮动。

合同变更和终止

第三十条　本保险合同的内容如需变更，须经保险人与投保人书面协商一致。

第三十一条　在保险期间内，被保险机动车转让他人的，投保人应当书面通知保险人并办理批改手续。

第三十二条　保险责任开始前，投保人要求解除本保险合同的，应当向保险人支付应交保险费 5%的退保手续费，保险人应当退还保险费。

保险责任开始后，投保人要求解除本保险合同的，自通知保险人之日起，本保险合同解除。保险人按短期月费率（见表 3-9）收取自保险责任开始之日起至合同解除之日止期间的保险费，并退还剩余部分保险费。

表 3–9　短期月费率表

| 保险期间（月） | 1 | 2 | 3 | 4 | 5 | 6 | 7 | 8 | 9 | 10 | 11 | 12 |
|---|---|---|---|---|---|---|---|---|---|---|---|---|
| 短期月费率（年保险费的百分比） | 10% | 20% | 30% | 40% | 50% | 60% | 70% | 80% | 85% | 90% | 95% | 100% |

注：保险期间不足一个月的部分，按一个月计算。

争 议 处 理

第三十三条　因履行本保险合同发生的争议，由当事人协商解决。协商不成的，提交保险单载明的仲裁机构仲裁。保险单未载明仲裁机构或者争议发生后未达成仲裁协议的，可向人民法院起诉。

第三十四条　本保险合同争议处理适用中华人民共和国法律。

附　　则

第三十五条　本保险合同（含附加险）中下列术语的含义。

不定值保险合同：指双方当事人在订立保险合同时不预先确定保险标的的保险价值，而是按照保险事故发生时保险标的的实际价值确定保险价值的保险合同。

竞赛：指被保险机动车作为赛车参加车辆比赛活动，包括以参加比赛为目的进行的训练活动。

测试：指对被保险机动车的性能和技术参数进行测量或试验。

教练：指尚未取得合法机动车驾驶证，但已通过合法教练机构办理正式学车手续的学员，在固定练习场所或指定路线，并有合格教练随车指导的情况下驾驶被保险机动车。

被盗窃、抢劫、抢夺期间：指被保险机动车被盗窃、抢劫、抢夺过程中及全车被盗窃、抢劫、抢夺后至全车被追回。

转让：指以转移所有权为目的，处分被保险机动车的行为。被保险人以转移所有权为目的，将被保险机动车交付他人，但未按规定办理转移（过户）登记的，视为转让。

第三十六条　保险人按照保险监管部门批准的机动车保险费率方案计算保险费。

第三十七条　在投保机动车盗抢保险的基础上，投保人可投保附加险。

附加险条款未尽事宜，以本条款为准。

（三）案例分析

**【案例 12】**

张某购得一辆日产蓝鸟轿车自用，并就近向某保险公司投保了车辆损失险和第三者责任险及附加的全车盗抢险。张某投保一个月后，新车被盗走，张某立即向公安部门和保险公司报案。不久后，某外地交警部门通知张某：他的车被盗后在某县与他人轿车相撞，张某的车翻下山崖，全部报废（盗车贼逃跑）；他人轿车被撞坏，司机受伤。这起交通事故系盗车贼驾驶技术不良所致，应负全部责任，但因为盗车贼下落不明，事故发生后，受伤司机要求张某赔偿其经济损失，张某同时也向保险公司要求赔付。

试分析这种车辆被盗后造成的第三者损失，车主要负责么？

**【案例分析】**

全车被盗窃、被抢劫、被抢夺期间，被保险车辆肇事导致第三者人员伤亡或财产损失，保险公司是不负赔偿责任的。从保险法律关系角度来看：保险合同中的法律关系主体是被保险人和保险人，而非其他人，因他人造成的事故责任不属于保险合同责任范围。保险人对被保险人以外的风险是无法控制也是无法确定的。

但是对于此类事故，公安部运用代为赔偿责任。最高人民法院对此也有明确的批复：使用盗窃机动车辆肇事，造成被害人物质损失的。肇事人应当依法承担损害赔偿责任，被盗机动车辆的所有人不承担损害赔偿责任。

因此，被盗机动车辆肇事后并不需要被保险人（车主）来承担损害赔偿责任，因为他作为受害人一般不存在对机动车辆被盗的过错责任问题。

## 第四节　机动车辆商业险附加险与费率

附加险种是对基本险种保险责任的补充，承保的一般是基本险种中不予承保的自然灾害或意外事故。附加险种不能单独承保，必须投保基本险种后才承保附加险种。它包括自燃损失险、车损免赔额特约、修理期间费用补偿、事故附随费用、更换新车、多次事故免赔率、基本险不计免赔、附加险不计免赔、指定专修厂、换件特约、玻璃单独破碎险、新增设备损失险、车身油漆单独损伤险、涉水损失险、车上货物责任险、精神损害抚慰金险、随车携带物品责任险、道路污染责任险等。上述附加险为行业 A、B、C 条款共有。

特种车车辆损失扩展险、租车人人车失踪险、约定区域通行费用、教练车特约条款、机动车出境保险、特种车固定机具设备损失险、免税车辆关税责任险、法律费用特约、救援费用特约、零部件附属设备被盗窃险、节假日行驶区域扩展特约、车轮单独损坏险、使用安全带特约、车载货物掉落责任险、高尔夫球具盗窃险、特种车特约条款，上述为个性化条款，不通用。多次事故免赔率、车损免赔额特约附加后理论上可减收保费，但不能足额得到赔偿，体现了车主自己控制风险的原则；其他附加条款均为扩展性条款，须加费承保。附加条款中自燃损失险、涉水损失险、车身油漆单独损伤险、玻璃单独破碎险、基本险不计免赔、附加险不计免赔为常用的主流附加险，其他无普遍意义。

## 一、基本险（主险）和附加险适用关系

机动车商业保险条款主险和附加险适用关系见表 3-10～表 3-13。

表 3-10　　家庭自用车产品体系主险和附加险适用关系

| 险别 | 家庭自用车产品体系 | | | |
|---|---|---|---|---|
| 主险 | 车损险 | 三者险 | 车损险 + 三者险 | 三者险 + 车上人员责任险 |
| 附加险 | 玻璃单独破碎险条款<br>盗抢险条款<br>自燃损失险条款<br>车身划痕损失险条款<br>不计免赔率特约条款<br>可选免赔额特约条款<br>机动车停驶损失险条款<br>新增加设备损失保险条款<br>附加换件特约条款<br>送油、充电服务特约条款<br>拖车服务特约条款<br>更换轮胎服务特约条款<br>代步机动车服务特约条款<br>发动机特别损失险条款<br>随车行李物品损失保险条款<br>新车特约条款 A<br>新车特约条款 B | 不计免赔率特约条款 | 附加油污污染责任保险条款<br>附加机动车出境保险条款<br>异地出险住宿费特约条款 | 附加交通事故精神损害赔偿责任保险条款 |

表 3-11　　非营业用车产品体系主险和附加险适用关系

| 险别 | 非营业用车产品体系 | | | |
|---|---|---|---|---|
| 主险 | 车损险 | 三者险 | 车损险 + 三者险 | 三者险 + 车上人员责任险 |
| 附加险 | 玻璃单独破碎险条款<br>盗抢险条款<br>车身划痕损失险条款<br>不计免赔率特约条款<br>可选免赔额特约条款<br>机动车停驶损失险条款<br>新增加设备损失保险条款 | 车上货物责任险条款<br>不计免赔率特约条款<br>教练车特约条款 | 附加油污污染责任保险条款<br>附加机动车出境保险条款<br>异地出险住宿费特约条款 | 附加交通事故精神损害赔偿责任保险条款 |

续表

| 险别 | 非营业用车产品体系 | | | |
| --- | --- | --- | --- | --- |
| 主险 | 车损险 | 三者险 | 车损险 + 三者险 | 三者险 + 车上人员责任险 |
| 附加险 | 附加换件特约条款<br>送油、充电服务特约条款<br>拖车服务特约条款<br>更换轮胎服务特约条款<br>代步机动车服务特约条款<br>发动机特别损失险条款<br>教练车特约条款<br>随车行李物品损失保险条款<br>新车特约条款 A<br>新车特约条款 B | | | |

表 3-12　　营业用车产品体系主险和附加险适用关系

| 险别 | 营业用车产品体系 | | | |
| --- | --- | --- | --- | --- |
| 主险 | 车损险 | 三者险 | 车损险 + 三者险 | 三者险 + 车上人员责任险 |
| 附加险 | 火灾、爆炸、自燃损失险条款<br>玻璃单独破碎险条款<br>盗抢险条款<br>可选免赔额特约条款<br>不计免赔率特约条款<br>机动车停驶损失险条款<br>新增加设备损失保险条款<br>教练车特约条款 | 车上货物责任险条款<br>不计免赔率特约条款<br>教练车特约条款 | 附加油污污染责任保险条款<br>附加机动车出境保险条款<br>异地出险住宿费特约条款 | 附加交通事故精神损害赔偿责任保险条款 |

表 3-13　　特种车产品体系主险和附加险适用关系

| 险别 | 特种车产品体系 | | | |
| --- | --- | --- | --- | --- |
| 主险 | 车损险 | 三者险 | 车损险 + 三者险 | 三者险 + 车上人员责任险 |
| 附加险 | 玻璃单独破碎险条款<br>盗抢险条款<br>不计免赔率特约条款<br>机动车停驶损失险条款<br>新增加设备损失保险条款<br>起重、装卸、挖掘车辆损失扩展条款<br>特种车辆固定设备、仪器损坏扩展条款 | 车上货物责任险<br>不计免赔率特约条款 | 附加油污污染责任保险条款<br>附加机动车出境保险条款<br>异地出险住宿费特约条款 | 附加交通事故精神损害赔偿责任保险条款 |

## 二、以车辆损失险为基础的附加险

### （一）玻璃单独破碎险

（1）保险责任。保险车辆在使用和停放期间，车辆的前后挡风玻璃、门窗以及侧窗玻璃发生单独破碎，保险人按实际损失计算赔偿。

（2）责任免除。对车辆的灯具、车镜玻璃破碎和被保险人或其驾驶员的故意行为；安装、维修、清洗车辆过程中造成的玻璃单独破碎。

另外需要提醒的是，投保时被保险人和保险人必须确定以进口玻璃还是国产玻璃投保，因为两者之间的价格差距比较大，也是保险费计算的基础。玻璃单独破碎险的赔偿实行不计免赔。

### （二）火灾、爆炸、自燃损失险

（1）保险责任。火灾、爆炸、自燃造成保险车辆的损失；发生保险事故时，被保险人为防止或者减少保险车辆的损失所支付的必要的、合理的施救费用。

（2）责任免除。自燃仅造成电器、线路、供油系统的损失；所载货物自身的损失；轮胎爆裂的损失；人工直接供油、高温烘烤造成的损失。

### （三）自燃损失险

（1）保险责任。因保险车辆电器、线路、供油系统、供气系统发生故障或所载货物自身原因起火燃烧造成本车的损失；发生保险事故时，被保险人为防止或者减少保险车辆的损失所支付的必要的、合理的施救费用。

投保了本保险的汽车在使用过程中，因自燃造成保险车辆的损失以及施救费用，保险人在保险单该项目所载明的保险金额内，按保险车辆的实际损失计算赔偿；发生全部损失的按出险时保险车辆实际价值在保险单该项目所载明的保险金额内计算赔偿。

（2）责任免除。自燃仅造成电器、线路、供油系统的损失；所载货物自身的损失；因人工直接供油、高温烘烤等违反车辆安全操作规则造成的损失。

### （四）车身划痕损失险

（1）保险责任。无明显碰撞痕迹的车身划痕损失，保险人负责赔偿。

（2）责任免除。被保险人及其家庭成员、驾驶人及其家庭成员的故意行为造成的损失。

### （五）可选免赔额特约条款

特约了本条款的投保人在投保时可以与保险人协商确定一个绝对免赔额。按保险合同其他条款计算的保险人应负赔偿额度低于该绝对免赔额时，保险人不承担赔偿责任；高于该绝对免赔额时，保险人在扣除该免赔额后，对高于部分予以赔偿。投保了本条款的投保人可以依其所选定免赔额的不同享受相应的费率优惠。

选择了本特约条款后，赔款计算式为：赔款 = 按车辆损失险计算的赔款 − 选定的免赔额。

### （六）新增加设备损失保险

（1）保险责任。机动车辆在使用过程中，发生车损险保险责任范围内的事故，造成车上新增设备的直接损毁，保险人在保险单该项目所载明的保险金额内，按实际损失计算赔偿。

（2）其他事项。指保险车辆出厂时原有各项设备以外，被保险人加装或改装的设备与设施。如在保险车辆上加装制冷、加氧设备、清洁燃料设备、CD 及电视录像设备、检测设备、真皮或电动座椅、电动升降器、防盗设备、GPS 等。办理本保险时，应列明车上新增加设备明细表及价格。

未发生保险事故，而新增加设备单独损毁，如被盗窃、丢失、故障、老化、被破坏等，保险人不负赔偿责任。

（七）发动机特别损失险

机动车在使用过程中，因下列原因导致发动机进水而造成发动机的直接损毁，保险人负责赔偿：被保险机动车在积水路面涉水行驶；被保险机动车在水中起动；发生上述保险事故时被保险人或其允许的驾驶人对被保险车辆采取施救、保护措施所支出的合理费用。

（八）机动车停驶损失险

（1）保险责任。因发生车辆损失保险的保险事故，致使保险车辆停驶，保险人在保险单载明的保险金额内承担赔偿责任。赔偿责任按以下规定承担。

① 部分损失的，保险人在双方约定的修复时间内，按保险单约定的日赔偿金额乘以从送修之日起至修复竣工之日止的实际天数计算赔偿。

② 全车损毁的，按保险单约定的赔偿限额计算赔偿。

③ 在保险期限内，上述赔款累计计算，最高以保险单约定的赔偿天数为限。

（2）责任免除。被保险人或驾驶人未及时将保险车辆送修或拖延修理时间造成的损失；因修理质量不合格，返修造成的损失；车辆被扣押期间的停驶损失。

（九）代步机动车服务特约条款

（1）保险责任。被保险机动车因遭受机动车损失保险合同约定的保险事故而修理，且被保险人在修理期限内需要代步机动车并提出请求的，保险人负责提供代步机动车。

（2）责任免除。被保险机动车处于查封、扣押期间的；被保险机动车因修理质量不合格，处于返修期间的；被保险人或驾驶人未及时将被保险机动车送修或拖延修理时间的；被保险机动车发生全部损失或推定全损的；机动车损失保险合同约定的保险事故以外的原因造成被保险机动车损失的。

（3）服务期限。

① 被保险人要求提供代步机动车服务的，应当在保险事故发生后及时向保险人提出请求，与保险人协商确定事故机动车的修理期限。

② 保险人提供代步机动车服务的期限与修理期限一致。实际修理期限少于协商确定的修理期限的，以实际修理期限为准；实际修理期限超过协商确定的修理期限的，以协商确定的修理期限为准。

③ 保险人对每次提供代步机动车服务的期限进行累计计算，累计服务期限最长为60日。

（十）更换轮胎服务特约条款

（1）保险责任。在约定区域内，被保险机动车因轮胎损坏而无法行驶，经被保险人请求，由保险人或其受托人提供更换轮胎服务。因此产生的服务费用，由保险人负责承担。

（2）责任免除。非保险人或其受托人提供更换轮胎服务所产生的费用；所更换的轮胎的成本费用；法律或国家有关部门规定不允许进入的区域，保险人不提供服务并不承担相关费用；其他不属于保险责任范围内的损失和费用。

（十一）送油、充电服务特约条款

（1）保险责任。在约定区域内，被保险机动车因缺油、缺电而无法行驶，经被保险人请求，由保险人或其受托人提供送油（每次10L）、充电服务，因此产生服务费用，由保险人承担。

（2）责任免除。非保险人或其受托人提供送油、充电服务所产生的费用；油料的成本费用；

所更换的蓄电池或其他零部件的成本费用；法律或国家有关部门规定不允许进入的区域，保险人不提供服务并不承担相关费用；其他不属于保险责任范围内的损失和费用。

### （十二）拖车服务特约条款

（1）保险责任。在约定区域内，被保险机动车因发生意外事故或故障而丧失行驶能力，经被保险人请求，保险人或其受托人向被保险人提供将被保险机动车拖至上述约定区域内修理场所的拖车服务。因此产生的服务费用，由保险人依照本特约条款的约定承担。

（2）责任免除。非保险人或其受托人提供拖车服务所产生的费用；法律或国家有关部门规定不允许进入的区域，保险人不提供服务并不承担相关费用；其他不属于保险责任范围内的损失和费用。

### （十三）附加换件特约条款

（1）保险责任。因发生机动车损失保险的保险事故，造成被保险机动车的损坏而需要修复时，对受损零部件维修费用达到该部件更换费用20%的，保险人对应予修理的配件给予更换。

（2）赔偿处理。被保险机动车遭受损失后，受损零部件按最小可分解件进行更换，被更换的零部件归保险人所有。车身的漆面损伤不做换件处理。

### （十四）随车行李物品损失保险

（1）保险责任。在保险期间，保险车辆在使用过程中，发生车辆损失险的保险事故，造成车上所载行李物品的直接损毁，保险人在保险单该项目所载明的赔偿限额内，依据保险车辆驾驶人在事故中所负责任比例，承担相应的赔偿责任。

（2）责任免除。

① 以下物品不负责赔偿。金银、珠宝、钻石及制品、玉器、水晶制品、首饰、古币、古玩、字画、邮票、艺术品、稀有金属等珍贵财物；货币、票证、有价证券、文件、书籍、账册、图表、技术资料、电脑资料、枪支弹药以及无法鉴定价值的物品；电话、电视、音像设备及制品、电脑及软件；国家明文规定的违禁物品、易燃、易爆以及其他危险物品；动物、植物；用于商业和贸易目的的货物或样品。

② 行李物品丢失或被盗窃、抢劫、抢夺，以及因丢失、被盗窃、抢劫、抢夺受到的损坏，不负责赔偿。

③ 行李物品的损失中应当由交强险赔偿的金额，不负责赔偿。

### （十五）新车特约条款A

（1）适用范围。

① 适用于以投保家庭自用汽车损失保险条款和不计免赔率特约条款，或者投保非营业用汽车损失保险条款和不计免赔率特约条款的核定座位在9座以下的客车，且机动车损失保险应满足以下条件：保险金额按照新车购置价确定；保险期间届满之日在被保险机动车初次登记之日起 37个月之内。

② 下列机动车，不适用本特约条款：贷款所购的机动车；设置抵押权的机动车；用于租赁或营业运输的机动车。

（2）责任免除。因投保人、被保险人以及其家庭成员、被保险机动车驾驶人、被保险人的代理人和雇员等人员的故意或重大过失导致被保险机动车的损失，保险人不负责赔偿；贷款所购机动车、设置抵押权的机动车以及用于租赁或营业运输的机动车发生的损失，保险人不负责赔偿。

（3）赔偿处理。被保险机动车在一次保险事故中，造成被保险机动车全部损失或部分损失且核定修理费用达到协定金额，保险人选择以下方式负责赔偿。

① 置换新车。以相同品牌、型号的车辆替换受损被保险机动车的方式予以赔偿。置换新车的购置价以保险金额为限。如国内市场无相同品牌、型号车辆，则以相近型号或相同规格、配置的车辆予以赔偿。

② 支付赔款。在保险金额内按保险事故发生时被保险机动车的新车购置价支付赔款。协定金额指保险金额和协定比例的乘积。协定比例由投保人和保险人在签定保险合同时按照 50%、60% 和 70%的档次协商确定，并在保险单中载明。

保险人履行赔偿义务后，被保险机动车所有权归保险人，被保险人应协助保险人办理有关手续。

（4）其他。保险人以置换新车或支付赔款的方式予以赔偿后，保险合同终止，保险人不退还机动车损失保险及其附加险的保险费。

（十六）新车特约条款 B

（1）适用范围。

① 适用于以投保家庭自用汽车损失保险条款和不计免赔率特约条款，或者投保非营业汽车损失保险条款和不计免赔率特约条款的核定座位在 9 座以下的客车，且机动车损失保险应满足以下条件：保险金额按照新车购置价确定；保险期间届满之日在被保险机动车初次登记之日起 37 个月之内。

② 下列机动车，不适用本特约条款：贷款所购的机动车；设置抵押权的机动车；用于租赁或营业运输的机动车。

（2）责任免除。因下列人员的故意或重大过失导致被保险机动车的损失，保险人不负责赔偿：投保人、被保险人以及其家庭成员，被保险机动车驾驶人，被保险人的代理人和雇员；贷款所购机动车、设置抵押权的机动车以及用于租赁或营业运输的机动车发生的损失，保险人不负责赔偿。

（3）赔偿处理。保险人依被保险机动车驾驶人在事故中所负责任比例，承担相应赔偿责任。

被保险机动车在一次保险事故中，造成损失的赔偿金额达到协定金额，保险人选择以下方式负责赔偿。

① 置换新车。以相同品牌、型号的车辆替换受损被保险机动车的方式予以赔偿。置换新车的购置价以保险金额为限。如国内市场无相同品牌、型号车辆，则以相近型号或相同规格、配置的车辆予以赔偿。

② 支付赔款。在保险金额内按保险事故发生时被保险机动车的新车购置价支付赔款。其中，被保险机动车损失赔偿金额和协定金额按以下方式确定。

被保险机动车损失赔偿金额：被保险机动车发生全部损失时，在保险金额内计算赔偿，保险金额高于保险事故发生时被保险机动车实际价值的，按保险事故发生时被保险机动车的实际价值计算赔偿。保险事故发生时被保险机动车的实际价值根据保险事故发生时的新车购置价减去折旧金额后的价格确定。保险事故发生时的新车购置价根据保险事故发生时保险合同签订地同类型新车的市场销售价格确定，无同类型新车市场销售价格的，由被保险人与保险人协商确定。折旧金额 = 保险事故发生时的新车购置价 × 被保险机动车已使用月数 × 条款规定的月折旧率；被保险机动车发生部分损失时，按核定修理费用计算赔偿，但不得超过保险事故发生时被保险机动车的实际价值。

协定金额指保险金额和协定比例的乘积。协定比例由投保人和保险人在签定保险合同时按照50%、60%和70%的档次协商确定，并在保险单中载明。

保险人履行赔偿义务后，被保险机动车所有权归保险人，被保险人应协助保险人办理有关手续。

（4）其他。保险人以置换新车或者支付赔款的方式予以赔偿后，保险合同终止，保险人不退还机动车损失保险及其附加险的保险费。

### （十七）教练车特约条款

投保了机动车损失保险或第三者责任保险的专用教练车，可附加本特约条款。

对于尚未取得合法机动车驾驶证，但已通过合法教练机构办理正式学车手续的学员，在固定练习场所或指定路线，并有合格教练随车指导的情况下驾驶被保险机动车时，发生对应投保主险保险责任范围内的事故，保险人负责赔偿。

### （十八）不计免赔率特约条款

投保了机动车损失保险或第三者责任保险的机动车，可附加本特约条款。

经特别约定，保险事故发生后，按照对应投保的主险条款规定的免赔率计算的应当由被保险人自行承担的免赔金额部分，保险人负责赔偿。

下列情况下，应当由被保险人自行承担的免赔金额，保险人不负责赔偿：机动车损失保险中应当由第三方负责赔偿而无法找到第三方的；因违反安全装载规定增加的；被保险人根据有关法律法规规定选择自行协商方式处理交通事故，但不能证明事故原因的；投保时指定驾驶人，保险事故发生时为非指定驾驶人使用被保险机动车而增加的；投保时约定行驶区域，保险事故发生在约定行驶区域以外而增加的；因保险期间内发生多次保险赔偿而增加的；附加险条款中规定的。

### （十九）起重、装卸、挖掘车辆损失扩展条款

经双方同意，鉴于被保险人已交付附加保险费，保险合同扩展承保被保险机动车下列损失：作业中车体失去重心造成被保险机动车的自身损失；吊升、举升的物体造成被保险机动车的自身损失。

附加保险费：按照机动车损失保险标准保险费的10%计收。

### （二十）特种车辆固定设备、仪器损坏扩展条款

经双方同意，鉴于被保险人已交付附加保险费，保险合同扩展承保被保险机动车上固定的设备、仪器因超负荷、超电压或感应电及其他电器原因造成的自身损失。

附加保险费：按照机动车损失保险标准保险费的10%计收。

## 三、以第三者责任险为基础的附加险

### （一）车上货物责任险

（1）保险责任。发生意外事故，致使保险车辆所载货物遭受直接损毁，依法应由被保险人承担的经济赔偿责任，保险人负责赔偿。

（2）责任免除。偷盗、哄抢、自然损耗、本身缺陷、短少、死亡、腐烂、变质造成的货物损

失；违法、违章载运或因包装不善造成的损失，违章载运是指所载货物超过公安交通管理部门核定的长度、宽度、高度等；车上人员携带的私人物品；应当由交强险赔偿的金额。

（二）教练车特约条款

投保了机动车损失保险或第三者责任保险的专用教练车，可附加本特约条款。

对于尚未取得合法机动车驾驶证，但已通过合法教练机构办理正式学车手续的学员，在固定练习场所或指定路线，并有合格教练随车指导的情况下驾驶被保险机动车时，发生对应投保主险保险责任范围内的事故，保险人负责赔偿。

（三）不计免赔率特约条款

投保了机动车损失保险或第三者责任保险的机动车，可附加本特约条款。

经特别约定，保险事故发生后，按照对应投保的主险条款规定的免赔率计算的应当由被保险人自行承担的免赔金额部分，保险人负责赔偿。

下列情况下，应当由被保险人自行承担的免赔金额，保险人不负责赔偿：机动车损失保险中应当由第三方负责赔偿而无法找到第三方的；因违反安全装载规定增加的；被保险人根据有关法律法规规定选择自行协商方式处理交通事故，但不能证明事故原因的；投保时指定驾驶人，保险事故发生时为非指定驾驶人使用被保险机动车而增加的；投保时约定行驶区域，保险事故发生在约定行驶区域以外而增加的；因保险期间内发生多次保险赔偿而增加的；附加险条款中规定的。

## 四、以车辆损失险和第三者责任险共同为基础的附加险

（一）附加油污污染责任保险

投保人在同时投保了机动车损失保险和机动车第三者责任保险的基础上，可投保本附加险。

（1）保险责任。在保险期内，被保险机动车在使用过程中发生意外事故，由于被保险机动车或第三方机动车自身油料或所载油料泄漏造成道路的污染损失及清理费用，依法应由被保险人承担的损害赔偿责任，保险人依照合同约定负责赔偿。

（2）责任免除。道路以外的损失；由于污染所导致的罚款及任何间接损失；应当由交强险赔偿的损失和费用。

（3）责任限额。每次责任限额由投保人和保险人按 5 万元、10 万元、20 万元、30 万元、50 万元的档次协商确定。

（4）赔偿处理。保险事故发生后，依据法院、仲裁机构依法判决、裁定、裁决或调解，或者经事故双方当事人协商一致并经保险人书面同意的，应由被保险人承担的损害赔偿责任，保险人在保险单载明的本附加险责任限额内给予赔偿；被保险人索赔时，应提供公安机关交通管理部门、交通行政管理部门等出具的事故证明、事故现场记录以及其他与确认保险事故的性质、原因、损失程度等有关的证明和资料；每次事故赔偿实行 20%的免赔率。

（二）附加机动车出境保险

（1）保险责任。经双方同意并在保险单上载明，保险人已承保的机动车损失保险、机动车第三者责任保险的保险责任扩展至香港、澳门或与中华人民共和国接壤的其他国家和地区。扩展区域从出境处起算，由投保人和保险人按照 200km、500km 和 1 000km 的半径范围确定。

（2）责任免除。出境后，在非约定区域被保险机动车发生事故造成的损失，保险人不负责赔偿。

（3）其他：本附加险生效后，投保人不得退保。

（三）异地出险住宿费特约条款

（1）保险责任。保险期内，被保险机动车在保险合同签订地的地市级行政区域外发生机动车损失保险或第三者责任保险合同约定的保险事故，因在事故发生地修理被保险机动车或处理保险事故，被保险人或其受托人在事故发生地所在地市级行政区域内发生的必要的、合理的住宿费，保险人依照本特约条款的约定负责赔偿。

（2）保险金额。由投保人和保险人在签订合同时按 500 元、800 元和 1 000 元档次协商确定。

（3）责任免除。被保险人或其受托人在事故发生地所在的地市级行政区域以外的地点发生的住宿费，保险人不负责赔偿。事故发生地为直辖市的，对被保险人或其受托人在直辖市行政区域以外的地点发生的住宿费，保险人不负责赔偿；被保险人不能提供本特约条款约定的住宿费发票或住宿时间证明的，保险人不负责赔偿。

（4）赔偿处理。被保险人索赔时应提供住宿费发票及住宿旅馆出具的住宿时间证明；保险人在保险金额内按每日住宿费之和计算赔偿。每日住宿费按统一旅馆的住宿费发票总金额除以住宿天数计算，超过 200 元的，按 200 元计算；保险期内，赔款金额累计达到保险金额的，保险责任终止。

（四）不计免赔特约险

（1）定义。所谓不计免赔险，正式名称为不计免赔率特约条款，通常是指车主在投保购买此险种后，将车主由于事故责任所承担的免赔金额转给保险公司，车主领到的理赔额会更多。但不计免赔险只将车损险与第三者责任险的事故责任免赔率转嫁给保险公司。

（2）责任免除。

① 加扣免赔率。通常加扣免赔率的实施条件是汽车多次出险、非约定驾驶员出险、汽车违反安全装载规定、在盗抢险理赔过程中由于车主缺少理赔资料而导致增加免赔率等现象。

这类加扣免赔率是由于车主违反某些合同约定或自身驾驶技术不过关，保险公司酌情增加免赔率，便于告诫车主驾车要注意安全第一。

但加扣免赔率并未涉及车主事故责任应承担的免赔金额，不计免赔险自然就对它们没有用。

② 附加险免赔率。不计免赔险作为一款附加险种，是为主险服务的。不计免赔险只对第三者责任险与车损险的免赔率有效用，将车主事故责任所应承担的免赔率转嫁给保险公司，但附加险之间是不能相互起作用的，不计免赔险无法将盗抢险、自燃险与无过失责任险的免赔率转嫁给保险公司。

③ 找不到第三者事故。保险公司对于找不到第三者的车损事故设立单独的绝对免赔率，通常是 30%或 50%的免赔率，但这类免赔率是不属于不计免赔险理赔范围的。由于找不到第三者的交通事故，通常难以客观判定当事车主的实际事故责任，其理赔标准无法将车主事故责任作为理赔参考依据，所以不计免赔险对于这类事故的免赔率是没有效用的。就是要规避某些重复赔付的道德风险。

④ 事故责任难确定。有些保险公司对某些事故现场已被破坏造成责任说不清的现象同样给予一个单独的免赔率，通常是 30%，但这类免赔率也是不计免赔险责任免除的。

（3）案例解读。

以一起损失额为 1 000 元的双车碰撞事故为例。假如车主负事故全责时，保险公司会在 1 000 元理赔款中减扣 20%免赔率，赔付给该车主 800 元，但如果车主投保不计免赔险，他将获得 1 000

元的赔付；假如车主负事故主责，通常该车主得承担事故损失额的 70%，等同于他应当承担 700 元修车费用，保险公司则会在 700 元的理赔款中减扣 15%免赔率，赔付给该车主 595 元，但如果车主投保不计免赔险，他将获得 700 元理赔款……

## 五、以第三者责任险和车上人员责任险共同为基础的附加险

在同时投保了第三者责任保险和车上人员责任保险的基础上，可投保附加交通事故精神损害赔偿责任保险。

（1）保险责任。被保险机动车在使用过程中，发生意外事故导致第三者人员或本车上人员的残疾、烧伤、死亡或怀孕妇女流产，受害方据此提出的精神损害赔偿请求，依照法院生效判决或者经事故双方当事人协商一致并经保险人书面同意的，应由被保险人承担的精神损害赔偿责任，保险人在本保险合同约定的责任限额内负责赔偿。

（2）责任免除。被保险机动车驾驶人在事故中无过错；被保险机动车未发生直接碰撞事故，仅因第三者人员或本车上人员的惊恐而引起的损害；怀孕妇女的流产发生在交通事故发生之日起 30 天以外的；被保险机动车违反安全装载规定；应当由交强险赔偿的损失和费用。

（3）责任限额。每次责任限额由投保人和保险人在签订保险合同时协商确定。其中每人每次事故的最高赔偿金额不超过 5 万元。

（4）赔偿处理。按人民法院对被保险人应承担精神损害赔偿责任的生效判决以及保险合同的约定进行赔偿；协商、调解结果中所确定的被保险人的精神损害赔偿责任，经保险人书面同意后，保险人负责赔偿；每次事故赔偿实行 20%免赔率。

## 思考与练习

### 一、填空题

1．车辆损失险是负责保险车辆因________或________造成的损失。

2．《机动车交通事故责任强制保险条例》规定上道路行驶的机动车必须放置保险标志，否则公安机关交通管理部门应当扣留机动车，并可处警告或者________罚款。

3．机动车辆保险条款中属保险责任范围的暴雨定义是：每小时降雨量达________以上，或连续 12 小时降雨量达________以上。

4．车身划痕损失险的保险责任是：________，保险人负责赔偿。

5．基本险包括________、车辆损失险、全车盗抢险、________共四个独立的险种。

### 二、选择题（不定项）

1．车损险中，下列哪一项自然灾害属于责任免除？（　　）

A．暴风　　B．洪水　　C．地震　　D．地陷

2．目前，我国汽车商业保险按保障的责任范围可分为基本险和附加险，下面哪些属于附加险？（　　）

A．车上人员责任险　　B．第三者责任险

C．不计免赔率特约条款　　D．自燃险

3．我国（　　）年7月1日开始实施的《汽车保险条款》，就采取统一费率的方法。

A．2000　　B．2001　　C．2002　　D．1999

4．汽车保险的风险因素包括（　　）。

A．车辆自身风险因素　　B．地理环境风险因素

C．社会环境风险因素　　D．驾驶人员风险因素

5．保险公司对于找不到第三者的车损事故设立单独的绝对免赔率，通常是30%或（　　）的免赔率，但这类免赔率是不属于不计免赔险理赔范围的。

A．20%　　B．40%　　C．50%　　D．60%

三、判断题

1．车主投保了交强险、车损险以及第三者责任险，但没有投保玻璃单独破碎险，在保险事故中发生玻璃破碎，保险人一定不赔。（　　）

2．所有车辆的交强险保费一样。（　　）

3．在车损险中，即使在发生保险事故时保险费未付清，保险人也要承担保险责任。（　　）

4．保险费率是依照保险金额计算保险费的比例，通常以百分率（%）来表示。（　　）

5．目前，我国采用的汽车保险的费率模式就属于从车费率模式。（　　）

四、简答题

1．简述汽车保险费率确定的原则。

2．简述汽车保险风险因素有哪些。

3．简述第三者责任险的保险责任及责任免除。

4．简述玻璃单独破碎险的保险责任及责任免除。

# 第四章 汽车核保

学习目标

◎ 了解汽车核保的概念、原则、意义以及程序；
◎ 掌握汽车投保单的填写方法，学会如何合理投保；
◎ 掌握投保整个流程以及需要注意的问题；
◎ 明白保险费管理、单证管理的重要意义。

## 第一节 核保原理

### 一、核保的概念

保险核保是指保险人对投保申请进行审核，决定是否接受承保这一风险，并在接受承保风险的情况下，确定保险费率的过程。在核保过程中，核保人员会按标的物的不同风险类别给予不同的费率，保证业务质量，保证保险经营的稳定性。核保是承保业务中的核心业务，而承保部分又是保险公司控制风险、提高保险资产质量最为关键的一个步骤。

核保原为海上保险用语。在最初的保险经营时期，其含义为保险业务的经营与承保。随着保险业的发展，后来仅指风险选择，其范围由参与整个经营活动演变为部分的活动。范围逐渐缩小，其技术手段不断提高。风险选择属于保险技术的应用，对于业务经营效益的好坏有直接关系，是保险经营中的重要环节。

核保工作的目的在于辨别投保风险的优劣，并使可接受承保的风险品质趋于一致，即对不同风险程度的风险单位进行分类，按不同标准进行承保、制定费率，从而保证承保业务质量，保证保险经营的稳定性。

### 二、核保的原则

#### （一）实现长期的承保利润

核保时应注意运用核保技术克服和防止在拓展市场过程中可能出现的片面追求承保数量和局部利益的短期行为，这将影响公司的经营目的和方向，不利于公司的长远发展。应该认真做到全面、细致、严格地核保，争取最好的承保条件，保证保险业务和保险市场健康持续地发展，实现长期的承保利润。

（二）提供高质量的专业服务

核保时通过对客户的风险评估，保险公司可以为客户提供全面和专业的风险管理的意见和建议，尽力为客户设计风险处理的最佳方案，充分满足客户的需要，并不断完善服务以适应客户新的保险要求。同时公平对待每一位客户，承保的条件和承保费率对所有的客户要一视同仁，加大保险产品服务的内涵。

（三）争取市场的领先地位

通过核保制度的建立和运行，保险公司能够及时了解市场发展的动态，加强对于核保人员的培训，不断提高承保技术来拓展新的技术领域，及时调整公司的业务规章，完善对于风险评估和保险方案确定的技术，争取市场的领先地位，保持其在市场的竞争优势。

（四）实现资源利用的最大化，谨慎运用公司的承保能力

保险公司应当通过核保工作实现对有限的承保能力利用的最大化，应使其发挥最大效益功能，在对于再保险市场承保资源的利用方面，因为核保工作可以有效地控制承保风险，从而确保一定的承保利润。在任何情况下，不能盲目承保高风险项目或巨额风险，谨慎运用公司的承保能力，积累各类风险的经验，做好风险的控制工作，为日后承保理赔工作打下基础。

（五）实施规范化的管理

在保险公司的规范化管理工作中，核保工作是其核心和重要的组成部分，在核保过程中要遵守国家各项法律、法规和市场准则，保险公司通过建立和完善核保制度，能够实现对于业务质量的规范化管理。

（六）有效利用再保险支持

以确保公司的利润为原则，不是片面依赖再保险支持，而是最大限度地利用再保险，通过严格的核保工作，确定自留额以便合理分散风险，争取实现最小的风险代价和最大的利润。

## 三、核保的意义

（一）防止逆选择，排除经营中的道德风险

在保险公司的经营过程中始终存在一个信息问题，即信息的不完整、不精确和不对称。信息的不对称主要是因为投保人或是被保险人比较了解并且能够精确评估其自身风险，而保险人却难以做到。虽然在以前章节提及最大诚信原则有所要求，投保人在投保时应履行充分告知的义务，但是事实上仍然存在着信息的不精确和不完整问题，这一现象的存在导致投保人或被保险人的道德风险和逆选择，同时给保险公司经营带来潜在风险。保险公司通过建立核保制度，可以有效规避或是排除这一隐患。

在保险欺诈案件中，大多反映在机动车辆保险业务中投保人虚构保险利益，高估车辆的实际价值。认真专业的核保可以减少这一类欺诈案件的发生。

（二）确保业务质量，实现经营的稳定

保险公司一是为了拓展业务而急剧扩充业务人员，这些新人员的素质有限，无法保证承保的质量；二是在扩大市场占有额的同时忽略了对拓展业务方面的管理；三是开发新的保险领域，签署一些未经严格论证的保险协议，导致风险因素的增加。综上所述，核保制度是保险公司防范、避免和解决以上种种现象的发生，强化对于经营风险控制的重要手段。

（三）扩大保险市场规模，使其与国际惯例接轨

近几年国外保险中介组织不断进入中国市场，使我国的保险中介力量也不断地壮大，但是看到扩大业务的积极作用的同时，应当注意到其可能带来的负面影响，保险公司应该对其中介机构进行业务管理培训，核保制度是中介业务质量控制的重要手段，所以，保险公司核保制度的建立和完善是配合保险中介市场建立和完善的必要前提条件。

## 四、核保的程序

核保工作原则上采取两级核保制度。先由展业人员、保险代理人进行初步核保，然后再由保险公司专业核保人员复核决定是否承保、承保条件及保险费率的适用等。核保的程序一般要包括审核投保单、查验车辆、核定保险费率、计算保险费。

（一）审核投保单、查验车辆

业务人员在接到投保单以后，首先根据保险公司内部制定的承保办法决定是否接受此业务。如果不属于拒保业务应立即加盖公章，载明收件日期。

1．审查投保单

（1）审查投保单各项内容是否完整、清楚、准确；

（2）验证车辆相关证明材料，对其详细审查，如车辆行驶证、介绍信等；

（3）检查投保人称谓与其签章是否一致、与其行驶证标明是否不符。若不符，另需提供其对投保车辆拥有可保利益的书面证明。

2．查验车辆

其中首次投保车辆；未按期续保车辆；投保第三者责任险后，又加保车损险的车辆；申请增加附加险的车辆；接近报废的车辆；特种车辆；重大事故后修复的车辆，这些车辆作为重点查验车辆。

（1）检验投保车辆的行驶证是否与保险标的相符。

（2）检验投保车辆是否年检合格、是否合法、确定其使用性质。

（3）检验车辆的号码、发动机号码、车型、车身颜色是否与行驶证一致。

（4）对投保车辆本身进行实际查验。

① 核对车辆是否真实的存在；

② 车体有无受损、车内是否配置消防和防盗装置；

③ 重点检查车辆的转向、制动、灯光、喇叭、刮雨器等涉及操纵安全性的因素，使其行车可靠；

④ 检查车辆发动机、底盘、电气、车身等四大主要组成部分的技术状况，从而确定整车的新旧程度。对于私有车辆一般要填具验车单，附于保险单副本上。

（二）核定保险费率

应根据投保单上所列的车辆情况和保险公司的《机动车辆保险费率标准》，逐辆确定投保车辆的保险费率。

1．确定车辆的使用性质

（1）家庭自用车辆；

（2）非营业车辆：指各党政机关、社会团体、企事业单位自用的车辆或仅用于个人及家庭生活的车辆；

（3）营业车辆：指从事社会运输并收取运费的车辆，如出租车。

**注意**：对于那些具有不同类型使用性质的车辆，按高档费率计算。

2．分清车辆的种类

（1）国产与进口车辆的划分。进口车辆指从中国境外直接进口或经我国香港、澳门、台湾地区转口的整车以及全部由进口零件组装的车辆。其余都归为国产车辆。进口车辆按进口车费率计费。

**注意**：由于目前各大保险公司已经经营新条款及费率的综合保险业务，对承保主险时已经没有什么区别，划分国产与进口车辆已没有多大的意义。但是在计算风挡玻璃单独破碎险时，还是要考虑到这一点。

车种中“以下”二字，是指不含其本身的意思。例如，六座“以下”的客车，不含六座的客车。客车座位按照交通部门核发的行驶证载明的座位为准，不足的按照同型号客车的标准座位计算。

（2）货车。所有通用载货车辆、厢式货车、集装箱牵引车、电瓶运输车、简易农用车、装有起重机械但以载重为主的起重运输车等，均按其载重量分档计费。客货两用车按客车或货车中相应的高档费率计费。

（3）油罐车、气罐车、液罐车、冷藏车，普通载重货车加装罐体都按此档计费。

（4）各种有起重、装卸、升降、搅拌等工程设备或功能专用的车辆、车内安装专用仪器设备，从事专业工作的检测、消防、清洁、医疗、救护、电视转播、雷达、X 光检查等车辆都按此档计费。

3．其他

（1）机动车辆保险基本险费率表和机动车辆保险附加险费率表，适用于保险期限为一年的保险费率计算。

（2）投保时，保险期限不足一年的按短期月费率计收保险费，保险期限不足一个月按整月计费。

（3）对其他特种车辆，在费率表中选择相应的档次计费，如啤酒罐车按照罐车档计费，大于 0.5 吨的载货三轮车按“2 吨以下的货车”档计费。

4．保险费率示例

以人保和太保公司为例，其保险费率见表 4-1～表 4-6。

表 4–1　人保家庭自用车损失险费率表

| 座位 | 车龄 | 5 万元以下 | | 5～10 万元 | | 10～15 万元 | | 15～20 万元 | |
|---|---|---|---|---|---|---|---|---|---|
| | | 基础保费/元 | 费率/% | 基础保费/元 | 费率/% | 基础保费/元 | 费率/% | 基础保费/元 | 费率/% |
| 6 座以下 | 1 年以下 | 449 | 0.409 | 653 | 1.024 | 1 165 | 0.816 | 1 573 | 0.890 |
| | 1～2 年 | 483 | 0.441 | 703 | 1.102 | 1 254 | 0.878 | 1 694 | 0.958 |
| | 2～3 年 | 478 | 0.436 | 696 | 1.091 | 1 242 | 0.870 | 1 677 | 0.949 |
| | 3～4 年 | 453 | 0.413 | 659 | 1.033 | 1 176 | 0.823 | 1 587 | 0.898 |
| | 4～5 年 | 432 | 0.394 | 628 | 0.985 | 1 121 | 0.785 | 1 513 | 0.856 |
| | 5～6 年 | 422 | 0.385 | 615 | 0.963 | 1 096 | 0.768 | 1 480 | 0.838 |
| | 6～7 年 | 417 | 0.380 | 607 | 0.951 | 1 082 | 0.758 | 1 461 | 0.827 |
| | 7～8 年 | 411 | 0.375 | 599 | 0.939 | 1 069 | 0.748 | 1 443 | 0.817 |
| | 8～9 年 | 408 | 0.372 | 594 | 0.931 | 1 060 | 0.742 | 1 430 | 0.810 |
| | 9 年以上 | 404 | 0.369 | 589 | 0.923 | 1 050 | 0.735 | 1 418 | 0.803 |

表 4-2　人保家庭自用车第三者责任险费率表

| 座位 | 车龄 | 赔偿限额/元 | | | | |
|---|---|---|---|---|---|---|
| | | 5 万元 | 10 万元 | 20 万元 | 50 万元 | 100 万元 |
| 6 座以下 | 1 年以下 | 730 | 886 | 1 021 | 1 179 | 1 287 |
| | 1～2 年 | 782 | 949 | 1 093 | 1 263 | 1 379 |
| | 2～3 年 | 771 | 935 | 1 077 | 1 244 | 1 358 |
| | 3～4 年 | 697 | 824 | 950 | 1 097 | 1 198 |
| | 4～5 年 | 668 | 811 | 935 | 1 079 | 1 179 |
| | 5～6 年 | 682 | 828 | 954 | 1 102 | 1 203 |
| | 6～7 年 | 717 | 870 | 1 002 | 1 158 | 1 264 |
| | 7～8 年 | 764 | 926 | 1 068 | 1 233 | 1 346 |
| | 8～9 年 | 810 | 983 | 1 133 | 1 308 | 1 429 |
| | 9 年以上 | 842 | 1 021 | 1 177 | 1 359 | 1 484 |

表 4-3　人保风险修正系数表

| 项目 | 费率浮动办法 |
|---|---|
| 多险种同时投保 | （1）同时投保车辆损失险和第三者责任险，第三者责任险优惠 10%<br>（2）投保车辆损失险或第三者责任险，并同时投保一个附加险，附加险优惠 4%<br>（3）投保车辆损失险或第三者责任险，并同时投保一个以上附加险，附加险优惠 6% |
| 直接业务/网上投保 | 人保营业网点投保，费率优惠 6%<br>通过互联网投保，费率优惠 4% |
| 提供详细信息 | 投保时按要求提供真实详尽的保单信息，费率优惠 3% |
| 驾驶人员或保险车辆交通违章记录 | （1）上一年无交通违章记录，费率优惠 5%<br>（2）3＜上一年交通违章次数≤5，费率上浮 5%<br>（3）上一年交通违章次数＞5，费率上浮 8% |
| 完整的维护保养记录 | 提供过去两年完整的汽车保养维护记录，费率优惠 5% |
| 指定驾驶员 | （1）指定一名驾驶员，主险保险费优惠 3%<br>（2）指定两名驾驶员，主险保险费优惠 2% |
| 汽车安全性能 | （1）有安全气囊或者 ABS 的车辆，车上人员责任险优惠 3%<br>（2）有固定车位/车库的，或者安装汽车防盗系统（含卫星定位系统）的，全车盗抢险优惠 5% |
| 平均年行驶里程 | （1）30 000 公里≤平均年行驶里程<50 000 公里，费率上浮 5%<br>（2）平均年行驶里程≥50 000 公里，费率上浮 5%～10% |
| 行驶区域（仅适用于 36 座以上营运客车） | （1）省内行驶的，主险费率下浮 5%<br>（2）有固定营业路线的，主险费率下浮 5% |

注：1. 浮动系数采用连乘方式；
2. 车队费率浮动系数与单车风险修正系数不能同时使用；
3. 仅适用于保险期限为一年及以上的保险单。

表 4-4　　太保私人生活用车损失险费率表

| 产地 | | | 国产（部分损失） | | 进口（部分损失） | | 全部损失 |
|---|---|---|---|---|---|---|---|
| 车辆类型 | 车龄（年） | | 费别 | | | | |
| | | | 基本保费/元 | 费率/% | 基本保费/元 | 费率/% | 费率/% |
| 6 座以下 | ≤1 | 新车购置价≤10 万元 | 210 | 1.04 | 490 | 1.12 | 0.10 |
| | | 新车购置价>10 万元 | 200 | 1.02 | 180 | 1.09 | |
| | （1，5] | | 200 | 1.02 | 490 | 1.07 | |
| | >5 | | 260 | 1.25 | 560 | 1.18 | |
| 6 座及以上 | ≤1 | | 580 | 1.19 | 580 | 1.32 | |
| | （1，5] | | 560 | 1.19 | 610 | 1.33 | |
| | >5 | | 560 | 1.24 | 670 | 1.34 | |

表 4-5　　太保私人生活用车第三者责任险费率表

| 车辆类型 \ 赔偿限额万元 \ 固定保费/元 | 5 | 10 | 20 | 50 | 100 | 500 | 1 000 |
|---|---|---|---|---|---|---|---|
| 6 座以下 | 700 | 800 | 930 | 1 430 | 2 010 | 3 020 | 4 530 |
| 6 座及以上 | 790 | 900 | 1070 | 1 550 | 2 490 | 3 740 | 5 610 |

表 4-6　　太保私人生活用车保费浮动表

| 保费浮动项目 | | 浮动比例/% |
|---|---|---|
| 行驶区域 | 出入境 | +20 |
| | 境内 | 0 |
| | 省内 | −2 |
| 无赔款奖励 | 上年发生赔款 | 0 |
| | 上年无赔款 | −10 |
| | 连续 2 年无赔款 | −15 |
| | 连续 3 年无赔款 | −20 |
| | 连续 4 年无赔款 | −25 |
| | 连续 5 年及 5 年以上无赔款 | −30 |
| 销售渠道 | 营销 | 0 |
| | 专业代理 | 0 |
| | 兼业代理 | 0 |
| | 直销 | −5 |
| | 电话销售 | −10 |
| | 网上销售 | −10 |

同时满足以下两个条件时，太保可予以指定驾驶员浮动。

（1）保单上列名驾驶员人数不超过 2 个，并且保单上指定 2 名驾驶员时，以两名驾驶员中浮动比例数值较大者（即浮动幅度较小者）计算。

（2）投保或续保时能提供所有驾驶员的驾驶证。

保单上仅指定 1 名驾驶员时，驾驶员浮动比例见表 4-7。

表 4–7 太保私人生活用车保费驾驶员浮动表

| 年龄/岁 | 驾龄/年 | 浮动比例/% | |
|---|---|---|---|
| | | 男性 | 女性 |
| ≤25 | ≤3 | −1 | −2 |
| | >3 | −3 | −4 |
| （25，60] | ≤3 | −5 | −6 |
| | （3，10] | −6 | −7 |
| | >10 | −7 | −8 |
| （60，70） | ≤10 | −3 | −3 |
| | >10 | −4 | −4 |

### （三）计算保险费

1．一年期保险费计算

据费率表查定的费率及相应的固定保费按下列公式计算。

（1）车损险保费=基本保费+保险金额 × 费率；

（2）第三者责任险保费：按车辆种类及使用性质及选择不同的赔偿限额档次收取固定保险费；

（3）全车盗抢险保费=盗抢险保险金额 × 费率；

（4）车上人员责任险保费=每座赔偿限额 × 投保座位数 × 费率；

（5）车上货物责任险保费=货物损失赔偿限额 × 费率；

（6）无过失责任险保费=第三者责任险保费 × 费率；

（7）车载货物掉落责任险保费=该险赔偿限额 × 费率；

（8）玻璃单独破碎险保费=新车购置价 × 费率；

（9）车辆停驶损失险保费=日赔偿金额 × 约定的最高赔偿天数 × 费率；

（10）自燃损失险保费=该险保险金额 × 费率；

（11）新增设备损失险保费=该险保险金额 × 车辆损失险费率；

（12）不计免赔险保费=（车辆损失险保费+第三者责任险保费） × 费率；

（13）车辆划痕损失险保费=该险赔偿限额 × 费率。

2．短期保险保费计算

保险期限不足一年，按短期费率计算。

（1）按日计算保费。适用于已参加保险的被保险人新增车辆投保或同一保险车辆增加其他险种，为统一终止日期而签订的短期保险合同。其计算方法如下。

短期保险费=年保费 × 保险天数/365

（2）按月计算保费。适用于根据被保险人要求签订的短期保险合同，短期保险的费率根据短期费率表确定，保险期限不足整月的按整月计算。其计算方法如下。

$$短期保险费=年保费\times短期费率$$

3．合同解除时的保险费计算

保险合同生效后，且未发生保险事故的情况，被保险人要求解除保险合同的，则保险人应按照下述方式计算日费率，收取保险合同生效日起至保险合同解除日止期间的保险费，并退还剩余部分保险费。

（1）保险合同有效期不足或等于 8 个月的，按年费率的 1/300 计算日费率。

（2）保险合同有效期超过 8 个月且不足一年的，按年费率的 1/365 计算日费率。

（3）除法律另有规定或合同另有特别约定外，保险车辆发生车辆损失险保险事故，被保险人获取部分保险赔偿后一个月内提出解除合同的，则保险人应当根据保险合同有效期的长短，按第（1）项所列方法计算日费率，并将保险金额扣除保险赔款和免赔金额后的未了责任部分的剩余保险费退还被保险人。

（4）被保险人在单独投保商业第三者责任险时，因保险车辆发生灭失，且保险人未支付任何保险赔款情况下，保险人应按年费率的 1/365 计算日费率，并退还未了保险责任部分的保险费。

（5）因保险赔偿致使保险合同终止时，保险人不退还保险费。

4．机动车辆提车暂保单承保的机动车辆

新车购置价在 10 万元以内的，固定保险费为 300 元；新车购置价在 10 万元以上、30 万元以内的，固定保险费为 400 元；新车购置价在 30 万元以上的，固定保险费为 500 元。

（四）复核

复核单证内容、保险价值、保险金额、费率标准、保费计算等各项，完成后交上级处理。

# 第二节 汽车的投保

## 一、投保单

（一）定义

投保单又称为“要保单”或者称为“投保申请书”，是投保人申请投保的一种书面凭证。投保单通常由保险公司提供，由投保人填写并签字或盖章后生效，保险公司根据投保人填写的投保单内容出具保险单正本。对于网上投保而言，投保人在网上进行的一系列“确定”、“提交”的动作，即视为投保人投保意向(要约)的表达，且事后保险公司会打印出投保单请客户补充签章确认。

（二）投保单的主要内容

投保单主要包括被保险人的名称、投保人的名称、保险车辆的名称、投保的险别、保险金额和保险期限等内容。

上述投保单的内容经保险人签章后，保险合同即告成立，保险人按照约定的时间开始承担保险责任。

（三）投保单基本内容的填写要求

（1）投保人。指投保单位或个人的称谓。单位填写全称（与公章名称一致），个人填写姓名。

投保人称谓应与车辆行驶证相符。使用人或所有人的称谓与行驶证上的称谓不相符或车辆是合伙购买与经营时，应在投保单特别约定栏内注明，以便登录在保险单上。

（2）厂牌型号。厂牌名称与车辆型号。如丰田 LS120R、东风 EQ140 等。

（3）车辆种类。根据车辆管理部门核发的行驶证上注明的种类填写。有的投保单上无此栏目，但电脑签单程序中必须输入，所以，应在投保单厂牌型号栏内加注。

（4）号牌号码。填写车辆管理机关核发的号牌号码，并要注明底色，如：辽 B1627K(蓝)

（5）发动机号码及车架号。指生产厂在发动机缸体及车架上打印的号码。此栏根据车辆行驶证填写，对于有 VIN 号的车辆，则以 VIN 号代替车架号。

VIN 码由 17 位字符组成，俗称 17 位码。它包含车辆生产厂家、年代、车型、车身型式及代码、发动机代码及组装地点等信息。

VIN 码各位说明如下。

① 1～3 位（WMI）。制造厂、品牌和类型。

② 4～8 位（VDS）。车辆特征。

轿车：种类、系列、车身类型、发动机类型及约束系统类型；

MPV：种类、系列、车身类型、发动机类型及车辆额定总重；

载货车：型号或种类、系列、底盘、驾驶室类型、发动机类型、制动系统及车辆额定总重；

客车：型号或种类、系列、车身类型、发动机类型及制动系统。

③ 第 9 位。校验位，按标准加权计算（参见《世界汽车识别代号（VIN）资料手册》P21～23）。

④ 10 位。车型年份，与年份对应的字母或数字见表 4-8。

表 4-8 车型年份对应表

| 年份 | 字母或数字 | 年份 | 字母或数字 | 年份 | 字母或数字 | 年份 | 字母或数字 | 年份 | 字母或数字 |
|---|---|---|---|---|---|---|---|---|---|
| 1980 | A | 1987 | H | 1994 | R | 2001 | 1 | 2008 | 8 |
| 1981 | B | 1988 | J | 1995 | S | 2002 | 2 | 2009 | 9 |
| 1982 | C | 1989 | K | 1996 | T | 2003 | 3 | 2010 | A |
| 1983 | D | 1990 | L | 1997 | V | 2004 | 4 | 2011 | B |
| 1984 | E | 1991 | M | 1998 | W | 2005 | 5 | 2012 | C |
| 1985 | F | 1992 | N | 1999 | X | 2006 | 6 | 2013 | D |
| 1986 | G | 1993 | P | 2000 | Y | 2007 | 7 | | |

⑤ 第 11 位。装配厂。

⑥ 12～17 位。顺序号。

（6）使用性质。按营业或非营业划分确定。

（7）吨位或座位。根据车辆管理部门核发车辆行驶证注明的吨位或座位填写。货车填吨位，客车填座位，客货两用车填写吨位/座位。例如，BJ630 客车填"/16"，东风 EQ140 货车填"5/"，丰田 DYNA 双排座货车填写"1.75/5"。

（8）行驶证初次登记年月。按车辆管理部门核发的车辆行驶证上"登记日期"年月填写。初次登记年月是理赔时确定保险车辆实际价值的重要依据。

（9）保险价值（新车购置价）。按保险合同签订的购置与投保车辆同类型新车价格与车辆购置附加费之和填写。

易货贸易、赠送车辆、免税车的保险价值比照合同签订的同类型新车价格与车辆购置费之和计算。但必须与投保人约定车辆实际价值，实际价值按该车辆购买时的发票价格为计算基础，并在特别约定栏内约定。

（10）车辆损失险保险金额的确定方式。主要有按新车购置价协商确定、按照实际价值确定以及保险人与投保人协商确定。

① 按新车购置价协商确定。新车购置价是指在保险合同签订地购置与保险车辆同类型新车（含车辆购置附加费）的价格。

② 按照实际价值确定。实际价值通常按照使用年限折旧计算，但最高折旧金额不超过保险价值的 70%，除了另有书面特别约定，盗抢险、自燃险的实际价值按实际使用年限计算，不受 70%限制。

实际价值=保险价值 ×（1−已使用年限/规定使用年限）

车辆的使用年限按照《汽车报废标准》（国经贸经[1997]456 号）执行，每满一年扣除一年折旧，不足一年的部分不计折旧。但出租车折旧计算还必须符合当地政府行政机构对出租车辆使用年限的规定。

③ 保险人与投保人协商确定。协商的保险金额不应超过投保时的保险价值。

（11）第三者责任险赔偿限额。按约定的赔偿限额填写。承保挂车时，第三者责任险的赔偿限额按最低档次 5 万元确定。

（12）附加险的保险金额或赔偿限额。在投保车辆损失险的基础上才可投保全车盗抢险、玻璃单独破碎险、车辆停驶损失险、自燃损失险、新增加设备损失险。

在投保第三者责任险的基础上才可投保车上责任险、无过失责任险、车载货物掉落责任险。

在同时投保车辆损失险和第三者责任险的基础上才可以投保不计免赔特约险。

① 全车盗抢险。最高不得超过车辆实际价值。当实际价值高于车辆损失险保额时，盗抢险保险金额须低于车辆损失险保险金额。

没有交通管理部门核发的号牌号码，或者没有正式取得行驶证和号牌号码的车辆，不得投保盗抢险。

② 车上责任险。投保座位数的确定以车辆管理部门核定的座位数为限，也可以核定座位数范围内约定，但上述两种确定投保座位数的方式对应不同的保险费率。

每个座位的赔偿限额及货损赔偿限额按双方约定填写。选择座位投保和不同座位选择不同的限额投保时，应在特别约定栏内注明投保的座位限额数。

③ 无过失责任险。按投保的第三者责任险赔偿限额确定。

④ 自燃损失险。由双方协商确定，但是最高不超过车辆实际价值。同时，自燃险的保险金额须低于车辆损失险保额。

⑤ 车辆停驶损失险。按双方约定的赔偿天数和日赔偿金的乘积填写。赔偿天数最多以条款规定的最高赔偿天数 90 天为限，日赔偿金额可分档设置，但各分公司可以制定统一标准并明确上限，控制承保风险。

⑥ 新增加设备损失险。按新增设备的购置价格确定。但是要提供新增设备的原始发票或其他相关有效证明，并加以注明设备明细和价格。

⑦ 车载货物掉落责任险。由双方协商确定赔偿限额。

⑧ 玻璃单独破碎险。根据车辆进口与国产两个大类，货车、16 座以下的客车、16 座及以上客车三个小类来确定保险费率。

（13）车辆总数。填写投保单及其附表所列投保车辆的总数。

（14）保险期限。一般保险合同的期限通常为一年，亦可投保短期保险，由双方协商确定合同起止时间。起保日零时开始，至保险期满 24 时止。另外，起保日不得是投保日当天，最早也是次日零时。

## 二、汽车投保的方式

车辆投保有以下几种渠道可供选择。

1．通过代理投保

保险代理公司通过与保险公司签订协议，成为保险公司的代理。可以通过代理来购买保险，当然选择代理来投保需要多付一些费用。

2．亲自到保险公司投保

保险公司也有对外营业的窗口，可以选择适合的保险公司，自己花一些时间亲自去办理保险。这样可以直接与保险公司取得联系，安全、可靠，但要耽误一些时间，耗费一些精力。

3．电话投保

保险公司开通专门的服务电话，客户打个电话就可以完成购买车险的全过程。保险公司有专门的人员接听电话，解答各种问题，协助办理投保手续。同时跨过了中间渠道，电话投保安全、周到、省事，一举数得。

4．网络投保

保险公司设立了专门的网站，可以上网进行投保。这对于熟悉保险的客户比较适用，自助选择性强。例如，平安保险公司的网络投保。

## 三、合理投保

### （一）如何选择保险公司

保险公司的服务质量、理赔速度、整体实力是首先考虑的因素，因此，挑选保险公司一般可以考虑以下四个方面。

第一，方便原则。从投保、报案到索赔，保险公司近一点可以提供很多方便，另外，投保人的其他保险业务也在同一家保险公司投保的话，则一般可以得到更多的优惠。

第二，理赔原则。主要考虑理赔速度、保险公司的实力、处理赔案的专业水平等。例如有些车辆经常跑外地，就需要找那些网点很多的保险公司，在事故当地就可以查勘、定损和修理。

第三，价格原则。往往实力强、网点多的大公司价格上可能稍微高点，一些新公司为了发展客户，拓展业务，价格上可能有更大的优惠。所以车主可以货比三家，选择自己满意的保险公司。

第四，附加值原则。有些保险公司可以提供 24 小时全国紧急救助服务、保险事故人员伤亡的医疗担保卡、优惠安装 GPS 等。

### （二）合理投保

机动车辆保险有两个主险和若干附加险，车主可以根据自己的情况选择哪些是必买的险种，哪些险种可以不考虑，既节省部分保费，又不影响安全。

车辆保险费最贵的有四项：车辆损失险、第三者责任险、全车盗抢险和不计免赔特约险。其他的附加险相对来说要便宜很多。

（1）车辆损失险。一般保险公司都喜欢承保这个险种，也是全车索赔最易发的，所以大多投保时都建议购买，如果车主是一个人开车，而且对自己的驾驶技术有信心、过往安全记录又良好，为了省钱，可以考虑不买或提高免赔额，如免赔额 1 500 元，保险费可以减少 30%以上。

（2）第三者责任险。作为车辆最基本的保险，法律规定的强制保险部分保险金额偏低。例如某些驾龄长、驾车技术好、安全意识较强的车主可不必投保高额的商业第三者责任险，只要选择强制第三者责任险就行了。若是新手或是营运的车辆，就要多买一点了，可以选择 50 万或是更高。

（3）全车盗抢险。保险费较高，通常是车价的 1%或更高，而且保险的部分只是车辆价值的 80%，另外 20%保险公司是不赔的。某些保险公司对该险还设置了一些限制，如对广州本田、上海桑塔纳等只保车价的 50%，车辆被盗后得到的赔付就有限了。另外，对于停车有保证的车主来说，可以考虑不买，停车场内除有专人看护外，停车场责任险已经涵盖了停放车辆被盗的责任。

#### （三）投保险种组合方案

一般有以下四种方案。

1．完全保障方案

险种组合：车辆损失险+第三者责任险+车上责任险+玻璃单独破碎险+不计免赔特约险+新增加设备损失险+自燃损失险+全车盗抢险。

特点：保全险。

适用对象：机关、事业单位、大公司。

好处：几乎与汽车有关的全部事故损失都能得到赔偿。

2．最佳保障方案

险种组合：车辆损失险+第三者责任险+车上责任险+玻璃单独破碎险+不计免赔特约险+全车盗抢险。

特点：在完全保障方案中剔除新增加设备损失险和自燃损失险。因为这两个险种出险概率不高，必要性不是很大。

适用对象：一般公司或个人。

好处：价值大的险种投保，价值不大的不花冤枉钱。

3．经济保险方案

险种组合：车辆损失险+第三者责任险+不计免赔特约险+全车盗抢险。

特点：仅投保四个最必要、最有价值的险种。

适用对象：个人。

好处：仅最少的钱投保最有价值的险种，性价比最高；个人最关心的丢失和 100%赔付的问题等大部分风险都有保障。

4．最低保障方案

险种组合：第三者责任险。

特点：只保第三者责任险，别的全部不保。

适用对象：适用于那些认为上保险没用的人，急于拿保险单去上牌照或验车的人。

好处：可以用来应付上牌照或验车。一旦撞车或撞人，对方的损失也能得到保险公司的一些赔偿。

## 四、投保时应注意的问题

（1）不要重复投保。有的投保人自认为多投几份保，可以使被保险车辆多几份赔偿。按照《保险法》第 40 条规定：“重复保险的车辆各保险人的赔偿金额的总和不得超过保险价值。”因此，即使投保人重复投保，也不会得到超价值赔款。

（2）不要超额投保或不足额投保。依据《保险法》第 39 条规定：“保险金额不得超过保险价值，超过保险价值的，超过的部分无效。保险金额低于保险价值的，除合同另有约定外，保险人按照保险金额与保险价值的比例承担赔偿责任。”所以超额投保、不足额投保都不能获得额外的利益。

（3）保险要保全。有些车主想节省保费，想少保几种险，其实各种险都有各自的保险责任，假如车辆真的出险，保险公司只能依据当初订立的保险合同承担保险责任给予赔付，而车主的其他一些损失有可能就得不到赔偿。

（4）及时续保。

（5）要认真审阅保险单证。要认真核对，检查第三联是否都采用了白色无碳复写纸印刷并加印浅褐色防伪底纹，其左上角是否印有“中国保险监督管理委员会监制”的字样，右上角是否印有“限在××省（市、自治区）销售”的字样，如果没有可拒绝签单。

（6）注意审核代理人真伪。

（7）核对保单。核对保单上所列项目如车牌号、发动机号等，如发现有错漏，立即提出更正。

（8）随身携带保险卡。

# 第三节 保险费的管理

保险费的管理是保险经营管理中的一个重要环节。缴纳保险费是投保人在合同项目下的主要义务，而保险人只有收取保险费，才能建立保险赔偿基金，实际承担赔偿责任。

在我国汽车保险公司中曾经出现过保险费管理失控的现象，并导致保险公司发生经营危机。保险公司必须建立一套完整的管理制度体系，才能确保对保险费实行严格和有效的管理。

## 一、保险费的类型

在保险的经营过程中通常可以将保险费分为以下三类。

（1）签单保险费：是指根据保险经营过程中的权责发生制的原则，经保险公司签发了正式保险单的保险费。签单保险费为实收保险费与应收保险费之和。

（2）实收保险费：是指保险公司已经签发的保险单实际发生的保险费。

（3）应收保险费：是指保险公司根据已经签发的保险单应收取的但尚未收取的保险费。

## 二、保险费管理的基本原则

1．严格签单保险费的管理

对于签单保险费的管理是保险费管理的根源和基础。对于签单保险费的管理的关键在于应该建立严格的管理制度，将公司所有的业务，通过加强系统的管理，杜绝“埋单”现象的产生。

2．加强应收保险费的管理和催缴

因为机动车辆保险具有出险概率较高，保险期限又相对较短的特点。所以必须加强保险费的催缴工作，尤其是不正常应收保险费，即指非正常原因出险的应收保险费，包括那些采用分期付款的保险费中到期未收的保险费。

管理的重点工作在第二点，应该派专人实施催收制度，通过动态的监督制度，强化催收人员的责任意识，若是催收困难的，应该立即采取终止合同等有效手段，并且可以通过法律途径解决问题。

## 三、保险费的合同管理

在保险合同纠纷的类型中，因保险费管理产生问题的不在少数，较为突出的是在保险合同中没有对保险费的缴交时间以及未按时缴交的责任进行明确规定，所以，在发生保险事故时，一旦发现保险费存在未缴交的情况，很容易就合同是否有效产生争议。

### 【案例】未缴足保险费如何赔偿？

某地个体运输户高某，于 1998 年 12 月份将一辆 16 座面包车向当地保险公司投保车辆损失险和第三者责任险。保险金额为 12 万元，应付保费 2 850 元。当保险单填妥向高某收费时，高某声称自己钱未带够，因急于出车，要求先将保险单给他，下午再将其余的交来，接着在征得经办人同意后，交了保险费 1 000 元，将保险单带走。

但事后高某并未如期补交保险费，保险经办人曾多次催收，并表示如再拖欠不交，出事后就不负责赔偿，均被其敷衍搪塞，一直未收到余款。到 1999 年 4 月，保险车辆在行驶途中翻车，造成 6 万余元的损失，投保人向保险公司提出索赔。

### 【案例分析】

（1）在合同订有特别约定时，其支付保险费的方式依据该约定履行。保险合同成立后，保险当事人、关系人依据保险合同，既享有一定的权利又负有一定的义务，负有义务的人若不履行该项义务，将承担相应的法律后果。各险种条款中也通常在被保险人义务中写明被保险人或其代表应根据保险单和批单的规定缴纳保险费。

从本案来看，高某的行为符合上述分析，缴纳保险费是投保人的义务。保险条款中明确指出投保人或被保险人违反义务，保险人有权拒绝赔偿或解除合同。

（2）本案中保险人有过错责任。对于投保人不按约定支付保险费，保险人应依法采取催收或终止保险合同的措施。催收以书面形式为妥，对于催收无效的情况，应及时终止保险合同。本案纠纷的产生与保险人对应收保险费的催收措施和管理不到位不无关系。另外，在签订保险合同时，对保险费的缴付时效没做明确规定而留有隐患。

在现实中，法院可能按混合过错处理，即投保人有未足额支付保险费的过错，保险人有未书面约定分期缴费的过错。因而，由保险人按所收保费占全额保费的比例，承担相应的保险责任，给予被保险人部分经济补偿。

### 【总结】

综上所述，保险合同为双务合同，保险人与被保险人既享有权利，又要承担义务，权利与义务是对等的，根据《民法通则》有价有偿的原则，高某缴纳了 1 000 元保险费，履行了一定的义务，理所应当要享有一定的保障权利。保险公司应根据高某履行缴纳保费义务的比例承担相应的保险赔偿责任。

所以保险费的合同管理不仅要从正面在合同中对于保险费的缴交进行明确的规定，同时，还要建立保险单注销制度，即对于不按期缴纳保险费的，应当通过合法的方式对已签发的保单进行注销，以免后患。

# 第四节 保险单证的管理

汽车保险业务应用的单证种类较多，在经营过程中出现过假冒的保险单证，所以保险单证的妥善有效的管理显得尤为重要。

## 一、汽车保险单证的类型

在汽车保险中主要有以下几种单证。

（1）投保单：是投保人申请投保保险的一种书面凭证。投保单通常由保险公司提供，由投保人填写并签字或盖章后生效。保险公司根据投保人填写好的投保单的内容出具保险单正本。

（2）保险单：也叫保险单正本，是保险公司与投保人订立保险合同的书面证明。保险单由保险公司出具，主要载明保险公司与被保险人之间的权利、义务关系。它是被保险人向保险公司进行索赔的凭证。

（3）保险卡：由保险公司签发给保户的、记载保险单正本中的主要内容，供保户随身携带的卡片式的简单凭证，如图 4-1 所示。

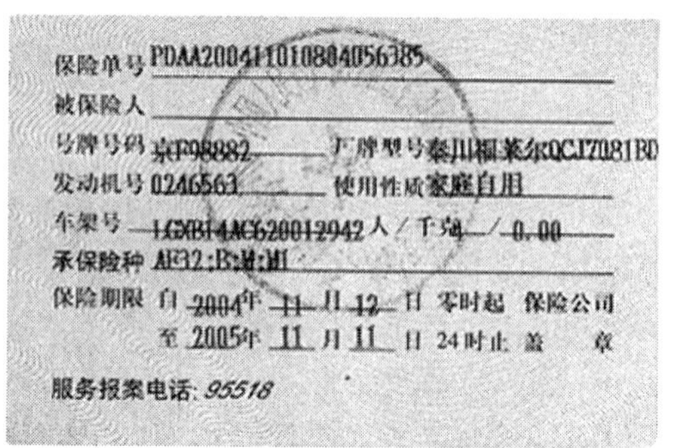


图 4-1 保险卡

（4）批单：是为变更保险合同的内容，保险公司出具给被保险人的补充性的书面证明。

（5）保险费发票：是保险费讫讫的凭证，为税务局监制的正式发票。

## 二、保险单证的管理

保险单证的管理贯穿于印制、领用和销毁三个环节，在管理的过程中应当注意各个环节的相互衔接，强化有关人员的责任，切实加强对保险单证的管理工作。

1．单证的印制

目前，为了加强对单证印制的管理，保险单是采用中国保监会统一监制的模式，各家保险公司没有自行印制的权力。对于其他单证，应该选择一个技术和管理水平相当的印刷厂，并且要求印刷厂加强单证的管理，防止从印刷厂流失，进行统一的编号，便于集中管理，已经验收合格的单证应立即移交单证仓库。

2．单证的领用

单证领用制度包括领用单证的审批、领用单证的登记、单证的核销和单证的回收。

首先经营单位在需要领用单证时，应按照一定的程序申请和审批，由单证仓库管理人员审批发放单证。并且同时在登记薄做好进出仓登记，记录每一次领用单证的名称、数量、号码、经办人。然后对领用的单证进行核销，跟踪相应编号的保单的去向，并配合业务管理部门对于单证的使用进行管理。另外，对于作废的单证必须进行回收，例如在单证缮制中出现错误造成作废的单证、改版的单证。

3．单证的销毁

应加强对回收的作废单证的管理，防止这些空白的单证流入非法的渠道，对于作废的单证进行集中的销毁，并对销毁的单证进行登记和记录。

## 三、保险单真伪的识别

现在投保车辆保险不一定到保险公司那里办理，有很多代理机构、车行、车辆检测站或者汽车修理厂都可以代理投保，因此如何识别保险单真伪显得尤为重要。现行机动车辆保险单是由中国保险监督管理委员会统一监制的，如图 4-2 所示。

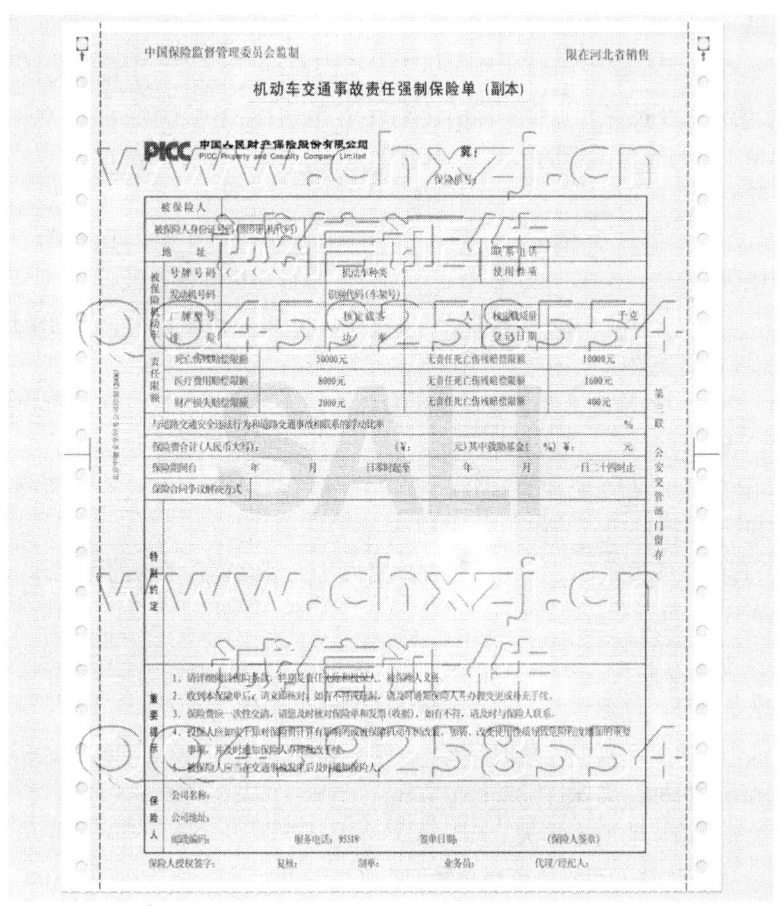

中国保险监督管理委员会监制　　限在河北省销售

机动车交通事故责任强制保险单（副本）

PICC 中国人民财产保险股份有限公司 PICC Property and Casualty Company Limited

| 责任限额 | | | |
|---|---|---|---|
| 死亡伤残赔偿限额 | 50000元 | 无责任死亡伤残赔偿限额 | 10000元 |
| 医疗费用赔偿限额 | 8000元 | 无责任死亡伤残赔偿限额 | 1600元 |
| 财产损失赔偿限额 | 2000元 | 无责任死亡伤残赔偿限额 | 400元 |

保险费合计（人民币大写）：　（¥：　元）其中救助基金（　%）¥：　元

保险期间自　年　月　日零时起至　年　月　日二十四时止

保险合同争议解决方式

特别约定

重要提示

3．保险费应一次性交清，请您及时核对保险单和发票(收据)，如有不符，请及时与保险人联系。

保险人　公司名称：　公司地址：　邮政编码：　服务电话：95518　签单日期：　（保险人签章）

保险人授权签字：　复核：　制单：　业务员：　代理/经纪人：

第三联　公安交管部门留存

图 4-2　机动车辆保险单

左上角印有“中国保险监督管理委员会监制”字样，右上角印有“限在××省（市、自治区）销售”字样，上述字样均使用红色荧光油墨印制，在紫外线灯光下呈现光亮的橘红色。“限在××省（市、自治区）销售”下面还有保险单的流水线号和保险单号。保险单中央有保险公司标志的水印（比如人保是PICC），左边还有“北京印钞厂证券分厂印制（2004）”等字样。

保险单采用280mm × 210mm竖式幅面的无碳复写纸一式三联，其中，第三联是正本；批单、提车暂保单及摩托车/拖拉机定额保险单也是一式三联，第三联是正本，采用65克白色无碳复写纸印制并加印浅褐色防伪底纹。保险单正本是被保险人索赔的重要文件，被保险人要妥善管理，不要随车放置，以免全车损毁或被盗后缺少了索赔凭证。

客户拿到保单后，可通过承保公司的客户热线查询保险单的真伪。此外，缴纳保险费后一定要取得税务机关统一印制的正式发票。正式的发票也可以证明保险单的真实性。消费者在购买机动车保险过程中，如发现保险公司或中介机构有误导或销售未经批准的机动车辆保险等行为，可向当地保险监督管理部门投诉。

## 思考与练习

### 一、填空题

1. 汽车保险投保单为保险合同的要件之一。一般包括________、驾驶员情况、________、________、特别约定以及投保人签章、标的初审情况等内容。

2. 在投保单上填写投保车辆的号牌号码时应________。

3. 核保工作原则上采取________核保制度。

4. 核保的程序一般要包括审核投保单、________、________、计算保险费。

5. 检验车辆的号码、________、车型、________是否与行驶证一致。

6. 在投保________的基础上才可投保全车盗抢险、玻璃单独破碎险、车辆停驶损失险、自燃损失险、新增加设备损失险。

7. 在投保________的基础上才可投保车上责任险、无过失责任险、车载货物掉落责任险。

8. 短期保险保费计算时，保险期限不足________年，按短期费率计算。

9. 一般保险合同的期限通常为一年，亦可投保短期保险，由双方协商确定合同起止时间。________开始，至________止。

10. 保险公司的服务质量、________、整体实力是投保时首先考虑的因素。

### 二、选择题

1. 核保的意义是为了（　　）。

A. 防止逆选择，排除经营的道德风险

B. 确保业务质量，实现经营的稳定

C. 实现经营目标，确保持续发展

D. 赔偿被保险人的所有损失

2. 下列哪一项不是对车辆应该重点查验的？（　　）

A. 检验投保车辆的行驶证是否与保险标的相符

B．检验投保车辆是否年检合格

C．检验车辆是否合法，确定其使用性质

D．检验车辆是否是新车

3．机动车辆保险基本险费率表和机动车辆保险附加险费率表，适用于保险期限为（　　）年保险费率计算。

A．一　　B．二　　C．三　　D．四

4．投保时，保险期限不足（　　）年的按短期月费率计收保险费，保险期限不足一个月按整月计费。

A．一　　B．二　　C．三　　D．四

5．投保人称谓应与（　　）相符。

A．身份证　　B．户口本　　C．驾驶证　　D．行驶证

三、判断题

1．核保可以实现资源利用的最大化，谨慎运用公司的承保能力。（　　）

2．投保单又称为“要保单”或者称为“投保申请书”，是投保人申请投保的一种书面凭证。（　　）

3．投保单中的号牌号码填写车辆管理机关核发的号牌号码，可以不用注明底色。（　　）

4．VIN 码由 17 位字符组成，俗称 17 位码。它包含车辆生产厂家、年代、车型、车身型式及代码、发动机代码及组装地点等信息。（　　）

5．在投保第三者责任险的基础上才可投保车上责任险、无过失责任险、车载货物掉落责任险。（　　）

四、简答题

1．解释保险核保的含义。

2．简述投保有哪几种方式。

3．用简短的语言简述一下如何合理投保，有哪些方案？

4．如何辨别保险单的真伪，从哪几个方面辨别？

5．投保需要注意哪些事项？

# 汽车理赔实务

学习目标

◎ 掌握汽车理赔的含义、特点及原则；
◎ 了解汽车理赔工作的模式，能够分析目前我国汽车理赔工作模式的利弊；
◎ 熟悉汽车理赔工作流程，明白每一个工作环节的意义；
◎ 能够独立进行事故车辆的定损，掌握各项发生费用的确定方法；
◎ 能够理解赔款理算的方法，以及对简单的事故案例可以独立完成；
◎ 掌握特殊案件的处理方法以及独立分析理赔计算案例。

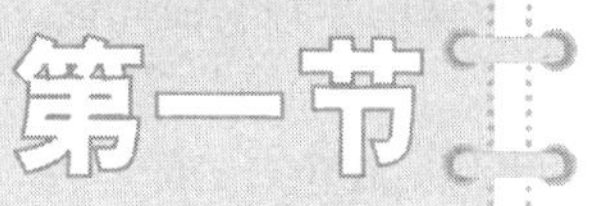


## 汽车理赔概述

### 一、保险理赔的概念、意义及原则

（一）保险理赔的概念

保险理赔是指当保险合同所规定的事故发生后，保险人履行合同的承诺，对被保险人提供经济损失补偿或给付的处理程序。保险理赔程序一般是依据保险单条款来解释的，尤其保单条款一般不列明细节，因而还要按照政府有关法规的规定，法院的判决、有关行业权威部门出具的鉴定或沿用过去的管理等实施酌情处理。

（二）保险理赔的意义

保险理赔是保险经营的重要环节。其意义在于：通过理赔，被保险人所享受的保险利益得到实现；保险人为客户提供服务，为社会再生产过程提供保障；保险承保的质量得到检验；增强人们的法律意识；保险经济效益得到充分体现。

（三）保险理赔的原则

理赔工作必须遵循以下原则：重合同、守信用原则，实事求是原则，“主动、迅速、准确、合理”原则，这些原则是理赔工作优质服务的最基本要求。

主动——主动热情受理案件、积极主动调查、了解和勘察现场。掌握出险情况，进行事故分析，确定保险责任。杜绝产生“两面人”做法，对索赔客户热情接待。

迅速——及时赶赴现场，就是要求保险理赔人员查勘、定损处理迅速。即办得快、查得准、赔得及时。若索赔手续完备，则应尽快赔偿被保险人的损失。

准确——要求从查勘、定损以至赔款计算，都要做到准确无误，不错赔、不滥赔、不惜赔。正确认定责任范围和责任程度，准确核定赔付金额，杜绝差错。不准确表现：同样案子不同公司尺度不一样，同一公司不同理赔员标准不一样，同一理赔员不同时间标准不一样。

合理——结合具体案情准确定损。就是要求在理赔工作过程中，要本着实事求是的精神，坚持按条款办事。在许多情况下，要结合具体案情准确定性，尤其是在对事故车辆进行定损过程中，要合理确定事故车辆维修方案。

八字原则——辩证统一，不可偏废。片面追求速度、不深入分析，盲目结论或计算不准草率处理，会发生错案。只追求准确、合理，忽视速度，不讲效率，赔案久拖不决，损害公司形象。理赔原则总的要求是从实际出发，为保户着想，既要讲速度，又要讲质量，让公司和保户双方满意。

## 二、汽车理赔的含义、特点及原则

### （一）汽车理赔的含义

汽车理赔是指保险车辆在发生保险责任范围内的损失后，保险人依据汽车保险合同的约定解决赔偿问题的过程。

### （二）汽车理赔的特点

汽车保险与其他保险不同，其理赔工作也具有显著的特点。理赔工作人员必须对这些特点有一个清醒和系统的认识，了解和掌握这些特点是做好汽车理赔工作的前提和关键。

1．被保险人的公众性

我国汽车保险的被保险人曾经是以单位、企业为主，但是，随着个人拥有车辆数量的增加，被保险人中单一车主的比例将逐步增加。这些被保险人的特点是他们购买保险具有较大的被动色彩，加上文化、知识和修养的局限，他们对保险、交通事故处理、车辆修理等知之甚少。另外，由于利益的驱动，检验和理算人员在理赔过程中与其交流存在较大的障碍。

2．损失率高且损失幅度较小

汽车保险的另一个特征是保险事故虽然损失金额一般不大，但是事故发生的频率高。保险公司在经营过程中需要投入的精力和费用较大，有的事故金额不大，但是，仍然涉及对被保险人的服务质量问题，保险公司同样应予以足够的重视。虽然从个案的角度看赔偿的金额不大，但是，积少成多也将对保险公司的经营产生重要影响。

3．标的流动性大

由于汽车的功能特点，决定了其具有相当大的流动性。车辆发生事故的地点和时间不确定，要求保险公司必须拥有一个运作良好的服务体系来支持理赔服务，主体是一个全天候的报案受理机制和庞大而高效的检验网络。

4．受制于修理厂的程度较大

在汽车保险的理赔中扮演重要角色的是修理厂，修理厂的修理价格、工期和质量均直接影响汽车保险的服务。因为大多数被保险人在发生事故之后，均认为由于有了保险，保险公司就必须负责将车辆修复，所以，在车辆交给修理厂之后就很少过问。一旦因车辆修理质量或工期，甚至价格等出现问题均将保险公司和修理厂一并指责。而事实上，保险公司在保险合同项下承担的仅仅是经济补偿义务，对于事故车辆的修理以及相关的事宜并没有负责义务。

5．道德风险普遍

在财产保险业务中，汽车保险是道德风险的“重灾区”。汽车保险具有标的流动性强，户籍管理中存在缺陷，保险信息不对称等特点，以及汽车保险条款不完善，相关的法律环境不健全和管理中存在的一些问题和漏洞，给了不法之徒可乘之机，汽车保险欺诈案件时有发生。

（三）汽车理赔工作应遵循的基本原则

汽车理赔工作涉及面广，情况比较复杂。在赔偿处理过程中，特别是在对汽车事故进行查勘工作过程中，必须提出应有的要求和坚持一定的原则。

1．树立为保户服务的指导思想，坚持实事求是原则

在整个理赔工作过程中，体现了保险的经济补偿职能作用。当发生汽车保险事故后，保险人要急被保险人所急，千方百计避免扩大损失，尽量减轻因灾害事故造成的影响，及时安排事故车辆修复，并保证基本恢复车辆的原有技术性能，使其尽快投入生产运营。

在现场查勘、定损、事故车辆修复以及赔案处理方面，要坚持实事求是的原则，在尊重客观事实的基础上，具体问题作具体分析，即严格按条款办事，又结合实际情况进行适当灵活处理，使各方都比较满意。

2．重合同，守信用，依法办事

保险人是否履行合同，就看其是否严格履行经济补偿义务。因此，保险方在处理赔案时，必须加强法制观念，严格按条款办事，该赔的一定要赔，而且要按照赔偿标准及规定赔足；不属于保险责任范围的损失，不滥赔，同时还要向被保险人讲明道理，拒赔部分要讲事实、重证据。

要依法办事，坚持重合同，诚实信用，只有这样才能树立保险的信誉，扩大保险的积极影响。

3．坚决贯彻“八字”理赔原则

“主动、迅速、准确、合理”是保险理赔人员在长期的工作实践中总结出的经验，是保险理赔工作优质服务的最基本要求。

## 三、理赔工作的模式

（一）国际成熟市场汽车保险理赔服务的模式及特点

国外专业从事车险理赔服务的机构数量较多，而且分工很细。保险公司与外部机构基于各自的利益，为达到使客户满意这一共同目的，特别重视相互之间的合作，他们既各司其职，又特别注重信息、资源的共享，主要体现在以下几个方面。

1．查勘、定损环节方面的合作

查勘、定损工作作为理赔服务的第一环，实际上也是保险公司对案件是否赔偿、赔偿多少的第一关，它直接关系到保险公司赔偿案件，所以保险公司都非常重视这一环节。

2．信息技术开发环节的合作

（1）提高查勘调度的合理性和实效性。美国第四大车险经营公司 Proressive 公司，采用 GPS 定位技术确定查勘人员位置，通过智能排班系统，查勘人员在很短时间内被派到出险现场，另外，通过电脑网络查询修理厂的排班情况，及时为客户提供送修服务。

（2）提高查勘定损的准确性。德国安联集团一直使用 Audatex 系统（现属于美国 ADP 公司），近期还使用 Glassmatix 估损系统，保证了车险理赔的规范、透明。

（3）提高接报案的及时性和方便性。日本安田火灾海上保险公司在车险理赔中使用 24 小时工作的事故受理报告系统，该系统与全国各地的 14 个理赔中心及全国 252 个理赔终端的远程计算机系统对应，客户从任何理赔终端都能得到保险公司的处理结果，并在 7 日内得到赔款。

（4）提高查勘定损效率。在我国的台湾地区，车险赔偿已经开始启用远程定损系统，保险公司定损员既可以当场定损，又可以通过因特网进行网上远程定损，客户和修理厂还可以上网查询

结果和配件价格，实现远程购买配件等功能。

3．提供多样化服务环节方面的合作

为客户提供全方位、多层次的服务是现代车险理赔的一大特点，其中，衍生服务已成为竞争的重要手段。在这方面做得最好的当属作为全球最大的保险市场的美国，美国保险公司与银行、电信、医院、警署、维修厂、玻璃店、救援公司、急救中心等外部机构的合作非常普遍。自 20 世纪 90 年代初开始，美国还出现了一种专门为汽车保险公司做损余处理的公司，大量专业机构的出现不仅提高了保险业的总体水平，而且促进了保险保障质量的提高和保险服务成本的降低。

### （二）当前我国保险市场汽车理赔服务的模式及其利弊分析

车险是我国国内保险市场上规模最大的险种业务，是我国财产保险业务的骨干险种。其业务量占财产保险的一半以上。2003 年，全国产险保费收入达到 892.4 亿元，有 544.6 亿元来自车险。2003 年，我国产险公司中，车险已决赔案件数高达 766 万多起，赔付率高达 60.87%。车险查勘、理算工程最大、成本高。在我国目前保险市场手续费高、费用率高、资金利用率低的状况下，创新车险理赔服务模式，挤压理赔水分，降低理赔服务成本，已成为改变目前我国车险经营亏损局面的重大课题之一。

1．我国的理赔服务模式

机动车辆具有流动性的特点，要求保险公司在经营，特别是在提供服务方面建立和完善与机动车辆特点相适应的服务体系或者服务机制，做好机动车辆出险后的处理工作，这种服务体系或机制主要是围绕在保险车辆出险后及时的援救、查勘、定损和修复方面，同时，还包括处理涉及第三者责任的案件。目前我国较为成熟和流行的模式是以保险公司自主理赔为主导的理赔服务模式，其特点如下。

（1）各自建立自己的服务热线，对被保险人实行全天候、全方位的服务，通过热线接受案件。

（2）各自建立自己的查勘队伍，自身配备齐全的查勘车辆和相应设备，接受自身客户服务中心的调度和现场查勘定损。

（3）各自建立自己的车辆配件报价中心，针对车险赔付项目所占比重高、对车险赔付率和经营利润影响大、同时又是最容易产生暴利的零配件赔款，各家保险公司都非常重视，组织专人从事汽车配件价格的收集、报价和核对工作。

（4）查勘定损的某个环节或服务辐射不到的某个领域才交由公估公司、物价部门、修理厂、调查公司等外部机构去完成。

2．目前我国汽车保险理赔服务模式的利弊分析

（1）自主理赔：即由保险公司的理赔部门负责事故的检验和损失理算。这种方式在我国保险业发展初期曾发挥了积极作用，但是随着我国加入 WTO，被保险人的保险消费意识也不断提高，这种模式的弊端便日益凸显出来，主要表现在以下两个方面。

① 资金投入大、工作效率低、经济效益差。对于保险公司自身来说，从就业到承保，从定损到核赔，每个环节都抓在手里，这种模式造成效率低下。庞大的理赔队伍，加上查勘车辆、设备的相应配置，大量人力、物力处理繁琐的估损理赔事务，导致其内部管理和经营核算的经济效益差，还常常出现业务人员查勘不过来，估损定不下来，材料交不过来的不正常现象。这种资源配置不合理性与我国保险公司要做大做强、参与国际竞争、培养核心竞争力、走专业化经营道路的要求相比，是不相适应的。

② 理赔业务透明度差。保险公司自己定损，对于被保险人来说，意味着定损结果违背了公正的基本原则和要求。对于这种矛盾，即使保险公司的定损结论是合理的，也往往难以令被保险人信服，致使理赔工作中易产生纠纷。尤其是在信息不对称的市场中，这种弊端就愈加突出。

（2）物价评估：即公安交通管理部门委托物价部门强制定损。这种方式因为保险双方当事人都不认可，不欢迎。中国保监会也曾发文予以抵制。

（3）保险公估：即由专业的保险公估公司接受保险当事人的委托，负责汽车的损失检验和理算工作，这也是国际上通行的做法。这种做法的好处有以下几方面。

① 可以减少理赔纠纷。由没有利益关系的公估人负责查勘、定损工作，能够更好地体现保险公司公平的特点，使赔偿过程公开、透明，避免了可能出现的争议和纠纷，防止以权谋私。

② 完善了保险市场结构。由专业公司负责查勘、定损工作，可以促进保险公估业的发展，进一步完善保险市场结构。

③ 可以促进保险公司优化内部结构，节省大量的人力、物力、财力。由于保险公司是按实际发生的检验工作量向公估公司支付检验费用的，因此能更真实地反映经营的真实情况。

## 四、理赔工作人员应具备的条件

如何改进我国传统的汽车保险理赔服务模式，提高工作效率，降低服务成本，已成为摆在我国汽车保险行业人员面前亟待解决的问题。所以要求从事车险理赔的工作人员，必须具备较高的政策水平和较丰富的业务知识。具体包括以下几方面。

（1）熟悉保险条款和有关业务规定。

（2）掌握相关专业知识。机动车辆种类繁多，特别是进口车型，要达到定责定损合理、准确，则要求理赔人员熟练掌握事故现场查勘要领，掌握和了解我国的道路交通法规及道路交通事故处理方法，熟悉机动车辆构造及其工作原理，了解事故车辆修理工艺，准确核定修理方式、工艺，准确掌握汽车配件价格，了解汽车配件市场动态。

另外，道路交通事故往往涉及第三者的人身伤亡、财产损失以及车上货物损失和人员伤亡。因此要求理赔人员还要了解和掌握很多相关的知识，以及赔偿标准。

一般来讲，理赔工作质量高低，能否把好理赔出口关，往往取决于理赔人员对所涉及的专业知识熟悉和掌握的程度。如果不懂有关专业知识，定责定损时就会无说服力，不可避免要出现漏洞，影响保险公司的声誉及经济效益。

（3）有深入实际、联系群众和实事求是的工作态度。

（4）树立廉洁奉公、以身作则的工作作风。

## 五、汽车理赔工作中的注意事项

### （一）收费停车场中丢车、刮蹭不赔

按照保险公司的规定，凡是车辆在收费停车场被盗，保险公司一概不负责赔偿。因为上述场所对车辆有保管的责任。因此，无论是车丢了，还是被刮蹭了，保险公司一概不管。正确的方式是找停车厂去索赔。

### （二）未年检的车出险不赔

在保险合同中有规定：车辆未检或检验不合格不属于保险责任。

(三)驾驶证未年审不赔

驾驶证没有年审，不能驾驶车辆，保险公司可以根据保险合同拒绝任何理赔。所以对于车主来说应该认真一点，该年审的时候就去年审。

(四)自车撞了自家人不赔

商业第三者责任险中的第三者通俗的讲，就是排除4种人：即保险人、被保险人、本车发生事故时的驾驶员、被保险人的家庭成员。不仅在车险中，在其他责任险中也有相关规定。

(五)未上牌照的车不赔

车辆在出险时，除合同另有约定外，保险车辆必须具备两个条件，一是保险车辆须有公安交通管理部门核发的行驶证和号牌，二是在规定期间内经公安交通管理部门检验合格。新车上牌之前，切记一定要保护好自己的车不被盗和被撞。

(六)报案不及时不赔

机动车辆保险条款基本险第28条、第30条和附加险全车盗抢险条款第4条规定，被保险人在保险车辆发生保险事故后应向事故发生地交警部门报案，同时一定要在48小时内报案，否则有可能直接被拒赔。

(七)撞人后精神损失费保险公司不赔

保险公司不是无条件地完全承担“被保险人依法应当支付的赔偿金额”，而是依照《道路交通事故处理办法》及保险合同的规定给予赔偿。保险条款明确规定了，因保险事故引起的任何有关精神损害赔偿为责任免除。

(八)要先向第三方索赔，同时向保险公司报案

在不幸出险后，被保险人必须先向第三方索赔，才有可能获得保险公司的赔偿。如果被保险人放弃了向第三方索赔的权利，而直接向保险公司索赔，保险公司拒绝赔偿。因为一旦放弃了向第三方追偿的权利，也就放弃了向保险公司要求赔偿的权利。

一旦出险且责任在对方，一定要先找对方赔，未果（最好是有法庭的强制执行未果的证明），才可以理直气壮地找保险公司赔偿。

(九)多保并不能多赔

给二手车投保，车主如果选择按新车购置价确定保险金额，一旦发生车辆全损，只能得到出险时二手车实际价值的赔偿，超额投保并不能得到超额的赔偿。

(十)其他情况

1．车撞墙了、掉沟的情况

车辆发生撞墙、水泥柱、树等不涉及向他人赔偿的事故时，直接向保险公司报案，征求保险公司意见，出具相关证明或在事故现场等候保险公司来人查勘。

2．车自燃

如果车内起火了，应立即停车、灭火，向交警、消防队报警，同时通知保险公司。注意向处理事故的交警、消防部门索取责任认定书或火灾证明。

3．车在外地出事

车辆在外地出事，可以向所投保的保险公司报案，也可以向当地的保险公司报案，当地的保险公司会派出专业人员协商处理事故、核定事故损失。

# 第二节 汽车理赔主要工作内容及程序

## 一、被保险人的索赔程序

车辆出险后，被保险人一般索赔程序如图 5-1 所示。

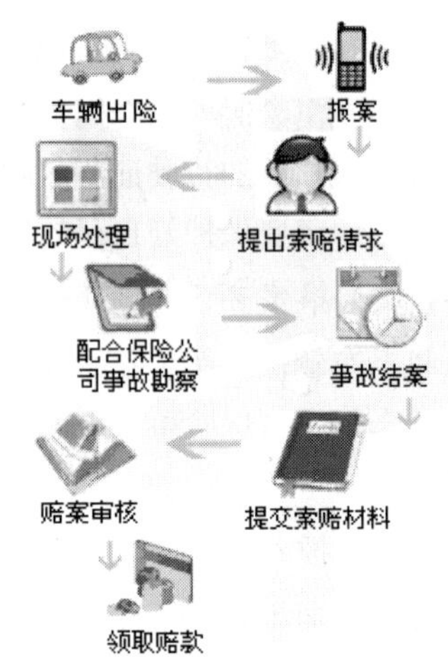

图 5-1　被保险人的索赔程序

在车辆发生事故后，被保险人向保险公司索赔，必须按一定程序并向保险公司提供规定的凭据。首先必须清楚保险索赔的条件，事故车辆必须同时具备以下四个条件。

（1）属于投保车辆的损失。

（2）属于保险责任范围内的损失。

（3）不属于除外责任。

（4）属于必要的合理费用。

在满足保险理赔条件的前提下，被保险人出现交通事故后首先要做的是及时报案。除了向交通管理部门报案外，还要及时向保险公司报案。一方面让保险公司知道投保人出了交通事故，另一方面也可以向保险公司咨询如何处理、保护现场。保险公司会指导被保险人如何向对方索要事故证明等。车主在索赔时的基本流程如下。

（1）出示保险单证。

（2）出示行驶证。

（3）出示被保险人身份证。

（4）出示驾驶证。

（5）出示保险单。

（6）填写出险报案表。

（7）详细填写出险经过。

（8）详细填写报案人、驾驶员名称和联系电话。

（9）协助理赔员对事故车辆进行外观检查。

（10）审查保险公司定损单，若无异议签字认可。

（11）拿走车辆上的贵重物品。

（12）确认维修时间。

（13）车主将车辆交予维修站维修。

## 二、理赔主要工作内容及程序

机动车辆理赔工作主要分为以下几个环节。

### （一）受理案件

包括接受报案，出险通知，查核保单信息，安排查勘，立案。

1．接受报案

出险报案是被保险人必须履行的义务。也可以由被保险人的代理人或经纪人报案。保险合同规定，发生保险责任事故后，被保险人要立即通知保险人。报案时间是有严格限制的。保险合同规定，被保险人遇到保险责任事故后，必须在规定的时间内通知保险人。

出险报案可采取以下三种形式。

（1）上门报案。由申请人直接到保险公司报案。

（2）电话（传真）报案。客户因故无法上门报案的，也可以通过电话、传真等现代通信工具向保险公司报案并索取报案号。保险公司电话如人保：95518，太保：95500，平安：95512，中华：95585，大地：95590。

（3）业务员转达报案。随着业务员服务理念的不断提升，在客户发生保险事故后，业务员可以在慰问客户时了解客户出险情况，在得到客户认可后向公司转达报案。

2．出险通知

报案时须填写出险通知书，出险通知的内容一般包括被保险人的姓名、地址、保险单证号码、出险的时间、地点、简单原因、事故形态、受损人身的部位以及厂牌、车型、牌照、联系地址和联系方式等。

其中还要详细填写保险汽车的种类及生产日期、第一次申领牌照日期、发动机号码等；出险原因及经过包括：事故形态，如正碰、侧碰、追尾碰撞、倾覆、火灾、失窃等；事故原因，如超速、逆向行车、倒车不当等；发生事故前车辆的动态，如行驶方向、行驶速度、超车、转弯等；撞击部位，如车头、车中、车尾等；涉及的第三者情况：姓名、住址、电话，以及第三者车辆损失情况（车牌号码、保险单号码、受损情形及承修场所），或其他财产损失情况；涉及第三者伤害的，包括伤亡者姓名、性别、受伤情形和所救治的医院名称、地址等。

3．查核保单信息

根据被保险人的口头或书面出险通知，理赔内勤应及时从电脑存档中打印保险单副本，由业务内勤抄录或者复印保险单副本和批单一份，并在所抄单底上注明抄单日期，加盖私章或签名，经复核人员复核盖章。理赔人员收到抄录的或复印的保险单底后，要与报案记录内容详细核对。

主要是查验承保情况，首先通过查验投保险别来初步判断事故是否属于保险责任；其次查验保险金额是否足额投保，看是否处于保险期间，若查验结果属于保险责任，尽快立案；不属保险责任，拒赔并书面形式说明理由。

4．安排查勘

理赔人员应根据报案通知和保险底单内容，及时向本部门负责人报告，经负责人审视案情后，安排外勤人员进行现场查勘，或委托代理查勘。

若是本公司人员查勘可以根据任务直接安排；如果是需要代理查勘的，要安排异地出险，由当地分支机构代理查勘。并且代理查勘的，需将其名称登记在立案登记簿上。

5．立案

在查抄底单并向本部门负责人报告案情后，凡属可以受理的案件，理赔人员均应及时在“出险立案登记簿”上统一编号，正式确立案件。

### （二）现场查勘

现场查勘是了解出险情况、掌握“第一手”材料和处理赔案的重要依据。现场查勘的主要内容包括：查明出险地点、出险时间、出险原因与经过。现场查勘的其他任务为：施救整理受损失的财产、妥善处理损余物资、索取出险证明、核实损失数额。现场查勘总的要求是要准备充分，及时深入事故现场，按照保险合同规定和尊重事实的原则，依靠地方政府和企业部门及广大人民群众的支持和协助，认真调查分析，做到“现场情况明、原因清、责任准、损失实”。

1．现场分类

出险现场是指发生交通事故地点上遗留的车辆、树木、人、畜等，与事故有关的物体以及其痕迹与物证等所占有的空间。

原始现场是指完整地保留着事故发生后的变化状态，可较好地为事故原因的分析与责任鉴定提供依据的事故现场，是最理想的现场。

变动现场指由于自然或人为原因，致使出险现场的原始状态发生改变的事故现场。

恢复现场指基于事故分析或复查案件的需要，为再现出险现场的面貌，根据现场调查记录资料重新布置恢复的现场。

现场原始状态发生改变的原因分析如下。

（1）正常原因。

① 抢救伤者；

② 保护不善：被过往车辆、行人破坏；

③ 自然因素：风吹、雨淋、日晒、下雪；

④ 疏通交通阻塞：主要干道、繁华地段；

⑤ 因任务需要而驶离现场：消防、救护、警备、工程救险车，首长、外宾、使节乘坐车；

⑥ 其他正常原因：当事人没有发觉。

（2）伪造原因。指当事人为逃避责任、毁灭证据或嫁祸于人，有意或唆使他人改变现场遗留物原始状态，或故意布置的现场。

（3）逃逸原因。指当事人为逃避责任而驾车逃逸，导致事故现场变动。

2．查勘准备

（1）查阅抄单：保险期限、承保的险种、保险金额、责任限额、缴费情况。

（2）阅读报案记录：被保险人名称，保险车辆车牌号；出险时间、地点、原因、处理机关、损失概要；被保险人、驾驶员及当事人联系电话。

（3）携带查勘资料及工具。

资料：出险报案表、报单抄件、索赔申请书、报案记录、现场查勘记录、索赔须知、询问笔录、事故车辆损失确认书。

工具：定损笔记本电脑、数码相机、手电筒、卷尺、砂纸、笔、记录本等。

3．查勘内容

查勘内容包括查明出险时间、查明出险地点、查明出险车辆情况、查清驾驶员情况、查明事故原因、施救整理受损财产以及核实损失情况。

4．查勘方法

沿车辆行驶路线查勘法：事故痕迹必须清楚。

由内向外查勘法：适于范围不大、痕迹与物件集中且事故中心点明确的出险现场。

由外向内查勘法：适于范围较大、痕迹较为分散的出险现场。

分段查勘法：适于范围大的事故现场。

5．查勘工作

查勘工作内容主要是收取物证、现场摄影、现场丈量、绘制现场图、填写现场查勘记录。

（1）收取物证意义在于物证是分析事故原因与责任的最为客观的依据，收取物证是现场查勘的核心工作。各种查勘技术、方法、手段均为收取物证服务。一般现场的一些散落物、附着物、痕迹作为物证呈现的类型，如制动印痕、车体泥土、玻璃碎片、车身刮痕、地面血迹等。

（2）现场摄影应把握先原始、后变动，先重点、后一般，先容易、后困难，先易消失与被破坏的，后不易消失与被破坏的原则。采用方位摄影、中心摄影、细目摄影、宣传摄影等摄影方式，运用相向拍摄、十字交叉、连续拍摄、比例拍摄等摄影方法。常见痕迹拍摄有碰撞痕迹、刮擦痕迹、断裂痕迹、制动拖印、血迹、细小痕迹。

（3）现场丈量主要内容。

量方位：（方向）公路走向；（直）中线与北向夹角；（弯）弯前直线中线与北向夹角和弯半径；（距离）选固定点为基准点，如里程碑、线杆等。

定现场（定位方法）：三点法、垂直法、极坐标法。

量路况：路面宽、路肩宽。

量车辆位置：轮胎外沿与地面接触中心点到道路边缘的垂直距离。

量制动印痕。

量接触部位：高度、面积。

量其他车、人、物的痕迹。

（4）绘制现场图，要求可以不工整，但必须内容完整，尺寸数字准确，物体位置、形状、尺寸、距离的大小基本成比例。

（5）填写现场查勘记录。具体内容见表 5-1。

表 5-1　　现场查勘记录

<table>
<tr><td colspan="5">机动车辆保险现场查勘记录</td></tr>
<tr><td colspan="2">被保险人：</td><td colspan="2">保单号码：</td><td>赔案编号：</td></tr>
<tr><td rowspan="6">保险车辆</td><td colspan="2">号牌号码：　是否与底单相符：</td><td>车架号码（VIN）：</td><td>是否与底单相符：</td></tr>
<tr><td>厂牌型号：</td><td colspan="2">车辆类型：　是否与底单相符：</td><td>检验合格至：</td></tr>
<tr><td>初次登记年月：</td><td colspan="2">使用性质：　是否与底单相符：</td><td>漆色及种类：</td></tr>
<tr><td colspan="2">行驶证车主：　是否与底单相符：</td><td>行驶里程：</td><td>燃料种类：</td></tr>
<tr><td>方向形式：</td><td>变速器类型：</td><td>驱动形式：</td><td>损失程度：□无损失<br>□部分损失<br>□全部损失</td></tr>
<tr><td>是否改装：</td><td colspan="2">是否具有合法的保险利益：</td><td>是否违反装载规定：</td></tr>
<tr><td rowspan="3">驾驶员</td><td>姓名：</td><td>证号：</td><td>领证时间：</td><td>审验合格至：</td></tr>
<tr><td>准驾车型：</td><td colspan="2">是否是被保险人允许的驾驶员：□是　□否</td><td>是否是约定的驾驶员：□是　□否<br>□合同未约定　□不详</td></tr>
<tr><td colspan="2">是否酒后：□是　□否　□未确定</td><td colspan="2">其他情况：</td></tr>
<tr><td>查勘时间</td><td colspan="2">（1）　是否第一现场：</td><td>（2）</td><td>（3）</td></tr>
<tr><td>查勘地点</td><td colspan="2">（1）</td><td>（2）</td><td>（3）</td></tr>
</table>

续表

| 机动车辆保险现场查勘记录 | | |
|---|---|---|
| 出险时间： | 保险期限： | 出险地点： |
| 出险原因：□碰撞 □倾覆 □火灾 □自燃 □外界物体倒塌、坠落 □自然灾害 □其他__________ | | |
| 事故原因：□疏忽、措施不当 □机械事故 □违法装载 □其他__________ | | |
| 事故涉及险种：□车辆损失险 □第三者责任险□附加险__________ | | |
| 专用车、特种车是否有有效操作证：□有 □无 | | |
| 营业性客车有无有效的资格证书：□有 □无 | | |
| 事故车辆的损失痕迹与事故现场的痕迹是否吻合：□是 □否 | | |
| 事故为：□单方事故 □双方事故 □多方事故 | | |
| 保险车辆车上人员伤亡情况：□无 □有 伤____人；亡____人。 | | |
| 第三者人员伤亡情况：□无 □有 伤____人；亡____人。 | | |
| 第三者财产损失情况： □无 □有 □车辆损失 号牌号码：______车辆型号： ______□非车辆损失__________ | | |
| 事故经过： | | |
| 施救情况： | | |
| 备注说明： | | |
| 被保险人签字： | 查勘员签字： | |

（三）损失确定

所谓定损就是指在现场查勘中，保险公司理赔人员要取得被保险人、公安交通管理部门和消防部门的配合，确认保险事故所造成的损失，包括对事故机动车辆及第三者财产的损失进行核定，逐项核实损失项目。到事故处理部门进行责任认定和事故调解。

制定修复方案，明确修理范围及项目，确定修复费用，并根据招标定修原则，确定维修厂家。当车辆进厂修理拆解后，发现有其他损坏的，保险公司理赔人员要进行复勘。

（四）索赔处理

要求被保险人尽快收集必要的索赔单证，10 日内向保险公司申请索赔。若被保险人在 2 年内不提供单证申请索赔，即作为自愿放弃索赔权益。在索赔时，根据事故的性质要求被保险人要提交相关的单证，在后面章节会详细介绍。

（五）赔案制作

包括责任审核、费用核定、赔损计算、综合报告、赔案审批等，并在 10 天内通知被保险人携带身份证到保险公司领取赔款。

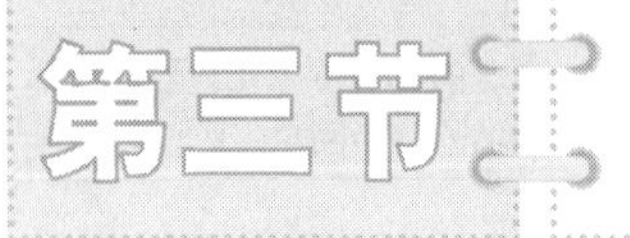

## 第三节 事故车辆的检验与定损

对于保险业，尤其是机动车辆保险业务，由于道路交通事故和其他事故多发，机动车辆保险赔付业务天天都有。因此，为了准确客观地无争议地完成保险赔付业务，对于一定规模的保险分支机构或物价管理部门都设置有专门的机动车辆验损中心，配有专职的定损和估价人员。事故车辆的损失确定具体工作内容包括车辆定损、人员伤亡费用确定、其他财产损失确定、施救费用和残值确定。

## 一、车辆定损

### （一）定损基本原则

首先确定是本次事故还是非本次事故。其次把握能修不换；能局部修，不整体修；能换零件，不换总成。最后准确确定工时费用，准确掌握换件价格。

### （二）定损程序

选派两名定损员工作，根据现场查勘记录，鉴定事故损伤部位及连带损伤部位。登记损坏零件（登记顺序：由前至后，由左至右，由外至内，内按总成分，适当灵活），将登记的零件进行修复与更换分类。并且快速确定维修方案，确定工时费用，确定材料费，签定“车辆损失情况确认书”，最后选厂送修。

### （三）定损注意问题

（1）判断本次事故损失和非本次事故损失。为了避免重复估价重复赔偿，工作人员可以根据事故部位痕迹来判断是本次事故损失还是非本次事故损失。有新脱落的漆皮痕迹和新的金属刮痕是本次事故，有油污和锈迹属于非本次事故。

（2）正常维护与事故损失的界限。车辆损失确定中，工作人员要把握住正常维护和事故损失的界限，因为保险人只能承担保险责任所致事故的损失。而常见的正常维护损失是除外的，如刹车失灵、机械故障、轮胎自身爆裂、零件锈蚀、朽旧、老化、变形、发裂等。所以已构成保险责任的，对事故损失部分负责，非事故损失部分不负责。

（3）事故损失坚持尽量修复原则。如被保险人或第三者提出扩大修理范围或应修理而要求更换的，超出部分费用应由其自行承担，并在定损确认书上明确注明。

（4）经保险人同意，对事故车辆损失原因进行鉴定的费用应负责赔偿。

（5）受损车辆解体后，如发现尚有因本次事故损失的部位没有定损的，可追加修理项目和费用。

（6）受损车辆未经保险人同意而由被保险人自行送修的，保险人有权重新核定修理费用或拒绝赔偿。

（7）换件残值应合理作价，如果被保险人接受，则在定损金额中扣除；如果被保险人不愿意接受，保险人拥有处理权。

### （四）换修原则

1．质量、寿命保证原则

修理后零件寿命应能达到新件寿命的80%以上，且与整车寿命匹配。

2．修理费用合理原则

（1）价值较低的，修理费用应不高于新件价格的30%；

（2）中等价值的，一般修理费用应不高于新件价格的50%；

（3）总成的修理费用，不可大于新件价格的80%。

3．确保行车安全原则

有关安全的零部件受损变形后，如无探伤条件，无法确定其内部是否受损时，就要更换。

4．无必要检测设备原则

凡可以校正，但无校正和检验设备来保证校正质量时，如轿车的稳定杆、桑塔纳轿车的发动机副梁、货车的传动轴等，受伤变形后要更换。

5．灵活掌握原则

（1）对大保户单位的车，尤其是领导乘坐的车，考虑到扩展业务的需要，对外观部件可适当放宽换件标准。

（2）对政府机关、公安、交警单位的领导用车，考虑到社会影响问题，对外观部件可适当放宽换件标准。

（3）对某些老旧车型，难购配件，尚可修理，修理费虽高，也要修复。

### （五）维修成本构成分析

1．维修成本＝修理工时费+材料费+其他费用

（1）修理工时费＝定额工时×工时单价

工时单价＝基本工时单价×车型系数

注：基本工时单价与修理厂的类别有关。

（2）材料费＝外购配件费+自制配件费+辅助材料费

外购配件费包括配件、漆料、油料等所需费用。

自制配件费按实际制造成本计算。

（3）其他费用＝外加工费+材料管理费

材料管理费指采购、装卸、运输、保管、损耗等费用。

2．收取标准

本地、本省、邻省：9%；

跨省、远处：18%；

单件配件价格低于 1 000 元：18%；

单件配件价格高于 1 000 元：10%；

3．工时种类

（1）拆装工时：显性工时、隐性工时和整车拆、装工时；

（2）换件工时；

（3）整形工时：钣金件因碰撞变形，对其整形复位所需工时；

（4）机修工时：对机械部分检查、调整、修理所需的工时；

（5）特种车修理工时；

（6）电工工时；

（7）调试工时；

（8）喷烤漆工时。

4．零配件的询报价

询报价在整个车辆定损过程中占有重要地位，对保险公司来说是准确定损、准确顺利地完成理赔的环节；对保户、修理厂是“有价有市”，能完成维修任务。因此大多保险公司都采用统一的方法，利用报价系统，如 PICC 事故车辆定损系统，但是要因地制宜，定损系统也应该实现“本地化”。

询报价常见问题如下。

（1）询价单中车型信息不准确、不齐全，甚至互相矛盾，造成无法核定车型，更无法确定配件，导致报价部门不能顺利报价。针对这种情况，一般要求准确填写标的的详细信息。

（2）配件名称不准确或配件特征描述不清楚。针对这种情况，一般要求选择准确的配件名称或规范的术语或相近的名称，并在备注栏加以说明，对于重要或特殊配件，查找实物编码或零件编码或上传照片。

（3）把总成与零部件混淆。针对这种情况，一般要求向配件商咨询或上传照片。

（4）有单个配件而报套件。针对这种情况，一般要求定损人员必须熟悉车辆结构和零配件市场供给情况。

（5）对老旧、稀有车型的配件报价，应准确核对车型，积极寻找通用互换件。

（6）报价后价格波动或缺货。报价有一定的时效，一般为 3～7 天，市场上货源紧张时价格上涨，所以报价、供货时间要快，避免涨价或缺货。

（7）无现货而必须订货的，原则上按海运价报价。

## 二、人员伤亡费用确定

受害人遭受人身损害，因就医治疗支出的各项费用以及因误工减少的收入，包括医疗费、误工费、护理费、交通费、住宿费、住院伙食补助费、必要的营养费，赔偿义务人应当予以赔偿。

受害人因伤致残的，其因增加生活上需要所支出的必要费用以及因丧失劳动能力导致的收入损失，包括残疾赔偿金、残疾辅助器具费、被抚养人生活费，以及因康复护理、继续治疗实际发生的必要的康复费、护理费、后续治疗费，赔偿义务人也应当予以赔偿。

受害人死亡的，赔偿义务人除应当根据抢救治疗情况赔偿上述受害人遭受人身损害规定的相关费用外，还应当赔偿丧葬费、被扶养人生活费、死亡补偿费以及受害人亲属办理丧葬事宜支出的交通费、住宿费和误工损失等其他费用。

受害人或者死者近亲属遭受精神损害，赔偿权利人向人民法院请求赔偿精神损害抚慰金的，适用《最高人民法院关于确定民事侵权精神损害赔偿责任若干问题的解释》予以确定。

（1）医疗费根据医疗机构出具的医药费、住院费等收款凭证，结合病历和诊断证明等相关证据确定。医疗费的赔偿数额，按照一审法庭辩论终结前实际发生的数额确定。器官功能恢复训练所必要的康复费、适当的整容费以及其他后续治疗费，赔偿权利人可以待实际发生后另行起诉。但根据医疗证明或者鉴定结论确定必然发生的费用，可以与已经发生的医疗费一并予以赔偿。

（2）误工费根据受害人的误工时间和收入状况确定。误工时间根据受害人接受治疗的医疗机构出具的证明确定。受害人因伤致残持续误工的，误工时间可以计算至定残日前一天。受害人有固定收入的，误工费按照实际减少的收入计算。受害人无固定收入的，按照其最近三年的平均收入计算；受害人不能举证证明其最近三年的平均收入状况的，可以参照受诉法院所在地相同或者相近行业上一年度职工的平均工资计算。

（3）护理费根据护理人员的收入状况和护理人数、护理期限确定。护理人员有收入的，参照误工费的规定计算；护理人员没有收入或者雇佣护工的，参照当地护工从事同等级别护理的劳务报酬标准计算。护理人员原则上为一人，但医疗机构或者鉴定机构有明确意见的，可以参照确定护理人员人数。

护理期限应计算至受害人恢复生活自理能力时止。受害人因残疾不能恢复生活自理能力的，可以根据其年龄、健康状况等因素确定合理的护理期限，但最长不超过20年。

受害人定残后的护理，应当根据其护理依赖程度并结合配制残疾辅助器具的情况确定护理级别。

（4）交通费根据受害人及其必要的陪护人员因就医或者转院治疗实际发生的费用计算。交通费应当以正式票据为凭；有关凭据应当与就医地点、时间、人数、次数相符合。

（5）住院伙食补助费可以参照当地国家机关一般工作人员的出差伙食补助标准予以确定。受害人确有必要到外地治疗，因客观原因不能住院，受害人本人及其陪护人员实际发生的住宿费和伙食费，其合理部分应予赔偿。

（6）营养费根据受害人伤残情况参照医疗机构的意见确定。

（7）残疾赔偿金根据受害人丧失劳动能力程度或者伤残等级，按照受诉法院所在地上一年度城镇居民人均可支配收入或者农村居民人均纯收入标准，自定残之日起按20年计算。但60周岁以上的，年龄每增加1岁减少1年；75周岁以上的，按5年计算。

受害人因伤致残但实际收入没有减少，或者伤残等级较轻但造成职业妨害严重影响其劳动就业的，可以对残疾赔偿金作相应调整。

残疾赔偿金的计算公式：

残疾赔偿金＝发生地全省年平均生活费×赔偿年限×残疾等级补偿比例×事故责任比例×（1−免赔率）

其中残疾等级补偿比例见表5-2。

表5−2 残疾等级补偿比例

| 残疾等级 | 1 | 2 | 3 | 4 | 5 | 6 | 7 | 8 | 9 | 10 |
|---|---|---|---|---|---|---|---|---|---|---|
| 补偿比例/% | 100 | 90 | 80 | 70 | 60 | 50 | 40 | 30 | 20 | 10 |

残疾辅助器具费按照普通适用器具的合理费用标准计算。伤情有特殊需要的，可以参照辅助器具配制机构的意见确定相应的合理费用标准。辅助器具的更换周期和赔偿期限参照配制机构的意见确定。

（8）丧葬费按照受诉法院所在地上一年度职工月平均工资标准，以6个月总额计算。

（9）被抚养人生活费根据抚养人丧失劳动能力程度，按照受诉法院所在地上一年度城镇居民人均消费性支出和农村居民人均年生活消费支出标准计算。被扶养人为未成年人的，计算至18周岁；被抚养人无劳动能力又无其他生活来源的，计算20年。但60周岁以上的，年龄每增加1岁减少1年；75周岁以上的，按5年计算。

被抚养人是指受害人依法应当承担抚养义务的未成年人或者丧失劳动能力又无其他生活来源的成年近亲属。被抚养人还有其他抚养人的，赔偿义务人只赔偿受害人依法应当负担的部分。被抚养人有数人的，年赔偿总额累计不超过上一年度城镇居民人均消费性支出额或者农村居民人均年生活消费支出额。

（10）死亡赔偿金按照受诉法院所在地上一年度城镇居民人均可支配收入或者农村居民人均纯收入标准，按20年计算。但60周岁以上的，年龄每增加1岁减少1年；75周岁以上的，按5年计算。

赔偿权利人举证证明其住所地或者经常居住地城镇居民人均可支配收入或者农村居民人均纯收入高于受诉法院所在地标准的，残疾赔偿金或者死亡赔偿金可以按照其住所地或者经常居住地的相关标准计算。被抚养人生活费的相关计算标准，也依照本款原则确定。

超过确定的护理期限、辅助器具费给付年限或者残疾赔偿金给付年限，赔偿权利人向人民法院起诉请求继续给付护理费、辅助器具费或者残疾赔偿金的，人民法院应予受理。赔偿权利人确需继续护理、配制辅助器具，或者没有劳动能力和生活来源的，人民法院应当判令赔偿义务人继续给付相关费用 5～10 年。

## 三、其他财产损失确定

其他财产包括本车上财产和第三者财产。

第三者财产损失是基于被保险人的侵权行为产生的，应根据民法的有关规定按照被损害财产的实际损失予以赔偿。

确定的方式可以采用与被害人协商，协商不成可以采用仲裁或者诉讼的方式。

1．第三者类别

包括行人、车上人、机动车辆、非机动车、车上货物、道路及设施、路旁花草树木、房屋建筑、路旁农田庄稼、电力和水利设施。

2．市政设施

确定市政设施损失时，应注意该类事故损失的特点，即市政部门对肇事者索要的赔偿有处罚性质及间接损失的赔偿。因此，在定损过程中，定损员应区分第三者索赔中哪些为直接损失，哪些属于间接费用，哪些属于罚款性质。同时，为使定损合理，定损人员要准确掌握和收集当地损坏物的制造成本、安装费用及赔偿标准。

3．道路及设施定损

车辆倾覆后易造成对路面的擦痕和燃油对道路的污染。很多情况下路政管理部门都要求对路面进行赔偿，尤其是高速公路路段。道路两旁设施（护栏等）也可能因碰撞造成损坏。对以上损失，保险人有责任与被保险人一起同路政部门商定损失。

因道路及设施修复由路政部门组织，难以招标形式定损。

损失核定以路政管理部门为主，但定损人员须掌握道路维修及设施修复费用标准，定损范围只限于直接损坏部分。

对于路基路面蹋陷应视情况确定是否属于保险责任。若在允许的载重吨位，车辆通过情况下所造成的路基路面蹋陷，不在赔偿范围之内；若车辆严重超载，超过车辆允许吨位通过情况下，所造成的路基路面损失，应由被保险人自行赔偿，不在保险公司赔偿范围之内。

4．农田庄稼

车辆倾覆可能造成道旁农田庄稼（青苗）的损坏，此部分损失核定可参照当地同类农作物亩产量进行测算定损。

5．房屋建筑

对房屋建筑物的损失核定方面，除要求定损人员掌握有关建筑方面知识之外（建筑材料费用、人工费用），在定损方面最好采取招标形式进行。请当地建筑施工单位进行修复费用预算招标，这样一方面便于准确定损，另一方面也比较容易说服第三者（受害者）接受维修方案。

一般情况下各地市内绿化树木及草坪都有规定的赔偿标准及处罚标准。

6．第三者车上货物的损坏

对第三者损失定损中，实际定损费用往往与第三者向被保险人索要的赔偿费用有一定差距。

定损人员应向被保险人解释清楚，即只能对造成第三者实际损坏部分的直接损失进行赔偿，超出部分（如间接损失费用、处罚性质费用以及第三者无理索要的部分）由被保险人与第三者协商处理。

对于车上承运货物的损失，应会同被保险人和有关人员对受损货物逐项清理，以确定损失数量、损失程度和损失金额。在损失金额的确定方面应坚持从保险利益原则出发，注意掌握在出险当时标的具有或者已经实现的价值，确保体现补偿原则。

对车上货物损失查勘定损时，应掌握以下原则。

（1）立即派员前往现场。

（2）查勘定损人员对车上货物查勘定损时，只需对损坏的货物进行数量清点，并分类确定其受损程度。丢失、哄抢造成的货物损失，保险人概不负责。

（3）对易变质、易腐烂的物品征得公司领导同意后，应尽快现场变价处理。

（4）对机电设备损坏程度的确定，应联系有关部门进行技术鉴定。对机电类设备坚持以修复为主的定损原则。可换局部的，不换总成，一般不轻易作报废处理决定。对确实已达报废程度，无修理恢复可能的，可作报废处理，但必须将残值折归被保险人。

## 四、施救费用和残值确定

1．施救费用

（1）车辆发生火灾，应当赔偿被保险人使用他人非专业消防单位的消防设备的合理费用及设备损失。

（2）车辆出险后，失去行驶能力，雇用吊车及其他车辆进行抢救的费用，以及将出险车辆拖运到修理厂的运输费用。

（3）抢救过程中，因抢救而损坏他人的财产，应由被保险人赔偿的。但抢救人员个人物品的丢失，不予赔偿。

（4）抢救过程或拖运途中，发生意外事故造成损失扩大部分和费用支出增加部分，如果该抢救车辆是被保险人自己或他人义务派来抢救的，应予赔偿；如果该抢救车辆是受雇的，则不予赔偿。

（5）出险，被保险人奔赴肇事现场处理所支出的费用，不予负责。

（6）保险人只对保险车辆的施救保护费用负责。例如，保险车辆发生保险事故后，受损保险车辆与其所装货物同时被施救，应按保险车辆与货物的实际价值进行比例分摊赔偿。

（7）保险车辆为进口车或特种车，发生保险事故后，当地确实不能修理，经保险人同意后去外地修理的移送费，可予适当负责。但护送保险车辆者的工资和差旅费，不予负责。

（8）施救、保护费用与修理费用应分别理算。但施救前，如果施救、保护费用与修理费用相加，估计已达到或超过保险金额时，则可推定全损予以赔偿。

（9）保险车辆发生保险事故后，对其停车费、保管费、扣车费及各种罚款，保险人不予负责。

2．残值

残值处理指保险公司根据保险合同履行了赔偿并取得受损标的所有权后，对于这些受损标的的处理。

通常情况下，对于残值的处理均采用协商作价归还被保险人的做法，并在保险赔款中予以扣除。如协商不成，也可以将已经赔偿的受损物资收回。这些受损物资可以委托有关部门进行拍卖处理，处理所得款项应当冲减赔款。一时无法处理的，则应交保险公司的损余物资管理部门收回。

# 第四节 赔款理算

在进行赔款理算之前，保险公司相关工作人员要核对有关的索赔单证材料和发生事故的驾驶员的“机动车驾驶证”及保险车辆“机动车行驶证”的原件和复印件，核对无误后留存复印件。在审核索赔单证材料时，对于不符合规定的项目和金额应予以剔除；对于有关的证明和资料不完整的，应及时通知被保险人补充提供有关的证明和资料。

对被保险人提供的各种必要单证审核无误后，理赔人员根据保险条款的规定，迅速审查核定，对车辆损失险、商业第三者责任险、附加险、施救费用等分别计算赔款金额，并将核定计算结果及时通知被保险人，保险人应在与被保险人达成协议后10日内支付赔款。

在进行赔款理算时，由于保险费率的放开，各保险公司的理算结果会有所不同，应严格按照相关保险条款和保险单的合同要求进行。

以我国财产保险的赔款为例，其计算方式主要有三种。

（1）第一损赔偿方式。该方式将保险财产的价值分为两部分，其中一部分为保额，也就是保险人应该负责的第一部分损失；而超过保额的另一部分，则为第二损失部分，它与保险赔偿责任无关。

（2）比例赔偿方式。在该方式下，在发生保险事故造成损失后，按照保险金额与出险时保险财产的实际价值（或重置价值）的比例来计算赔款。

（3）限额赔偿方式，限额赔偿方式通常分为两种：一是超过一定限额赔偿；二是不足限额赔偿。

## 一、赔款计算

在赔偿顺序上，交强险是第一顺序，商业机动车保险是第二顺序。

赔款计算，是理算人员根据被保险人提供的经审核无误的有关费用单证，对交强险、车辆损失险、第三者责任险、附加险及施救费用等分别计算赔偿金额。

### （一）交强险赔款计算

交强险实施后，赔偿的原则是由交强险先进行赔付，不足的部分再由商业三者险来补充。组合购买交强险和商业三者险时，保障额度也不是两个险种额度的简单相加。

**【案例1】**

A、B 两车发生追尾事故，但未发生人员伤亡，仅发生车辆损失，A 车是肇事方负全责，B 车为被追车无责。两辆车都投保交强险，赔偿时，A 车将对 B 车进行有责赔偿，最高赔 2 000 元，不足部分由商业三者险补充。B 车虽无责，但在交通事故中，两辆车互为第三方，被追车也需给 A 车赔偿，但限额最高 400 元。

交通事故中两方都有责任，也先按责任限额赔偿如表 5-3 所示。如果 A、B 两车相撞造成车辆损失，两车都需按责在 2 000 元限额内赔偿，如 A 车损失超过 2 000 元，超出部分需要 B 车另外支付，这也可以由商业三者险来补充。

表 5-3 机动车交通事故责任强制保险责任限额

| 被保险车辆责任情况 | 死亡伤残赔偿限额 | 医疗费用赔偿限额 | 财产损失赔偿限额 |
|---|---|---|---|
| 被保险机动车交通事故中有责任 | 110 000 元 | 10 000 元 | 2 000 元 |
| 被保险机动车交通事故中无责任 | 11 000 元 | 1 000 元 | 100 元 |

### （二）车辆损失险赔款计算

在汽车保险合同有效期内，保险车辆发生保险责任范围内的事故而遭受的损失或费用支出，保险人按以下规定赔偿。交通事故的经济赔偿部分，以《道路交通事故处理办法》及出险当地的道路交通事故处理规定为原则计算赔款。

1．车辆出险时实际价值的确定方法

汽车发生事故推定全损后，如何确定发生事故前车辆原有的实际价值，目前我国还没有一个比较准确的核定方法。因为车辆的使用条件、环境以及车辆的维护保养情况千差万别，同样一种车型，同时投入运行，但其使用强度以及车辆状况的差异，也就是车辆的实际价值可能悬殊很大。

现在确定车辆实际价值通常的做法是按照国家关于汽车使用更新报废条件中的使用年限，比例现行车辆重置价值采取按使用年限折旧的方法予以确定。也可以按各地汽车交易市场同一车型、同一使用年限的车辆交易平均价格参照确定。

折旧按每满一年扣除一年计算，不足一年的部分，不计折旧。

2．免赔率

免赔率是指汽车保险每次赔款计算中，应按规定扣除的按责免赔比例。免赔率的高低与被保险人承担的事故责任成正比。负全部或单方事故责任免赔 20%，负主要责任的免赔 15%，负同等责任的免赔 10%，负次要责任的免赔 5%。

事故责任比例免赔率见表 5-4。

表 5-4 事故责任比例免赔率

| 责任情况 | 一般公司免赔率 | 人保（家庭自用、非营业）免赔率 |
|---|---|---|
| 全部责任 | 20% | 15% |
| 主要责任 | 15% | 10% |
| 同等责任 | 10% | 8% |
| 次要责任 | 5% | 5% |
| 单方肇事 | 20% | 15% |

此外，还要考虑违反安全装载规定的免赔率、同一保险年度内多次出险每次加扣的免赔率、非约定驾驶员驾驶保险车辆肇事后需要加扣的免赔率。

3．车辆全部损失的赔款计算

汽车全部损失是指保险标的因碰撞、倾覆或火灾事故造成车辆无法修复整车损毁；或保险标的受损严重，车辆修复费用极高，基本上接近于保险车辆的保险金额，已失去修复价值；或按国家有关汽车报废条件，达到报废程度，由保险公司的查勘定损人员推定全损。车辆全损赔付款计算公式如下。

（1）保险金额高于保险事故发生时被保险机动车实际价值时：

赔款 =（实际价值−残值−交强险赔偿金额）× 事故责任比例 ×（1−免赔率之和）

（2）保险金额等于或低于保险事故发生时被保险机动车实际价值时：

赔款 =（保险金额−残值−交强险赔偿金额）× 事故责任比例 ×（1−免赔率之和）

计算公式中的按事故责任分担损失的比例是根据国务院第 89 号令《道路交通事故处理办法》第 35 条规定：交通事故责任者应当按照所负交通事故责任承担相应的损害赔偿责任。交通事故责任认定划分为全部责任，主、次责任，同等责任。全部责任（含单方肇事事故）承担事故所造成的全部损失；主、次责任通常情况下按 7∶3 比例分担事故所造成的全部损失，也有按 9∶1、8∶2 或 6∶4 比例分担损失的；同等责任按 5∶5 分担事故所造成的全部损失。

4．车辆部分损失的赔款结算

车辆部分损失是指保险车辆出险受损后，尚未达到“整体损毁”或“推定全损”的程度，仅发生局部损失，通过修复，车辆还可继续使用。

汽车部分损失的赔款计算，也应区分两种不同情况分别计算。

（1）保险金额按投保时新车购置价确定的，当保险金额等于或高于出险时新车购置价，部分损失按照实际修复费用赔偿。但每次以不超过保额或出险当时的实际价值为限，如果有残值应在赔款中扣除。

赔款 =（实际修复费用 × 残值）× 事故责任比例 ×（1−免赔率）

（2）按实际价值确定保险金额或协商价格确定保险金额的，当保险金额低于投保时的新车购置价，发生的部分损失按照保险金额与投保时的新车购置价比例计算赔偿。但每次以不超过保额为限，如有残值应在赔款中扣除。

赔款 =（实际修理费用−残值−交强险赔偿金额）× 事故责任比例 ×
（保险金额/投保时保险车辆的新车购置价）×（1−免赔率之和）

如果赔款大于等于实际价值，则按实际价值赔付，即：赔款 = 实际价值；如果赔款小于实际价值，则按实际计算出的赔款赔付。

### （三）第三者责任险赔款计算

保险车辆发生第三者责任事故时，应按《道路交通事故处理办法》及有关法规条例规定的赔偿范围、项目和标准以及保险合同的规定进行处理。在保险单载明的赔偿限额内核定、计算赔偿金额，对被保险人自行承诺或支付的赔偿金额，保险人有权重新核定或拒绝赔偿。计算赔款数额时，按以下两种情况采用不同的公式来计算。

（1）按事故责任比例应付赔偿金额超过赔偿限额：

赔款 = 赔偿限额 ×（1−免赔率）

（2）按事故责任比例应付赔偿金额等于或低于赔偿限额：

赔款 = 应付赔偿金额 ×（1−免赔率）

对被保险人自行承诺或支付的赔偿金额，如不符合《道路交通事故处理办法》规定的赔偿范围、项目和标准及保险合同规定，且事先未征得保险人同意，保险人在计算赔款时应扣除。

第三者责任险的保险责任为连续责任，保险车辆发生第三者责任事故，保险人赔偿后，每次事故无论赔款是否达到保险赔款限额，在保险期限内，第三者责任险的保险责任仍然有效，直至保险期满。

第三者责任事故赔偿后，对受害第三者的任何赔偿费用的增加，保险人不再负责。

### （四）其他主险、附加险赔款及施救费计算

1．全车盗抢险

（1）全部损失

赔款＝保险金额×（1−免赔率）

（2）部分损失

赔款＝实际修复费用−残值

注：赔款金额不得超过保险金额。

2．车上责任险

（1）车上人员伤亡费用或货物损失费用与所负责任比例之积没有超过赔偿限额：

赔款＝实际损失×所负责任比例×（1−免赔率）

（2）车上人员伤亡费用或货物损失费用与所负责任比例之积超过赔偿限额：

赔款＝赔偿限额×（1−免赔率）

3．无过失责任险

（1）损失金额未超过赔偿限额：

赔款＝实际损失×（1−20%）

（2）损失金额超过赔偿限额：

赔款＝赔偿限额×（1−20%）

4．车载货物掉落责任险

（1）损失金额未超过赔偿限额：

赔款＝实际损失×（1−20%）

（2）损失金额超过赔偿限额：

赔款＝赔偿限额×（1−20%）

5．玻璃单独破碎险

赔款＝实际损失

6．车辆停驶责任险

（1）未超过最高赔偿天数：

赔款＝约定日赔偿金额×约定修理天数

（2）超过最高赔偿天数：

赔款＝约定日赔偿金额×约定最高赔偿天数

7．自燃损失险

（1）全部损失：

赔款＝（保险金额−残值）×（1−20%)

（2）部分损失：

赔款＝（实际损失−残值）×（1−20%）

8．新增加设备损失险

（1）损失金额与所负责任比例之积未超过保险金额：

赔款 = 损失金额 × 所负责任比例 × （1−免赔率）

（2）损失金额与所负责任比例之积超过保险金额：

赔款 = 保险金额 × （1−免赔率）

9．不计免赔特约险

赔款 = 车损险免赔金额+第三者责任险免赔金额

10．施救费的计算

施救费用的赔偿是保险赔偿责任的一个组成部分，是在施救费用核定的基础上进行计算的。通常保险人只承担为施救费、保护保险车辆及其财务而支付的正常、必要、合理的费用，保险人在保险金额范围内按施救费赔偿；但对于保险车辆装载的货物、拖带的未保险车辆或其他拖带物的施救费用，不予负责。施救的财产中，含有本保险合同未保险的财产，如果两者费用无法划分，应按本保险合同财产的实际价值占总施救财产的实际价值的比例分摊施救费用。计算公式如下。

保险车辆施救费 = 总施救费 × 保险金额/（保险金额+其他被施救财产价值）

**【案例 2】**

某保险车辆的保险金额为 40 000 元，车上载运货物价值 30 000 元，发生属保险责任范围内的单方事故，保护与施救费用共支出 1 000 元。试计算应赔付的施救费用。

解：保险车辆施救费赔款 = 1 000 × 4 0000/（40 000+30 000）= 571.43 元

## 二、赔款计算案例分析

**【案例 3】**

甲车投保交强险、足额车损险、商业第三者责任险 20 万元，乙车投保交强险、足额车损险、商业第三者责任险 30 万元。两车互撞，甲车承担 70%责任，车损 5 000 元，乙车承担 30%责任，车损 3 500 元，按条款规定主要责任免赔率为 15%、次要责任免赔率为 5%，则甲、乙两车能获得多少保险赔款？

解：甲、乙两车的赔款理算分别如下。

（1）交强险赔偿。

作为甲车三者的乙车损失为 3 500 元，大于交强险中财产损失赔偿限额的 2 000 元，所以保险公司应赔偿甲车 2 000 元。

作为乙车三者的甲车损失为 5 000 元，大于交强险中财产损失赔偿限额的 2 000 元，所以保险公司应赔偿乙车 2 000 元。

（2）商业车险赔偿。

甲车车损险赔偿 = （实际损失−交强险赔付金额）× 事故责任比例 ×（1−免赔率之和）

= （5 000−2 000）× 70% × （1−15%）= 1 785 元

甲车三者险赔偿 = （三者损失金额−交强险赔付金额）× 事故责任比例 ×（1−免赔率之和）

= （3 500−2 000）× 70% × （1−15%）= 892.5 元

乙车车损险赔偿 = （实际损失−交强险赔付金额）× 事故责任比例 ×（1−免赔率之和）

= （3 500−2 000）× 30% × （1−5%）= 427.5 元

乙车三者险赔偿 =（三者损失金额−交强险赔付金额）× 事故责任比例 ×（1−免赔率之和）

=（5 000−2 000）× 30% ×（1−5%）= 855 元

（3）甲车赔款理算总额 = 2 000+1 785+892.5 = 4 677.5 元。

（4）乙车赔款理算总额 = 2 000+427.5+855 = 3 282.5 元。

**【案例 4】**

甲车投保交强险、车损险、商业第三者责任险 30 万元，乙车投保交强险、车损险、商业第三者责任险 20 万元，两车互撞，甲车损失 4 000 元，乙车损失 6 000 元，甲车无责任，乙车承担 100%责任，全责免赔率为 20%。则甲、乙两车能获得多少保险赔款？

解：甲、乙两车的赔偿分别如下。

（1）甲车赔偿。

交强险：6 000 元>限额 400 元，赔偿 400 元。

商业车损险、第三者责任险均因无责任而不赔偿。

（2）乙车赔偿。

交强险：损失 4 000 元>2 000 元，赔偿 2 000 元。

商业车损险：（6 000−4 00）× 100% ×（1−20%）= 4 480 元。

商业三者险：（4 000−2 000）× 100% ×（1−20%）= 1 600 元。

**【案例 5】**

甲车投保交强险及商业三者险 20 万元，发生交通事故后撞了一骑自行车的人，造成自行车上乙、丙两人受伤，财物受损，其中乙医疗费 7 000 元，死亡伤残费 50 000 元，财物损失 2 500 元，丙医疗费 8 000 元，死亡伤残费 35 000 元，财物损失 2 000 元，经事故处理部门认定甲车负事故 70%的责任。条款规定主要责任的免赔率为 15%。则甲车能获得多少保险赔款？

解：甲车赔款理算如下。

（1）交强险赔偿：

医疗费用 7 000+8 000>限额 8 000 元，所以赔偿 8 000 元。

死亡伤残 50 000+35 000>限额 50 000 元，所以赔偿 50 000 元。

财产损失 2 500+2 000>限额 2 000 元，所以赔偿 2 000 元。

（2）商业三者险赔偿：

纳入商业三者险赔偿的费用 = 医疗费用 7 000 元+死亡伤残费用 35 000 元+财产损失 2 500 元 = 44 500 元。

所以，商业三者险赔偿金额为 44 500 × 70% ×（1−15%）= 26 477.5 元。

## 三、缮制赔款计算书

计算完赔款以后，要缮制赔款计算书。赔款计算书是支付赔款的正式凭证，见表 5-5。赔款计算书应该分险别项目计算，并列明计算公式。赔款计算应用计算机出单，应做到各栏内容详细、填写项目齐全、计算准确。业务负责人审核无误后，在赔款计算书上签署意见和日期，然后送交核赔人员。

表 5–5　　　　　　　　　　　　　　机动车保险赔款计算书

保险单号　　　　　　　　　　　　　　　　　　　　　　　　　　　　立案编号

报案编号　　　　　　　　　　　　　　　　　　　　　　　　　　　　赔款计算书号

| 被保险人 | | | 条款类别 | | |
|---|---|---|---|---|---|
| 厂牌型号 | | 车辆购置价 | | 事故类别 | |
| 号牌号码 | | 车损险保险金额 | | 责任比例 | |
| 出险日期 | 年　月　日 | 第三者责任限额 | | 免赔比例 | |
| 出险地点 | | 保险期限 | 自　年　月　日零时起至　年　月　日 24 时止 | | |
| 分险别赔款计算公式 | | | | | |
| 交强险<br>医疗费用赔偿<br>死亡伤残赔偿<br>交强险损失赔偿 | | | | | |
| 支付抢救费用（人民币大写） | | | | | 元（￥：　元） |
| 垫付抢救费用（人民币大写） | | | | | 元（￥：　元） |
| 交强险赔款合计（人民币大写） | | | | | 元（￥：　元） |
| 车损险<br>第三者险<br>附加险 | | | | | |

| 鉴定费　元 | 代查勘费　元 | 诉讼、仲裁费　元 |
|---|---|---|
| 其他费用　元 | 预付赔款　元 | 损余物资/残值金额　元 |
| 商业保险赔款合计（人民币大写） | | |
| 赔款总计（人民币大写） | | |

| 经理签字：<br>年　月　日 | 主管签字：<br>年　月　日 | 核赔师签字：<br>年　月　日 | 经办人签字：<br>年　月　日 |
|---|---|---|---|
| 上级审批意见：<br>年　月　日 | | | |

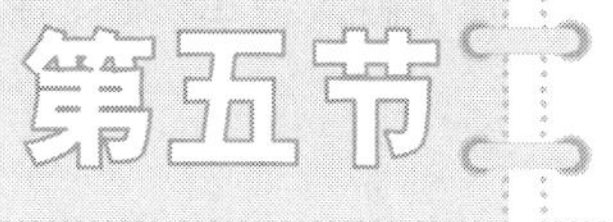

# 第五节 核赔及赔付结案

核赔是指汽车保险事故赔偿计算后，核赔员在授权范围内负责理赔质量，根据保险条款及保险公司内部相关制度对赔案进行审核。核赔不是简单地完成对单证的审核，而是对整个赔案处理过程所进行的控制，是保险公司控制业务风险的最后关口。核赔整体流程如图 5-2 所示。

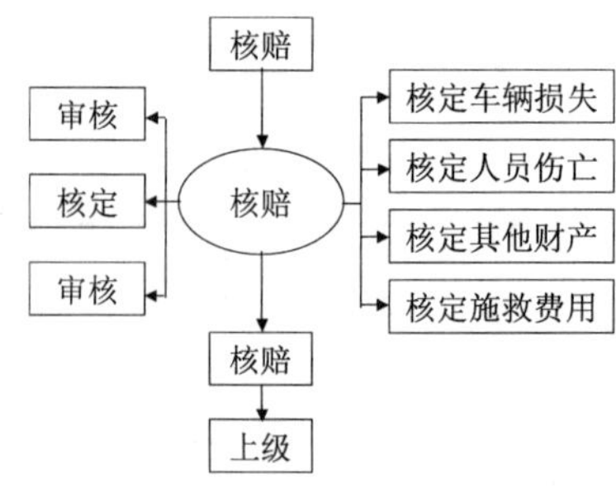


图 5-2 核赔流程

## 一、核赔的主要内容

1．审核单证

（1）审核被保险人提供的单证、证明及相关材料是否齐全、有效，有无涂改、伪造等。

（2）审核经办人员是否规范填写有关单证。

（3）审核相关签章是否齐全。

2．核定保险责任

（1）核定被保险人与索赔人是否相符。

（2）核定出险车辆的厂牌型号、牌照号码、发动机号码、车架号与保险单证是否相符。

（3）核定出险原因是否为保险责任。

（4）核定出险日期是否在保险期限内。

（5）核定赔偿责任是否与保险险别相符。

（6）核定事故责任划分是否准确合理。

3．核定车辆损失及赔款

包括核定车辆定损项目、损失程度是否准确、合理；更换零部件是否按规定进行了询问报价，定损项目与报价项目是否一致；换件部分的赔款金额是否与报价金额相符；残值确定是否合理等。

4．核定人员伤亡及赔款

根据查勘记录、调查证明和被保险人提供的事故责任认定书、事故调解书和伤残证明，依照国家有关道路交通事故处理的法律、法规规定和其他有关规定进行审核；核定伤亡人员数、伤残程度是否与调查情况和证明相符；核定人员伤亡费用是否合理；核定被扶养人姓名、年龄是否真实，生活费计算是否合理、准确等。

5．核定其他财产损失赔款

根据照片和被保险人提供的有关货物、财产的原始发票等有关单证，核定财产损失、损余物资处理等有关项目和赔款。

6．核定施救费用

根据案情和施救费用的有关规定，核定施救费用有效单证和金额。

7．审核赔付计算

审核残值是否扣除，免赔率使用是否正确，赔款计算是否准确等。如果上级公司对下级进行核赔，应侧重审核普通案件的责任认定和赔款计算的准确性；有争议赔款的旁证材料是否齐全有效；诉讼赔案的证明材料是否有效；保险公司的理由是否成立、充分；拒赔案件是否有充分证据和理由等。

8. 核赔权限

属于本公司核赔权限的，审核完成后，核赔人员签字并报领导审批。

属于上级公司核赔的，核赔人员提出核赔意见，经领导签字后，报上级公司核赔。

在完成各种核赔和审批手续后，转入赔付结案程序。

## 二、赔付结案处理

1. 结案登记

（1）业务人员根据核赔的审批金额，填发《赔款通知书》及赔款收据，被保险人在收到《赔款通知书》后在赔款收据上签章，财会部门即可支付赔款。

在被保险人领取赔款时，业务人员应在保险单正、副本上加盖“××年××月××日出险，赔款已付”字样的印章。

（2）被保险人领取赔款后，业务人员按照赔案编号，输录《保险车辆赔案结案登记》，同时在《报案、立案登记簿》备注栏中注明赔案编号与日期，作为续保时是否给付无赔款优待的依据。

2. 未决赔案

指截至规定的统计时间，已经完成定损、立案，尚未结案的赔款案件，或被保险人尚未领取赔款的案件。

3. 单据清分

赔付结案时，应进行理赔单据的清分。

一联赔款收据交被保险人；

一联赔款收据连同一联赔款计算书送会计部门作付款凭证；

一联赔款收据和一联赔款计算书或赔案审批表，连同全案的其他材料作为赔案案卷。

4. 案卷管理

赔案卷应按照一案一卷整理、装订、登记、保管。赔款案卷应单证齐全，编排有序，目录清楚，装订整齐，照片与原始单证应粘贴整齐并附必要的说明。

一般的理赔案卷单证包括赔款计算书、赔案审批表、出险通知书、汽车保险单及批单的抄件、事故责任认定书、事故调解书、判决书或其他出险证明文件、现场查勘报告、保险车辆定损协议书及其财产损失清单、询报价单、第三者及车上人员伤亡的费用清单、照片、有关原始单据、权益转让书，以及其他有关的证明与材料等。

## 三、理赔工作监督管理

### （一）车险理赔监督

1. 监督方式

（1）外部监督：主要是保监会或者行业公会（协会）的监督。外部监督可以真正形成压力，可塑造企业形象，增强消费者信任。

（2）内部监督：主要是内部建立监控和管理体系，对业务、财务和审计进行的监督。

2. 赔案周期

赔案周期，指从保险事故发生到保险公司向被保险人支付赔款的期间。分事故外部处理期间和公司内部处理期间。外部处理指有关部门对于一起交通事故的处理期间；内部处理指接索赔资料后，进行理算和处理的周期，这取决于保险公司的内部管理水平。

赔案周期主要受事故处理部门的处理时间长短以及理赔、核赔和划付赔款的时间长短的影响。因此为了缩短赔案周期，增强效率，应建立各环节工作时限制度、监督和责任追究等管理机制；应提高理赔员业务水平，避免效率低；应加强理赔员职业道德培养，增强服务意识。

3．加强未决赔案管理机制

首先加强立案管理，杜绝报案等同于立案等不正确做法；其次加强撤案管理；最后加强结案管理。认真对未决赔案的产生加以分析，找出原因，杜绝因管理问题、技术问题以及服务质量问题等非正常原因而造成的未决赔案。

4．内控制度

（1）定期检查制度。即由公司职能部门定期对经营单位进行全面业务检查。主要内容有查勘、理算、案件管理和赔款支付等工作。

（2）专项检查制度。指根据经营中发现的问题，对于某一类工作进行专门检查。

（3）案件回访制度。指针对某些特定客户群或特殊类型案件，理赔结束后回访。如重大案件或投诉案件，在结案后可进行回访。

（4）客户满意度调查制度。指对被保险人进行问卷调查，了解被保险人对保险公司工作的满意程度。通过对回收问卷的统计分析，发现问题，改善服务水平。

（二）车险理赔指标控制

1．赔付率指标

指一定时期内保险赔款支出与保费收入的比率。

2．理赔效率指标

包括理赔周期、立案率、结案率等。

理赔周期指当年结案案件从报案到结案的平均时间。

立案率指当年立案件数与当年有效报案数的比例。

结案率指当年已结案件数占已结案件件数与未决赔案件数总量的比例。

3．车险估损准确性指标

可依据初始估损金额与理算定损金额的差异程度进行考核。有时保险估价与核价不一致。

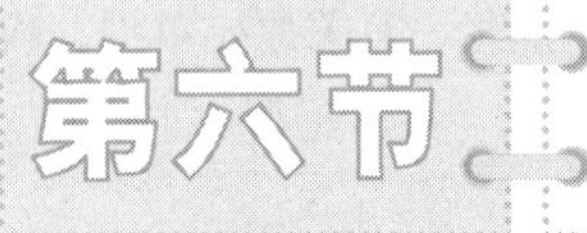

## 第六节 特殊案件的处理

### 一、简易赔案

在实际工作中，有很多案件案情简单，出险原因清楚，保险责任明确，事故金额低，可在现场确定损失。为简化手续，方便客户，加快理赔速度，根据实际情况可对这些案件实行简易处理，称为简易赔案。

实行简易赔案处理的理赔案件必须同时具备以下条件。

（1）不涉及第三者，只是保险人单方车辆损失的案件。

（2）车辆损失险条款列明：自然灾害和被保险人或允许的合格驾驶员或约定的驾驶员肇事导致的车损险案件。

（3）案情简单，出险原因清楚，保险责任明确，损失容易确定。

（4）车损部位可以一次核定，且事故损失金额在 5 000 元以下。

（5）受损的零部件按照公司询报价系统可准确定价。

## 二、疑难案件

疑难案件分争议案件和疑点案件两种情况。

（1）争议案件：指保险人和被保险人对条款理解有异议或责任认定有争议的案件。在实际操作中应采用集体讨论研究、聘请专家论证和上级公司请示等方式解决，保证案件圆满处理。

（2）疑点案件：指赔案要素不完全、定损过程中存在疑点或与客户协商不能达成一致的赔案。

疑难案件调查采取以下四种形式。

（1）由查勘定损人员对在查勘定损过程中发现的有疑点的案件，通过认真询问当事人和见证人并做好笔录等方式进行调查，对疑点问题必须调查落实。

（2）由客户服务中心综合岗对在赔案制作和审批过程中发现有疑点的案件，通过熟悉案情、拟订调查方案、实施调查等步骤进行调查。

（3）由纪检监察部门或专门人员对群众举报的骗赔、错赔案件和虚假赔案进行调查。

（4）由客户服务中心综合岗对重大伤人案件调查。

## 三、注销案件

注销案件指保险车辆发生保险责任范围内的事故，被保险人报案、立案后未行使保险金请求权致使失效注销的案件。它分为超出索赔时效注销和主动声明放弃索赔权利注销两种情况。

对超出索赔时效注销，即自被保险人知道保险事故发生之日起两年内未提出索赔申请的案件，由业务处理中心在两年期满前 10 天发出《机动车辆保险结案催告、注销通知书》。被保险人仍未索赔的，案件报业务管理处（科）后予以注销处理。

对主动声明放弃索赔权利注销的案件，在业务处理中心发出《机动车辆保险结案催告、注销通知书》后，由被保险人在回执栏签署放弃索赔权利意见。案件报业务管理部门后予以注销处理。

## 四、拒赔案件

对有些案件，根据《保险法》、《机动车辆保险条款》等有关规定不属于赔偿范围的，保险公司应予以拒赔。拒赔的案件必须具有确凿的证据和充分的理由。拒赔前，应向被保险人明确说明原因，认真听取意见并向被保险人做好解释。拒赔分立案前拒赔和立案后拒赔。

立案前拒赔是指受理报案时，根据查阅的底单信息，对于超出保险期限、未投保险种出险等明显不属于保险责任的情形，明确告知报案人拒赔理由，并作出拒赔处理。

立案后拒赔是指案件确立后，由客户服务中心查勘定损人员经查勘后发现不属于保险责任，或由业务处理中心在赔款理算过程中发现不属于理赔责任，并经业务管理部门最终审批确定应拒赔的案件，给予拒赔处理。

## 五、预付案件

预付案件是指某些特殊案件需要预付部分赔款。常见预付案件包括两种情况：可确定最低金额预付案件和重大赔案预付案件。

可确定最低金额预付案件是指根据《保险法》的规定，保险人自收到赔偿或者给付保险金的请求和有关证明、资料之日起60日内，对其赔偿或者给付保险金的数额不能确定的，应当根据已有证明和资料可以确定的最低数额先予支付；待保险人最终确定赔偿或者给付保险金的数额后，再支付相应的差额部分。

重大赔案预付案件是指伤亡惨重、社会影响面大，被保险人无力承担损失的重大案件，经审核确定为保险责任，但赔款金额暂不能确定的，可在估计赔偿金额的一定比例范围内先行预付，最终确定赔偿金额后，支付相应差额。

## 六、代位追偿案件

代位追偿案件是指在汽车保险中，由于第三者过错致使保险标的发生保险责任范围内的损失，保险人按照保险合同给付了保险金后，依法取得向对损失负有责任的第三者进行追偿权利的案件。代位追偿案件的实施原则如下。

（1）代位追偿必须是发生在保险责任范围内的事故。

（2）代位追偿是《保险法》和《机动车辆保险条款》规定的保险人的权利，根据权利与义务对等的原则，代位追偿的金额应在保险金额范围内，根据实际情况接受被保险人全部或部分权益转让。

（3）履行代位追偿以后，追偿工作必须注意债权债务的法律时效问题。

## 七、救助案件

救助案件是指对投保机动车辆保险附加救助特约责任范围内的出险车辆，实施救助理赔的案件。救助案件处理过程是：接受案件并抄单→通知救助协作单位→救助单位实行救助并反馈，被保险人予以确认→立案→核对并缮制赔案→支付赔款→救助协作单位→财务中心支付预付款。

# 汽车理赔计算案例分析

## 一、我国汽车第三者责任险事故理赔计算

### 【案例1】

甲车投保了车辆损失险及第三者责任险（限额5万元）。在保险有效期内出车时，因雾大路滑，超车且占道行驶，与对面驶来的乙车相撞，造成对方车辆损失严重，驾驶人受重伤。经交通事故处理机关现场查勘认定，甲车负全部责任。甲车投保的保险公司经对乙车查勘定损核定车辆损失为40 000元，乙车驾驶人住院医疗费15 000元，其他费用（护理费、营养费、误工费等）按规定核定为5 000元。以上两项，交通事故处理机关裁定甲车（即被保险人）应承担赔偿费用为60 000元，已超过第三者责任险赔偿限额，试计算甲车保险公司应赔付甲车第三者责任险的赔款金额。

解：保险赔款 = 赔偿限额 × (1 − 免赔率) = 50 000 × (1 − 20%) = 40 000 元

假如甲车造成乙方的损失恰好是50 000元，则甲车保险公司应付甲车赔款数为：

保险赔款 = 赔偿限额 × (1 − 免赔率) = 50 000 × (1 − 20%) = 40 000 元

假如甲车造成乙方的损失应付赔偿金额是40 000元，则甲车保险公司应付甲车赔款数为：

保险赔款 = 应付赔偿金额 × (1 − 免赔率) = 40 000 × (1 − 20%) = 32 000 元

【案例 2】

甲、乙两车在行驶中不慎发生严重碰撞事故。经查证，两车均投保了车损险和第三者责任险，其中甲车车损险保险金额为 30 000 元，新车购置价为 50 000 元，第三者责任险限额为 50 000 元；乙车车损险保险金额为 80 000 元，保险价值为 80 000 元，第三者责任险限额为 50 000 元。经交通事故处理机关现场查勘分析认定甲车严重违章行驶，是造成本次事故的主要原因，应承担本次碰撞事故的主要责任，负担本次事故损失费用的 70%，乙车措施不当，负本次事故的次要责任，负担本次事故损失费用的 30%，经甲、乙双方保险公司现场查勘定损核定损失如下。

甲车：车损为 20 000 元，驾驶人住院医疗费 10 000 元，按规定核定其他费用（护理费、误工费、营养费等）2 000 元。

乙车：车损为 45 000 元，驾驶人死亡，按规定核定费用为 25 000 元（含死亡补偿费、被抚养人生活费），一乘车人受重伤致残，其住院疗养费为 20 000 元，按规定核定其他费用为 25 000 元（护理费、误工费、营养费、伤残补助费及被抚养人生活费）。以上两车总损失费用为 147 000 元，按交通事故处理机关裁定，两车应承担赔偿费用分别如下。

甲车应承担赔偿费用为：147 000 × 70% = 10 2900 元

乙车应承担赔偿费用为：147 000 × 30% = 44 100 元

试计算双方保险公司按保险责任应支付的保险赔款。

解：（1）甲车承保公司应支付甲车赔款如下。

① 车损险保险赔款 = 车辆核定损失 × 按责任分担的比例 ×（保险金额/保险价值）×（1 − 免赔率）= 20 000 × 70% × (30 000/50 000) × (1 − 15%) = 7 140 元

② 第三者责任险保险赔款。

甲车应承担乙车的赔偿费用为：（45 000 + 25 000 + 20 000 + 25 000） × 70% = 80 500 元

因其已超过第三者责任保险赔偿限额，所以甲车承保公司应付甲车的第三者责任保险赔款数为：

保险赔款 = 保险限额 × （1 − 免赔率） = 50 000 × （1 − 15%） = 42 500 元

③ 总计应支付甲车保险赔款 = 7 140 + 42 500 = 49 640 元

（2）乙车承保公司应支付乙车赔款如下。

① 乙车车损险保险赔款 = 45 000 × 30% ×（1 − 5%）= 12 825 元

② 第三者责任险保险赔款。

乙车应承担甲车赔偿费用为：

（20 000 + 10 000 + 2 000）× 30% = 9 600 元

保险赔款 = 9 600 ×（1 − 5%）= 9 120 元

③ 总计应支付乙车保险赔偿 = 9 600 + 9 120 = 18 720 元

## 二、我国汽车部分附加险事故理赔计算

【案例 3】

甲厂和乙厂的车在行驶中发生相撞。甲厂车辆损失 5 000 元，车上货物损失 10 000 元，乙厂车辆损失 4 000 元，车上货物损失 5 000 元。交通管理部门裁定甲厂车负主要责任，承担经济损失

70%，为 16 800 元，乙厂车负次要责任，承担经济损失 30%，为 7 200 元。这两辆车都投保了机动车交通事故责任强制保险、车辆损失险（按新车购置价确定保险金额）和第三者责任险。

以上保机动车辆保险条款为例，其赔款计算如下。

① 甲厂应承担经济损失 =（甲厂车损 + 乙厂车损 + 甲厂车上货损 + 乙厂车上货损）× 70% =（5 000 + 4 000 + 10 000 + 5 000） × 70% = 16 800 元

② 乙厂应承担经济损失 =（甲厂车损 + 乙厂车损 + 甲厂车上货损 + 乙厂车上货损）× 30% =（5 000 + 4 000 + 10 000 + 5 000） × 30% = 7 200 元

这两辆车都投保了机动车交通事故责任强制保险、车辆损失险（按新车购置价确定保险金额）和第二者责任险，由于第三者责任险不负责本车上货物的损失，所以，保险人的赔款计算与交通管理部门的赔款计算不一样，其赔款计算如下。

① 甲厂自负车损 = 甲厂车损 × 70%= 5 000 × 70% = 3 500 元

② 甲厂应赔乙厂 = （乙厂车损 + 乙厂车上货损） × 70% = （4 000 + 5 000） × 70% = 6 300 元

由于事故中甲、乙厂车均有责任，且给对方造成的财产损失都超过了机动车交通事故责任强制保险的保险限额，甲、乙厂得到保险公司机动车交通事故责任强制保险的赔款均为 2 000 元。

① 保险人负责甲厂车损和第三者责任赔款为

[甲厂自负车损 +（甲厂应赔乙厂 − 交强险赔款）] ×（1 − 免赔率）=[3 500 + (6 300 − 2 000)] ×（1 − 15%） = 6 630 元

乙厂自负车损 = 乙厂车损 × 30% = 4 000 × 30% = 1 200 元

乙厂应赔甲厂 =（甲厂车损 + 甲厂车上货损） × 30% = （5 000 + 10 000） × 30% = 4 500 元

② 保险人负责乙厂车损和第三者责任赔款为

[乙厂自负车损 +（乙厂应赔甲厂 − 交强险赔款）] ×（1 − 免赔率）= [1 200 +（4 500 − 2 000）] ×（1 − 5%） = 3 515 元

这样，此案甲厂应承担经济损失 16 800 元，得到保险人赔款 8 630 元，乙厂应承担经济损失 7 200 元，得到保险人赔款 5 515 元。这里的差额部分即保险合同规定不赔的部分。

**【案例 4】**

乙投保机动车辆第三者责任保险（责任限额为 10 万元）及其附加车上货物责任险（责任限额为 5 万元），并就上述两个险种约定不计免赔特约条款的车辆发生事故，分别造成第三者损失 5 万元，车上货物损失 2 万元，驾驶人员在事故中负全部责任，免赔率为 20%，经交警部门现场查勘，认定其违反装载规定，增加免赔率 10%。则

第三者责任险赔款 = 5 × [1 −(20% + 10%)] = 3.5 万元

车上货物责任赔款 = 2 × (1 − 20%) = 1.6 万元

不计免赔特约条款赔款 = 5 × 20% + 2 × 20% = 1.4 万元

## 思考与练习

一、填空题

1. 车险事故现场一般分为________、________和________三类。

2．变动现场一般分为________、________和________三类。

3．查勘定损人员在出发之前，应该重点查阅抄单的________、________、________和________。

4．查验出险车辆的类型、型号是否属于标的车时，主要核查驾驶员（车主）所持的________正本上记载的车辆类型、型号与保单承保的车辆类型、型号是否相同。

5．对于临近保险期限的事故案例，需要核准出险时间，可以重点通过车辆的________、________、________，伤者的________和货物运单________予以界定出险时间。

6．车辆的保险事故造成的财产损失包括四个方面：________、________、________和________。

7．事故现场的摄影方式一般包括________、________、________和________四种。

8．普通汽车机械传动系由离合器、变速器、________、驱动桥组成。

9．传动系的常见布置型式有________；发动机后置、后轮驱动；发动机前置、前轮驱动等几种布置形式。

10．车险理赔的八字方针是主动、________、________、________。

11．保险车辆发生火灾事故索赔时，被保险人需提供________部门有效的证明。

12．车险理赔简化流程可分为五个步骤，即：受理案件、现场查勘、________、________、________。

13．事故车辆的维修成本主要由________、________、________等构成。

二、选择题

1．保险理赔程序一般是依据（　　）条款来解释的。

A．保险单　　B．投保单　　C．批单

2．主动热情受理案件、积极主动调查、了解和勘察现场，体现了理赔的哪项原则？（　　）

A．主动　　B．迅速　　C．准确　　D．合理

3．（　　）指保险车辆发生保险责任范围内的事故，被保险人报案、立案后未行使保险金请求权致使失效注销的案件。

A．注销案件

B．预付案件

C．拒赔案件

D．救助案件

4．核定保险责任主要有哪些？（　　）

A．被保险人与索赔人是否相符

B．出险车辆的厂牌型号、牌照号码、发动机号码、车架号与保险单证是否相符

C．出险原因是否为保险责任

D．出险日期是否在保险期限内

5．被保险人在保险车辆发生保险事故后应向事故发生地交警部门报案，同时一定要在（　　）小时内报案，否则有可能直接被拒赔。

A．24　　B．12　　C．48　　D．36

三、判断题

1．外部监督主要是保监会或者行业公会（协会）的监督。（　　）

2．按照保险公司的规定，凡是车辆在收费停车场或营业性修理厂中被盗，保险公司一概不负责赔偿。（　）

3．在保险合同中有规定：车辆未检或检验不合格不属于保险责任，不赔。（　）

4．驾驶证没有年审，不能驾驶车辆，保险公司可以根据保险合同拒绝任何理赔。（　）

5．商业第三者责任险中的第三者通俗地讲，就是排除3种人：保险人、被保险人、本车发生事故时的驾驶员。（　）

## 四、简答题

1．简述理赔过程中零件换修的原则。

2．简述理赔工作人员应该具备哪些条件。

3．简述汽车理赔工作中哪些事项是不赔的。

## 五、计算题

1．甲为其汽车投保了交强险、第三者责任险。第三者责任险的限额为100 000元。在一次事故中，造成一骑自行车的行人伤残，共花费205 000元，其中死亡伤残费用180 000元，医疗费用20 000元，财产损失5 000元，甲在事故中承担全部责任，依条款承担的免赔率是20%。计算：

（1）交强险的赔款是多少？

（2）第三者责任险的赔款是多少？

2．王某为其新车上海通用君威车办理"人保家庭自用汽车损失保险"，新车购置价20万元，足额投保，保险期限为1年，试计算应缴纳保费多少元？

3．桑塔纳2000轿车，非营运，保险价值15万元，初登日期1998年6月，2005年5月投保，盗抢险保险金额为9万元，2005年8月丢失，提供材料有县级以上公安部门出据的车辆盗抢未破案证明、车辆报停手续、行驶证原件、驾驶证复印件、购车发票原件、车钥匙3把。计算赔付。若盗抢险保险金额为5万元，计算赔付。（按年折旧）

4．某核定载重25吨的载货汽车载货24吨在高速公路上发生单方事故，除车辆自身损失外，还导致一处护栏被撞坏，需支付维修费600元，罚款400元，共计1 000元；路面被泄漏的机油污损80米，每米需支付清污费10元，罚款400元，共计1 200元；另外，事故发生地导致路面塌陷，被索赔800元。

假设不考虑免责比率，保险公司应该赔付多少钱的第三者损失？

5．交警调解，甲方货车由于疏忽和超宽、超载原因碰撞乙方行人，承担主责（原因是超宽、超载引起的），乙方行人承担次责。甲方汽车损失自负，乙方行人损失：医药费6 000元，护理费17元 × 50天 = 850元，住院伙食补贴15元 × 50天 = 750元，误工费17元 × 100天 = 1 700元，10级残补6 280元 × 20年 × 10% = 12 560元，交通费500元，财物损坏300元，考虑伤者今后劳动能力受到损失，补助10年计6 280元，共计28 940元。由甲方承担90%，乙方承担10%。经保险公司定损，汽车修理费为3 000元，该车于2007年2月投保，交强险、营业性车损险10万元（保险价值10万元），第三者责任险10万元，不计免赔率（含车损、三责），请算一下甲车方的赔款。

6．老赵一直是安全行驶，没有处理事故的经验。2007年4月续保，且仅投保交强险。老赵请小李帮忙驾驶拖拉机搞运输，在同年6月5日发生了因避让自行车将拖拉机翻入稻田中的事故，拖拉机的柴油流了一地，驾驶员受伤。经交警调解有以下几项损失要求老赵承担：小李医药费 4 000 元，护理费 480 元，误工费 960 元，一次性补偿 800 元，拖拉机损坏 1 000 元，农田污染赔偿 500 元。你认为可以列入保险第三者责任赔偿范围的有哪几项？合计多少？你怎样对老赵作解释？

# 第六章 汽车保险与理赔综合案例分析

**学习目标**

- ◎ 能够通过前五章的学习理解，对汽车保险理赔工作有整体把握；
- ◎ 能够独立分析汽车保险与理赔综合案例；
- ◎ 通过真实案例汇总，使学生能够更好地、更全面地分析汽车保险与理赔案例；
- ◎ 通过实训试题，锻炼学生综合分析能力以及逻辑思维能力。

## 第一节 机动车辆保险欺诈案例

### 【案例 1】

1．出险经过

2007 年 6 月 28 日 21 时 10 分，夏某驾驶丰田小客车，在上海市青浦区朱家角沈太公路张马村星光路段由北向南行驶，在避让左前方路段转弯车辆时，车辆失控撞在公路右侧的树上。

2．事故处理

21 时 15 分，驾驶员夏某向 110 报警。22 时 22 分，修理厂王某向保险公司报案。现场情况如图 6-1 所示。

图 6-1 事故现场

3．案件特征

这是一起典型高风险案件，已明确将此类案件作为重点管控对象。

4．事故特征

（1）单方事故，损失较大。

（2）出险地点偏僻。

（3）出险时间在深夜。

（4）老旧车型。

（5）修理厂代报案。

（6）交警未出现场。

5．现场查勘

（1）核对保险标的。经查受损车辆车牌号码、车架号、发动机号与保险单载明的完全一致，行驶证车主与保单载明一致，车辆正常通过年度检验。

（2）核对驾驶人员信息。驾驶证符合准驾车型，且审验合格。驾驶人员非被保险人。

6．事故真实性分析

标的车头部受损，受损处痕迹较新，痕迹呈半弧形深度凹陷，受损处有泥土和木质纤维残留，与事故现场复勘情况及报案信息相符合，两者碰撞关系真实有效。

7．案件疑点

（1）道路事故为何只有报警回执单？

（2）为何被保险人一直未与保险公司联系过，报案人也不能提供被保险人有效委托书？

（3）驾驶员是否为被保险人允许的驾驶员？

8．调查方法

（1）对事故现场地貌环境以及碰撞痕迹进行复勘，并绘制现场复位草图（见图 6-2）。

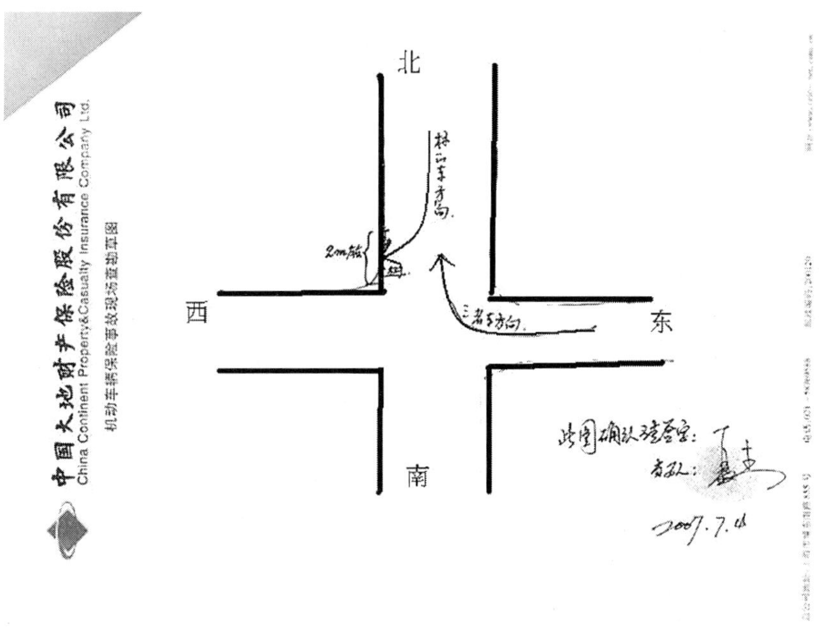


图 6-2　现场复位草图

（2）询问事故经过，了解行车路线以及始发地和目的地。

（3）调查驾驶人员与被保险人关系。

（4）面见被保险人。

（5）对报警情况进行核实，走访接警派出所。

9．调查结果

（1）驾驶人员为代报案修理厂员工。

（2）被保险人将保险车辆交由修理厂维修保养，事故发生在维修期间。

（3）驾驶人员驾驶保险车辆未得到被保险人同意。

（4）驾驶人员在派出所因不能说明车辆来历，而被公安机关拘留。

10．结论

该案属于典型的非被保险人允许的驾驶人使用被保险机动车出险案。

在该案中，修理厂在客户完全不知情的情况下，利用客户车辆进行保险诈骗案件，证据充分，依据大地保险公司非营业用汽车损失保险条款第六条第三款及第六条第八款规定：被保险机动车竞赛、测试、教练，在营业性维修、养护场所修理，养护期间及非被保险人允许的驾驶人使用被保险机动车造成被保险机动车事故，保险人均不负责赔偿；故标的车本次事故属于保险免除责任，已经拒赔。

出具拒赔通知书如图6-3所示。

机动车辆保险拒赔通知书

被保险人：赵力

非常遗憾地通知您，根据有关法律与保险合同的规定，我公司保险单PDDA200731011604000478（号码）项下承保的4T1BF17B3TV076387（车架号）机动车辆于2007-06-28上海市青浦区宋家角沈太公路（出险地）发生的事故损失不属于保险责任赔偿范围，对此我公司不能给予赔付，请予理解。

欢迎您对我公司的工作提出建设性的意见。

此致

被保险人签收：　　　　保险人（签章）：

日期：　年　月　日　　　　日期：2007年　月　28　日

理赔专用章

拒赔案件情况备注：根据<中国大地财产保险股份有限公司>机动车辆损失保险条款第6条第3款：在营业性维修、养护场所修理、养护期间出险，属保险责任免赔。

图6-3　机动车辆保险拒赔通知书

## 【案例 2】

1．出险信息

报案号：RDDH200731990003030388（双代案件）。

被保险人赵某所持有的奇瑞 SQR7160EX 客车，于 2007 年 6 月 10 日 21 时 17 分由赵某驾驶在上海市奉贤区南平亭公路北面 1 公里处，标的车由西向南左转弯时与由南向北行驶的对方车发生碰撞，已报交警处理，标的车全部责任，报案人赵某，两车损失共人民币 1 万元左右。

现场情况如图 6-4 所示。

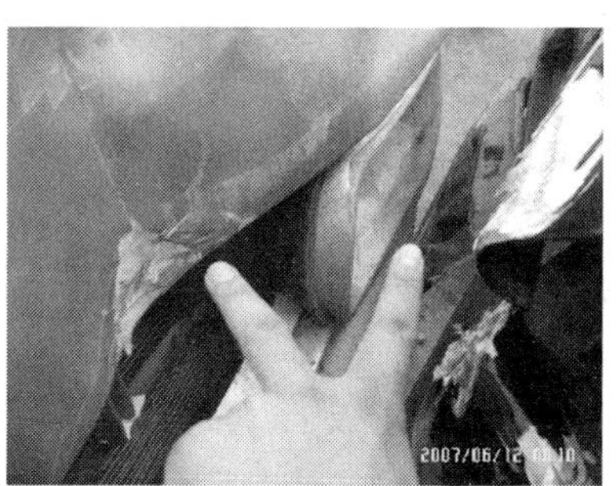

图 6-4　事故现场

2．案件特征

（1）深夜郊区出险。

（2）事故车辆均在同一维修厂维修。

（3）两车事故碰撞痕迹不相符。

3．案件疑点

（1）碰撞痕迹不符，事故真实性存在疑问。

（2）事故证明不规范。

4．事故真实性分析

（1）两车痕迹对应点。标的车头盖凹陷处对应三者车头盖凸出角处，标的车前杠突出处对应三者车前杠内骨架凹陷处，相应痕迹高度似乎相吻合。

（2）两车痕迹接触面。标的车从头盖中间位置处起至左前叶子板处止，三者车从左前叶子板处起至右前叶子板处止，两者痕迹接触宽度不相符合。

（3）两侧痕迹对比。从两车形状架构及车体存在的碰撞痕迹来分析，标的车头盖如此受损程度，前杠应是第一受损点，会有明显的受损痕迹，但标的车前杠无明显的受损痕迹，三者车最大受力点主要集中在左前叶子板上，按照如此碰撞力度，相应标的车前杠中间与三者车左前叶子板接触处会有明显的竖状变形，标的车前杠也没有体现此种碰撞形变，按力的作用是相互的原理，两车材质及部位相似，三者车受损情况应与标的车受损情况相似，但三者车痕迹显示为头部整体碰撞，左前叶子板为重力区，在标的车中无法找到相应接触点。

5．事故证明分析

交警事故证明有明显常识性的错误，“上述时间地点甲车西向南左转弯与……”基本常识告诉我们由西向南是不可能发生左转弯的。

6．调查方法及步骤

（1）将两车对应摆放在一起，对痕迹进行复核对比。

（2）用标尺对有效碰撞痕迹进行尺寸标注对比。

（3）对痕迹成色进行新旧判断。

（4）在两车上找不属于两车颜色痕迹的第三种痕迹颜色进行取证，并问询形成过程。

（5）对标的车当事司机进行笔录调查，取证后电话（避免直接接触时有人身威胁和伤害）告知保险公司对于此种案件的处理办法，尽量劝说被保险人销案处理。

7．结论

该案属于典型的碰撞痕迹不符合案。

经了解该案属修理厂参与利用旧车故意制造保险诈骗案，依据《保险法》第 28 条规定：投保人、被保险人或者受益人故意制造保险事故的，保险人有权解除保险合同，不承担赔偿或者给付保险金的责任，除本法第 16 条第 1 款另有规定外，也不退还保险费。

本案已建议拒赔。

## 【案例 3】

1．出险信息

报案号：RDDH200731990003083758。

被保险人张某所持有的奔驰轿车，于 2007 年 7 月 27 日 1 时 10 分由李某驾驶在上海市宝山区宝安公路潘泾路向东行驶，由于操纵不当追尾撞到由陈某驾驶的沪 A98313 三者车，交警处理。标的车负全部责任，三者车无损，报案人吴某。

现场情况如图 6-5 所示。

图 6-5　事故现场

2．案件特征

（1）老旧车型足额投保。

（2）偏僻郊区深夜出险，三者车无损。

（3）事故驾驶员、被保险人及行驶证车主不一致。

（4）自起保之日起，连续多次出险索赔。

3．查勘重点

（1）被保险人对标的车是否具有可保利益。

（2）标的车驾驶员是否为被保险人允许的驾驶员。

4．事故真实性分析

该车受损痕迹较新，受损力度方向为由前至后挤压推移，类似于追尾货车尾部，受损部位情况与报案信息记录相符合。

5．索赔有效资格分析

（1）保单具有索赔资格的是被保险人张某。

（2）该车承修厂代理索赔，需由被保险人出具委托授权书。

（3）行驶证载明车主为龚某。

6．调查方法

（1）根据对标的车驾驶员笔录，绘制现场复位草图。

（2）分别对标的车驾驶员和被保险人进行笔录调查，并对标的车的所属权问题、被保险人及行驶证车主与标的车驾驶员关系问题、被保险人与行驶证车主关系问题进行确定。

（3）到标的车所属的车管所打印标的车登记信息。

7．调查单证

包括情况笔录、调查案件申报表、机动车辆保险事故现场查勘询问笔录。

8．事故分析

（1）该车保单记录显示标的车为 1993 年的奔驰（BENZ 560SEL）,保额为 72 万元，实际该车在市场上二手车市值价格大约为人民币 3 万元，如果再加上现在车牌价格也不过值人民币 8 万元左右，像这样的车保险政策上基本是不保车损险或是给予车损险不足额承保，保险价值与实际价值悬殊太大本身就是风险隐患。

（2）该车历史记录显示，自 2007 年 6 月 7 日承保以来，至 2007 年 7 月 27 日已连续出险 3 次，老旧车型出险频繁事故索赔率高，值得关注。

（3）该案件的行驶证车主龚某、被保险人张某（江苏籍）、报案人吴某（江苏籍）、标的车驾驶员李某（河南籍）为何是不同的人，再加上三者车驾驶员陈某（河南籍），他们之间到底是怎样的一种关系？

（4）带着上述疑问，工作人员对案件相关人进行调查了解，沪 A01603 车原车主为龚某，在 2007 年 6 月 7 日由被保险人张某（江苏籍）在报案人吴某（江苏籍）手中花费人民币 17 万元购得，有张某与吴某双方收据，收据订立时间为 2007 年 6 月 7 日，收据收款人为何是吴某而不是原车主龚某？

（5）再了解一下奔驰 126 底盘的车（BENZ 560SEL）现在的适用情况，该种车型现有的市价较低（该种车型甚至比二手新捷达还便宜），车型已淘汰（该种车型配件来源现在只有拆车件，配件是有价无市），配件贵（该种车型配件价格是国产新车的几倍甚至十几倍），维修技术复杂（该种老旧车型维修率极高，普通维修厂又很难修理，尤其是该车的分油盘），油耗高（匹配油品标号为 97#以上，100 公里油耗约为 25 升），年检麻烦（每半年年检一次），道路通行不顺畅（因为排放不能达标，该种车型在很多道路是严禁通行的），一般家庭不会购买，使用很麻烦，现有该种车型的也很少使用，这种车目前有 4 种用途还在使用：酒店迎宾用车、婚庆车队用车、维修厂保险事故用车、收藏人作为爱好收藏。

（6）究竟被保险人张某购买该车作何用途呢？调查继续深入，在这里还需要了解张某的职业、家庭情况及收入情况，首先该车的合法转让手续不足以证实该车实质上已经发生转让（转让是需要在车管所进行检验并记录变更登记的），再者从双方收据上不难看出交易价格大大偏离市场正常价格。

（7）越是分析，该车暴露的问题就越多，工作人员及时对投保人（被保险人张某）进行了笔录，最终没有证据表明投保人张某在对沪 A01603 车上的所有权是合法有效的，没有证据表明沪 A01603 车在所有权上发生了转让，在双方收据合同的签订上，严重违背交易的实质，双方共同签订合同没有体现平等，反而有规避第三方调查的嫌疑，只要调查证明以下两点的任何一点就可以拒赔。

①双方的交易合同是建立在共同规避第三方调查的基础上，严重违背交易合同实质，交易合同不成立，可依据《中华人民共和国合同法》第 52 条第 2 款规定：恶意串通，损害国家、集体或者第三人利益，合同无效。

②标的车没有进行合法登记转让，转让不成立。

9．结论

根据上述材料证明沪 A01603 车所有权没有发生实际转让，投保人张某对沪 A01603 车不具备可保利益，依据《保险法》第 12 条第 2 款，投保人对保险标的不具有保险利益的，保险合同无效。

## 第二节 车上人员责任险的理赔案例

**【案例 4】**

2002 年 1 月，王先生将其拥有的一辆桑塔纳轿车向保险公司投保了机动车辆保险，同时附加车上人员责任险。

该车投保了一个月后，由于发生交通事故，造成驾驶员王先生及车上两名乘客陈某、张某不同程度受伤，车辆受损。经交警部门认定，王先生负事故全部责任，承担事故造成的全部经济损失。

半个月后，王先生带着全部单证到保险公司办理索赔。经保险公司理赔人员审核单证后，除对车损部分按保险双方达成的维修价格赔付外，对车上受伤人员的赔付产生了争议。经保险公司查抄底单得知，该车选择座位投保一座，而且没有约定是哪一座位，由于受伤三人包括王先生本人，在事故中受伤程度不同，各自花费的医疗费也不同，其中王先生花费 2 000 元，陈某花费 3 000 元，张某花费 4 000 元，因此，保险公司选择不同的伤者作为赔付对象，赔款结果是不一样的。

就究竟该赔哪一个座位，保险公司的理赔人员在讨论此案时，出现分歧意见。

第一种意见认为：本案中由于被保险人对投保的座位未作约定，按惯例，应视为驾驶员座位。因此，保险公司应承担王先生的医疗费用，即车上人员责任险赔款 = 2 000 × (1−20%) = 1 600 元。

第二种意见认为：本案中既然被保险人对投保的一个座位未作约定，那么保险公司无法确定承保的是哪个座位。为体现公平，应将受伤的三人的医疗费的平均数作为赔付金额，即车上人员责任险赔款 = (2 000 + 3 000 + 4 000)/3 × (1−20%) = 2 400 元。

第三种意见认为：按照现行的《机动车辆保险条款》中附加费率规定，“车上人员责任险中，选择座位投保的费率为 0.9%；核定座位投保的费率为 0.5%”，本案中被保险人按照选择座位的方式投保一座，并且按选择座位的费率缴纳了保险费，保险公司应按所收保险费的多少承担相应的风险，在其保险金额内将花费医疗费最高的乘客张某作为赔付对象，即车上人员责任险赔款 = 4 000 × (1−20%) = 3 200 元。

### 【案例分析】

由于现行的《机动车辆保险条款》附加车上人员责任险中，并没有要求被保险人在选择座位投保时一定要约定明确投保哪一个座位。因此，被保险人较多地采用了选择座位且不约定哪一个座位方式投保。这样，一旦发生保险事故造成车上人员受伤，要求将产生医疗费用高的伤者作为投保座位上的人员，而向保险公司索赔，本案就属于此例。

实际上，在选择座位投保时，除了驾驶员座位可以在保单特别约定栏中约定外，其余座位均无法明确。例如，一辆 45 座的大客车，被保险人要求投保其中的 15 座（包括驾驶员座位）。保险公司在承保中除了对驾驶员座位可以特别约定外，其余的座位无法确定。出险后，只能按照出险人数、选择的座位数和赔付金额的多少理赔。

### 【结论】

被保险人选择座位投保与按核定座位数投保所依据的保险费率不同，保险公司所承担的风险也不同，本案被保险人是按照选择座位缴纳的较高金额的保险费，既然没有约定，就应该以赔付金额最高的乘客作为理赔依据，因此，第三种意见是正确的。

## 第三节 车辆损失险责任免除问题案例

### 【案例 5】

A 先生买了一辆奥迪 A6，当天到保险公司投了车辆损失险、第三者责任险两项主要险种，再加车上人员责任险、新增加设备损失险、不计免赔特约险、车辆划痕险等，一共交了 7 000 多元。有一天，A 先生开车送孩子上学。车至校门口，车头引擎盖四周突然冒出浓烟。他关掉点火开关跑下车，在旁人帮助下打开机盖，用学校大厅存放的灭火器进行喷射灭火，后消防人员赶到现场，消防部门出具《火灾原因认定书》，称起火原因不明。之后，A 先生向保险公司报案，保险公司因“起火原因不明”，拒绝理赔。

A 先生把保险公司告到法院。他说，汽车烧毁，自己花了 115 072 元修理费；修车后要换车用，各项费用又花了 36 000 元——这些钱，保险公司都要赔。

## 【案例分析】

车险种类多，主要有基本险和基本险后的附加险。基本险包括车辆损失险、第三者责任险；而附加险项目常见的有玻璃单独破碎险、自燃损失险等。按《机动车辆保险条款》规定，车辆损失险只对汽车在以下 5 类情况发生的损坏负责。

（1）碰撞、倾覆；

（2）火灾、爆炸；

（3）外界物体倒塌、空中运行物体坠落、保险车辆行驶中平行坠落；

（4）雷击、暴风、龙卷风、暴雨、洪水、海啸、地陷、冰陷、崖崩、雪崩、雹灾、泥石流、滑坡；

（5）运载保险车辆的渡船遭受自然灾害（只限于有驾驶员随车照料者）。

A 先生虽然投了车辆损失险，但汽车燃烧时，原因不明，很容易被视为自燃，想把汽车损失归结到上述 5 类原因，举证很难。

除非当时投保有特殊约定，把车辆自燃险包括在内，否则索赔很难成功。

## 【案例启示】

不少人认为，汽车发生自燃的情况不大可能发生，没必要投保。实际上，车龄增加、线路老化、旧车线路改造多，都会给自燃埋下隐患。在炎热的夏天，汽车自燃更经常发生。因此，常有保险人员建议 4 年以上车龄的车子投保自燃险。

## 【案例 6】

被保险人刘某将其自用轿车向保险公司投保了机动车辆保险，合同使用的是经中国保险监督管理委员会批准的《机动车辆综合险条款》。合同约定承保险种为车辆损失险和第三者责任险。被保险人按合同约定及时缴纳了保险费。保险期限内，刘某途经某路口，该路口因自来水水管爆裂，致使路面大面积积水，车辆因被水淹以及操作不当导致该车发动机损坏。

事后刘某将车辆开到定点修理厂进行修理，共计花费修理费 4 万余元，并凭修理单据向保险公司提出索赔。保险公司拒赔，刘某遂诉至法院。

## 【案例分析】

经审理后，法院认为，原被告双方签订的保险合同不违反法律规定，为有效合同，双方应当依照合同严格履行各自义务。保险人承担赔偿责任时应遵循近因原则，对本起事故不承担赔偿责任。本案中，自来水水管爆裂致使路面大量积水，保险车辆路经积水路段时操作不当造成事故而遭受损失。

没有自来水水管爆裂，就不可能发生车辆损失，自来水水管爆裂对损失起决定性的作用，是损失的近因。保险公司承保损失应是以暴雨、洪水为近因，而刘某驾驶的车辆所遭受损失的近因是自来水水管爆裂。因此，刘某投保的车辆所遭受的危险不是保险双方约定的并由保险公司承担的危险，即其损失不在保险公司承保范围内。

## 思考与练习

**案例分析题**

1．2007 年 12 月 8 日 18 时左右，武汉市市民卢某（系车损险及第三者责任险被保险人）驾驶自有私家车在行驶途中，因天冷路滑，在急转弯内侧（占道）处与相对而行的个体驾驶员张某驾驶的三轮车交会。为避免相撞，三轮车急转弯，倾覆于公路边沟内。三轮车受损，两名乘客及驾驶员受伤。

该市交警大队调解后认定，卢某负此次事故的全部责任，应赔偿张某损失 6 000 余元。事故处理结案后，卢某向保险公司索赔，而保险公司在审理此案时则以“两车未发生碰撞”及“紧急避险超过必要限度”为由予以拒赔，双方遂发生纠纷。

请利用所学知识对该案例进行分析，保险公司在该事故中是否负有保险责任？如果有，保险公司应该赔偿哪些相关费用？

2．客户报案称：中秋节晚 20 时 50 分左右，自己驾驶一辆奔驰轿车行驶在乡间公路，在转弯时由于车速过快，方向没有把握好，车掉入路边沟中，并被大树挡住。请问：

（1）作为查勘人员，现场查勘过程中应具体做哪些工作？

（2）该案查勘的重点是什么？

3．周女士刚买了一辆新车，同时买了比较齐全的保险，只是车辆还没有上牌。因为小区没有停车场，她把车停在自家楼下。当天晚上她的车被偷走了。请问：

（1）她去保险公司索赔能否成功？为什么？

（2）针对上述情况，为保障车辆的安全，周女士应对方法有哪些？

4．赵先生开车去九寨沟旅行，晚上将自己的别克车停于一无人值班的旅馆停车场，第二天起程时发现车子被撬开了车门，一台价值 7 800 余元的照相机和旅行袋被偷走，赵先生马上向保险公司打了报案电话，要求索赔照相机和旅行袋。请问：

（1）赵先生的索赔申请能否得到保险公司的支持？为什么？

（2）假如赵先生的索赔申请被拒绝，他应该怎么办？

5．一新轿车实际价值 20 万元，在某保险公司投保车损险 20 万元，由于不慎该车发生交通事故，导致标的车全损，查勘员小李在查勘过程中发现该车在另一保险公司也投保一份车损险，保额也为 20 万元。请问：

（1）该标的车辆的投保是否构成重复保险？

（2）小李的保险公司对轿车的车损应如何赔付？

6．2001 年 11 月某出租车司机张某在某保险公司为出租车投保了车辆损失险和第三者责任险。投保一个月后，张某驾驶出租车行驶到北二环路安定门桥附近时，前机盖在行驶中突然翻动，机盖与前风挡玻璃相撞，造成前机盖和前风挡玻璃损坏。在紧急情况下，司机张某采取制动，又致使该车左前部与道路中央护栏相撞，造成前保险杠、左侧大灯、边灯、翼子板等损坏。事故发生后，经交通事故科民警现场查勘，认定张某负全部责任，自负修车费用，并赔偿护栏损坏修复费用。张某就有关花费要求保险公司赔偿。试问，保险公司应赔偿张某哪些损失？依据是什么？

7．2002 年 8 月，某市多日连降大雨。加拿大某国际公司驻该市代表处的代表因公务回国，由司机王某驾车送他到机场。行至一立交桥底时，前方因发生交通事故导致道路堵塞。此时，暴雨刚下过不久，雨水还不断地向桥底部汇集，没过了王某的汽车底盘。为及时赶上班机，并尽快摆脱困境，王某打着发动机想将车开到地势较高的路面。岂料此时积水已较深，发动机起动过程中，有部分积水被吸入汽缸，导致曲轴连杆折断。该车已投保了车辆损失保险，于是被保险人向保险公司就发动机的损坏提出了索赔申请。问：作为保险公司的理赔人员，应如何处理客户的索赔并说明理由？

8．被保险人王某将自己的轿车在某保险公司购买了车辆损失保险，保险期限为 2004 年 1 月 11 日至 2005 年 1 月 10 日。2005 年 1 月 9 日上午 8：30 保险公司接到王某的报案，称 1 月 8 日王某驾驶轿车夜间 11：30 在市区环城路行驶时前部与一大型箱式货车追尾，货车已趁夜色逃逸，目前被保车辆已在郊区某修理厂。1 月 9 日上午 10 时，受保险公司委派查勘定损人员随即赶到修理厂，发现该轿车前部受损，需更换保险杠、左右大灯、左右转向灯、左右雾灯、散热器、冷凝器等部件，预计费用 1 万元；经修理厂对该车作进一步拆检后发现，发动机因过热已严重损坏，需更换活塞、缸体、曲轴、连杆等部件，这部分修理费用为 4.2 万元。问：作为保险公司的查勘定损人员，应如何处理客户的索赔？

9．2003 年 11 月 25 日晨，徐某驾驶一辆捷达轿车行驶到一弯路时，由于天冷路滑，徐某在借道超车时驶入逆行，与迎面而来的拖拉机相遇，拖拉机司机张某当即向右打轮避让捷达，致使拖拉机侧翻造成受损、一名乘客重伤及张某轻伤的交通事故，合计损失达 2.3 万元，徐某的车安然无恙。经公安交通管理部门裁定：徐某在此次交通事故中负全部责任。徐某驾驶的捷达已投保车辆损失险和第三者责任险，事故处理结案后，徐某持保险单，以“第三者责任损失”为由向保险公司索赔，遭到拒赔，双方遂引起纠纷。

主张拒赔的理由如下：保险车辆并未发生意外事故，不存在给第三者造成损失的前提条件。即使按第三者责任立案，由于两车未发生碰撞，故第三者的损失属于间接损毁，而非直接损毁，因此拒赔。

主张赔付的理由如下：张某因紧急避险造成的损失，是由引起险情的被保险人徐某的行为直接导致，理应由徐某承担责任。虽然未发生碰撞，第三者的损失仍可认定为直接损毁。

试对以上争论进行分析。

10．张某将其私有捷达车先后向某市 6 家保险公司投保了车辆损失保险，每家保险金额均为 10 万元，而该车的实际价值为 10 万元。后来，张某伙同 6 家保险公司的内部工作人员，策划制造该车因驾驶不慎造成严重碰撞事故，车辆几乎报废，分别从各家保险公司骗取高额保险赔偿金，合计达 50 多万元，事后张某与几名保险公司内部人员私分该款。而车辆驾驶人员是张某雇佣的民工，受伤虽然严重，但事先签订协议，以 5 万元完全了结，互不打扰。不久，此事败露，被公安机关立案侦破。请对该案例进行评析。

11．某运输公司为新购买的一辆 130 型载货汽车投保了车辆损失险。一日，司机蔡某去送货，行至某国道一直行路段，准备超越前方一农用车时，迎面驶来一奔驰轿车。由于当时 130 型载货汽车速度较快，转向时司机用力过猛，导致转向直拉杆头颈部突然断裂，造成与奔驰轿车相碰撞的重大交通事故。不仅该车受损、驾驶员蔡某受伤，而且奔驰轿车损坏，车上 1 人死亡、2 人重伤，事故发生后经交通事故处理部门认定，130 型货车负事故全部责任，赔偿对方所有损失。运输公司考虑到该车购买了车辆损失险，于是就自家车的损坏向保险公司提出索赔，保险公司通过查勘，认定事故原因为转向直拉杆头颈部突然断裂所致，作为新车出现此问题属于质量问题，保险公司不负责赔偿。运输公司不服，上诉至法院。法院经委托鉴定，获得“质量不合格”的结论，判原告败诉。请对该案进行评析。

12．翟某为自己的桑塔纳轿车购买了车辆损失险。后来，随着新车型的出现，他有了换车念头，而此时朋友郎某想购一辆二手车，双方商谈后确定成交。郎某向翟某支付购车款后，翟某将汽车钥匙给了郎某，让他先试开几日，然后再去车管部门办理过户手续。没想到，尚未来得及过户，郎某开车就发生碰撞，造成保险杠、大灯、转向灯、翼子板、发动机罩等损坏。事故发生后，郎某立即找到翟某，希望能帮忙找个地方修车，此时，翟某想到自己购买了车损险，遂向保险公司提出索赔。保险公司在了解了事情经过后认为，碰撞属于车损险责任范围，但由于翟某已将标的车辆转卖郎某，对车辆失去了保险利益，翟某未按保单要求通知保险公司并办理批改，保险合同已随之终止，对于车辆的损失，保险公司不予赔偿。翟某认为，虽然自己把车交给了郎某，但该车并未办理过户，不构成保单所说的“转卖”，自己仍是车主，发生损失后有权向保险公司主张赔偿。双方对此产生争议。请分析保险公司应否赔偿事故损失。

13．某物流公司司机李某驾驶解放牌货车在山路上行驶，忽遇路面滑坡，车辆顺势滑至坡下 30 余米处，所幸李某没有受伤。李某小心翼翼地下车，发现车子还有可能继续下滑，就从工具箱中取出千斤顶，想把车的前部顶起以防继续下滑。就在李某操作千斤顶时，车辆忽然下滑，李某躲闪不及，被车辆压住，导致腰椎骨折。

事故发生后，物流公司迅速向保险公司报案，并提出索赔请求。保险公司核赔时发现该车只投保了车辆损失险，遂告知物流公司对于李某的伤残费用不负赔偿责任。物流公司认为，李某是在对车辆施救过程中受的伤，其伤残费用应属于“施救费”，应属车损险赔付范围，并申请在车辆修复金额之外单独计算予以赔偿。保险公司拒绝了物流公司的请求，物流公司遂向法院起诉。请分析保险公司是否应赔偿李某的伤残费用。

14．某个体户张某在保险公司为自己的大货车购买了一份机动车辆保险，保险期限一年，并按期交齐了全部保险费。签订保险合同半年之后，其雇员李某驾驶投保的大货车，在城乡结合部某路段发生交通事故，李某看到左右无人便离开了现场。交通事故处理部门在处理交通事故时，认定李某的离开现场是“破坏现场证据，使此道路交通事故责任无法认定，李某负事故全部责任”。经交通事故处理部门调解，作为车主的张某与受害人达成赔偿协议，赔偿 83 000 多元损失后，向承保的保险公司请求赔付，保险公司以机动车事故性质符合免责条款为由拒绝赔偿。

索赔遭拒后，张某向法院起诉。法院根据我国《保险法》第 18 条的规定：“保险合同中规定有关保险人责任免除条款的，保险人在订立保险合同时应当向投保人明确说明，未明确说明的，该条款不产生效力”，认为既然保险单位不能提出证据证明履行了“告知义务”，双方对“肇事逃逸免赔”理解不一，就可以推定保险单位没有向张某明确说明过，因此此项免责条款不能发生法律效力，保险单位应赔偿张某已经向受害人赔偿的 83 000 多元损失。请对法院的判决进行分析。

15．根据所给的报案单及现场事故照片，请分析以下内容。

（1）本次事故发生的真实原因估计有哪几种可能？（在下列原因中的可能项目中画“ √ ”）（坠落物、追尾、正面碰撞、侧面碰撞、倾覆、擦划、其他）

（2）简单分析事故形成过程以及保险责任界定。

（3）根据资料照片（图 6-6），列出损失项目，并认定换、修、待定项目，填写表 6-1。

（4）确定相关工时项目，并根据当地工时及工时费标准，确定工时费总额，填写表 6-1。

表 6-1　　损失项目和工时项目

| 损失项目 | | | | | 工时项目（指工时量） | | | | |
|---|---|---|---|---|---|---|---|---|---|
| 换件项目 | 修理项目 | 待定项目 | 喷漆项目 | 辅料（含氟、液、油等） | | 拆装工时 | 钣金工时 | 喷漆工时 | 其他工时 |
| | | | | | — | | | | |
| | | | | | — | | | | |
| | | | | | — | | | | |
| | | | | | — | | | | |
| | | | | | — | | | | |
| | | | | | — | | | | |
| | | | | | — | | | | |
| | | | | | — | | | | |
| | | | | | 合计 | | | | |

当地工时费单价：　　　　　　　所需工时费总额：

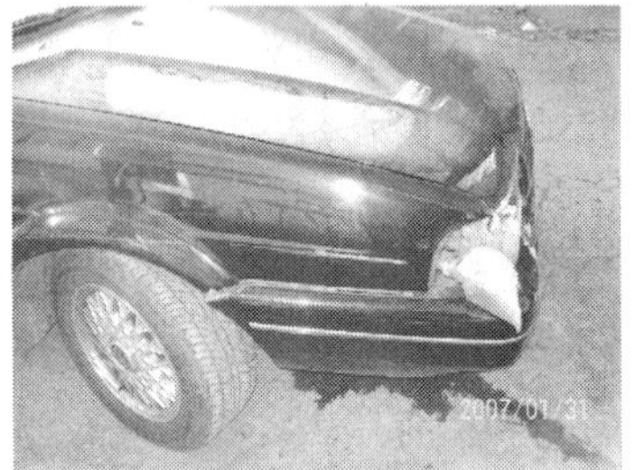


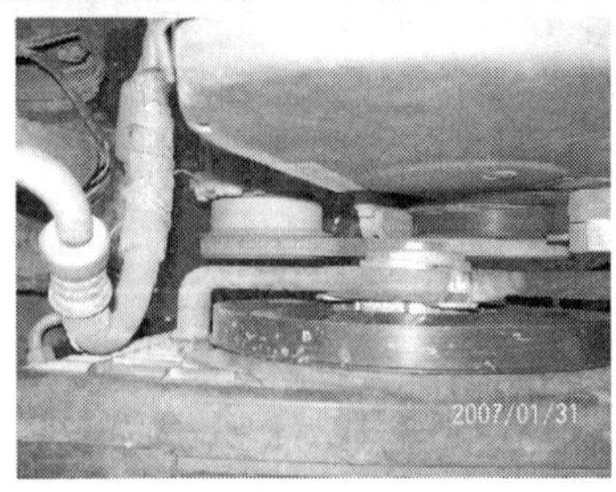


图 6-6　事故现场

16．2006 年 11 月 20 日 8 时许，小王接 95518 指令及时到达了出险现场，勘察了现场，基本认为是出险车辆为避横穿行人，右驾方向，撞在了隔离墩上，车损较大，而且地上倒着一辆自行车，听路人介绍，该车在避让过程中，碰到了旁边的骑车人，伤者已被交警送往医院，小王在处理交警处了解到，该车驾驶员并未报案，也未送伤者去医院，到目前为止人还未出现。报案人为车辆所有权人。小王采取了以下步骤。

（1）拍了现场照片，并对事故车进行了初步定损，记录了看得到的更换件和修理件；

（2）打电话给报案人，要求 17 时前，驾驶员必须将驾驶证、行驶证拿来给小王核对；

（3）告知报案人“车拖至修理厂打开后，再通知我”，并留下了电话号码。

请点评小王做得是否正确完整。

# 汽车报废标准（1997 年修订）

（国家经贸委、国家计委、国内贸易部、机械工业部、公安部、国家环保总局国经贸经[1997] 456 号）

凡在我国境内注册的民用汽车，属下列情况之一的应当报废。

一、轻、微型载货汽车（含越野型），矿山作业专用车累计行驶 30 万公里，重、中型载货汽车（含越野型）累计行驶 40 万公里，特大、大、中、轻、微型客车（含越野型），轿车累计行驶 50 万公里，其他车辆累计行驶 45 万公里。

二、轻、微型载货汽车（含越野型）、带拖挂的载货汽车、矿山作业专用车及各类出租汽车使用 8 年，其他车辆使用 10 年。

三、因各种原因造成车辆严重损坏或技术状况低劣，无法修复的。

四、车型淘汰，已无配件来源的。

五、汽车经长期使用，耗油量超过国家定型车出厂标准规定值 15%的。

六、经修理和调整仍达不到国家对机动车运行安全技术条件要求的。

七、经修理或采用排气污染控制技术后，排放污染物仍超过国家规定的汽车排放标准的。

除 19 座以下出租车和轻、微型载货汽车（含越野型）外，对达到上述使用年限的客、货车辆，经公安车辆管理部门依据国家机动车安全排放有关规定严格检验，性能符合规定的，可延缓报废，但延长期不超过本标准第二条规定年限的一半。对于吊车、消防车、钻探车等从事专门作业的车辆，还可根据实际使用和检验情况，再延长使用年限。所有延长使用年限的车辆，都需按公安部规定增加检验次数，不符合国家有关汽车安全排放规定的应当强制报废。

八、本标准自发布之日起施行。在本标准发布前已达到本标准规定报废条件的车辆，允许在本标准发布后 12 个月之内报废。本标准由全国汽车更新领导小组办公室负责解释。

**关于调整轻型载货汽车报废标准的通知**

1998 年 7 月 7 日，国家经贸委 国家发展计划委 公安部 国家环保总局 各省、自治区、直辖市、计划单列市经贸委（经委、计经委）、计委、公安厅（局）、环境保护局、汽车更新领导小组办公室：

为了鼓励技术进步、节约资源、保护环境及公平竞争，现决定将《汽车报废标准》（1997 年修订）中轻型载货汽车（含越野型）的行驶里程、使用年限及办理延缓的报废标准调整为：

累计行驶 40 万公里/使用 10 年/达到使用年限，汽车性能仍符合有关规定的，允许办理最长不超过 5 年的延缓报废。

延缓报废的审定工作，按国经贸经［1997］456 号文件的有关规定办理。 轻型载货汽车是指厂定最大总质量大于 1.8 吨、小于等于 6 吨的载货汽车。请遵照执行。

**关于调整汽车报废标准若干规定的通知**

2000 年 12 月 18 日，国家经贸委、国家计委、公安部、国家环保总局发布了《关于调整汽车报废标准若干规定的通知》，对汽车报废标准进行了调整。

调整的主要内容包括：9 座（含 9 座）以下非营运载客汽车（包括轿车、含越野型）使用年限延长到 15 年；旅游载客汽车和 9 座以上非营运载客汽车使用年限延长到 10 年。上述车辆达到使用年限后需要继续使用的，必须依据国家机动车安全、污染物排放等有关规定进行严格检验，检验合格的可延长使用年限，但旅游载客汽车和 9 座以上非营运载客汽车延长使用年限最长不超过 10 年；对延长使用年限的车辆，增加检验次数，一个检验周期内连续三次检验不符合要求的，不允许再上路行驶；营运车辆转为非营运车辆，或非营运车辆转为营运车辆，一律按照营运车辆的规定报废。

此次调整的非营运载客汽车是指：单位和个人不以获取运输利润为目的的自用载客汽车。旅游载客汽车是指：经各级旅游主管部门批准的旅行社专门运载游客的自用载客汽车。对于《通知》中没有调整的内容和其他类型的汽车（包括右置转向盘汽车），仍按照国家经贸委等部门 1997 年《关于发布（汽车报废标准）的通知》和 1998 年《关于调整轻型载货汽车报废标准的通知》执行。

# 道路交通事故处理程序规定

## 第一章　总　　则

第一条　为统一处理道路交通事故工作的程序，提高办案质量，根据《道路交通事故处理办法》和有关法律、法规制定本规定。

第二条　处理道路交通事故由公安机关交通管理部门负责。

第三条　公安交通管理部门处理交通事故实行分级负责，领导审批制度。

第四条　交通警察须有三年以上交通管理实践，经过专业培训考试合格，由省、自治区、直辖市公安管理部门颁发证书，方准处理一般事故以上的交通事故。

## 第二章　管　　辖

第五条　县（市辖区）公安交通管理部门负责处理本县（区）内发生的交通事故，也可以经本级公安机关领导人批准，指定其下属公安交通管理部门处理本管辖区内发生的轻微事故和一般事故。直辖市、地区（市）公安交通管理部门，负责处理本辖区发生的案情复杂和涉外的交通事故。

第六条　交通事故发生地管辖不明的，由最先发现或最先接到报案的公安交通管理部门立案调查，管辖确定后移送有管辖权的公安交通管理部门处理。

第七条　管辖权有争议的，由争议双方协商解决；协商不成的，由双方共同的上级公安交通管理部门指定管辖。

第八条　在未设公安交通管理部门的地方，可经地区（市）公安机关批准，由乡、镇公安派出所处理轻微事故。

第九条　上级公安交通管理部门可以处理下级公安交通管理部门管辖的交通事故；也可以把自己管辖的交通事故交由下级公安交通管理部门处理。

第十条　当事人有其他犯罪行为的，移交主管部门处理，并通知当事人对损害赔偿提起附带民事诉讼。

第十一条　需要对交通事故责任者追究刑事责任的，移送司法机关处理。责任者是现役军人的，移送军队处理。

## 第三章　现场处理

### 第一节　现场勘查

第十二条　公安交通管理部门接到交通事故报案后，须做好报案记录。属于重大、特大事故的，应当立即向上级公安交通管理部门或者有关部门报告。不属于自己管辖的，移送主管部门，并通知当事人。

第十三条　经现场勘查，属于交通事故的，填写《交通事故立案登记表》。不属于交通事故的，由事故处理部门负责人批准，书面通知当事人。

第十四条　一般以上事故现场勘查，人数不得少于二人。

第十五条　发生重大、特大事故，省、自治区、直辖市公安交通管理部门认为必要时应当派员到现场指导勘查。发生重大、特大事故、涉外交通事故，地区（市）公安交通管理部门应当派员到现场指导勘查。必要时应当商请人民检察院派员到现场。管辖地公安交通管理部门必须派员维护现场秩序。

第十六条　勘查人员到达现场后应当立即进行下列工作：

（一）组织抢救伤者和财物；

（二）制作勘查材料，寻找证人，收集物证；

（三）清点现场遗留物品，消除障碍，恢复交通。

第十七条　交通事故现场图绘制完毕后，勘查员、绘图员应当签名或盖章。当事人在现场的可以要求本人签字；当事人不在现场或者无能力签字的，应当由见证人签名或者盖章；无见证人或者当事人拒绝签字的，应当记录在案。

第十八条　交通事故当事人逃离或者驶离现场的，公安交通管理部门要及时布置追缉，必要时可以向有关地区公安交通管理部门发出协查通报。收到协查通报的公安交通管理部门应当按照通报线索组织查缉，并将查缉结果通知发报单位。逃逸或者驶离现场的车辆查获后，发出协查通报的部门应当及时撤销通报。

第十九条　公安交通管理部门对交通事故现场遗留物品应当保护；除物证外，其他财物必须及时发还当事人；暂时无人认领的，要妥善保管；暂时无法移动的，应当指定当事人一方或者有关人员守护，并设明显标志。

## 第二节　调查取证

第二十条　公安交通管理部门暂扣交通事故车辆、嫌疑车辆、车辆牌证和当事人的驾驶证时，应当开具暂扣凭证。因检验、鉴定的需要，暂扣交通事故车辆、嫌疑车辆、车辆牌证和驾驶证的期限为20日；需要延期的，经上一级公安交通管理部门批准可以延长20日。暂扣的车辆一律存放在公安交通管理部门指定的地点，妥善保管。当事人的其他证件在查验登记后，应当当场发还。

第二十一条　询（讯）问当事人、证人和有关人员，按照《中华人民共和国治安管理处罚条例》的规定进行；有责任的当事人无故不到的，可以依法传唤。

第二十二条　采集、提取交通事故现场的痕迹、物证，按照处理交通事故的有关规定、标准进行。交通事故现场和当事人体内如有可能因时间、地点、气象原因灭失的痕迹或者证据，应当及时提取。饮酒或者使用毒品的当事人如拒绝提取血液，并有反抗行为的，可以使用约束带或者警绳强制提取，提取完毕后必须立即解除。

## 第三节　检验、鉴定和重新评定

第二十三条　检验交通事故死者尸体不得在公众场合进行。剖验交通事故死者尸体，应当取得其亲属或者代理人的同意。但是公安交通管理部门认为必要时，经事故处理部门负责人批准，可以直接解剖尸体。境外来华人员的尸体经法医检验的，由法医出具“死亡鉴定书”。需要解剖尸体的，应当取得死者家属或者所属国驻华使、领馆同意解剖的书面证明。

第二十四条　交通事故受伤人员伤残评定工作应当由法医进行；无法医的，由处理交通事故的办案人员进行；伤情复杂的，可以聘请有专门知识的人员或者委托其他专业伤残鉴定机构进行。在有条件的地方，公安交通管理部门应当设立交通事故伤残评定委员会。

第二十五条　交通事故当事人对伤残评定不服的，按照《道路交通事故处理办法》规定可以向上一级公安交通管理部门申请重新评定。重新评定的结论为最终结论。上一级公安交通管理部门认为必要时，可以委托其他专业伤残鉴定机构或者聘请有专门知识的人员进行重新评定。

第四节　其他规定

第二十六条　办案人员与本交通事故有利害关系或者其他关系可能影响公正处理的，应当自行回避。当事人有权申请办案人员回避。前款规定，适用于鉴定人员、勘查人员。

第二十七条　办案人员的回避，由其所在的公安交通管理部门负责人决定。

第二十八条　预付抢救治疗费直接向医院交纳，凭据由预付的当事人保存。对不预付或无力预付的，公安交通管理部门可以暂扣交通事故责任者的车辆，暂扣的期限由各省、自治区、直辖市公安厅、局规定。

在实行机动车法定保险的地区，发生机动车逃逸事故，造成人员受伤、死亡的，公安交通管理部门应当向当地中国人民保险公司开具预付抢救期间的医疗费、死者丧葬费的通知书，保险公司核实后向医疗单位和死者家属预付费用。

第二十九条　交通事故当事人属流动人口或者境外来华人员，在事故处理期间要求暂时离开事故发生地的，应当在事故发生地寻找担保人，由担保人出具书面担保后，方准离开，境外来华人员找不到担保人的，可缴纳一定数额的保证金后，准予离开。

第三十条　交通事故死亡人员身份无法查明的，须在地区（市）一级报纸上刊登寻人启事。登报 10 日后仍无人认领的，由县以上公安机关负责人批准处理尸体，费用由另一当事方预付。其遗物应当妥善保管或者上交有关部门。

第三十一条　公安交通管理部门对交通事故死者尸体，经检验、鉴定后，认为无保留必要的，应当向死者亲属送交《尸体处理通知书》。死者亲属逾期不办理丧葬事宜的，经县以上公安机关负责人批准，由主管公安机关派员强制处理尸体，费用由另一当事方预付。境外来华人员尸体的处理，应当尊重死者家属或所属国驻华使、领馆的意愿。尸体在当地火化的，应当由死者亲属或者所属国家驻华使、领馆提出书面申请后，方可进行。尸体运送出境的，由死者家属或者其委托的代理人按照我国有关规定办理手续。

## 第四章　责任认定

第三十二条　交通事故责任认定，自交通事故发生之日起按下列时限作出：

轻微事故 5 日内；一般事故 15 日内；重大、特大事故 20 日内。因交通事故情节复杂不能按期作出认定的，须报上一级公安交通管理部门批准，按上述规定分别延长 5 日、15 日、20 日。交通事故责任认定作出后，应当制作《道路交通事故责任认定书》。

第三十三条　公安交通管理部门公布交通事故责任时，应当召集各方当事人同时到场，出具有关证据，说明认定责任的依据和理由，并将《道路交通事故责任认定书》送交有关当事人。

第三十四条　县以上公安交通管理部门应当有专人负责交通事故责任重新认定工作。

第三十五条　交通事故责任重新认定的决定作出后，应当制作《道路交通事故责任重新认定决定书》，分别送交申请人和原责任认定部门，原责任认定部门接到《道路交通事故责任重新认定决定书》后，应当在 5 日内向各方当事人或者代理人公布重新认定决定。交通事故责任的重新认定决定为最终决定。

## 第五章　处　罚

第三十六条　对交通事故责任者处罚应当在损害赔偿调解前进行。对需要追究刑事责任的机动车驾驶员，应当在案件移送人民检察院前吊销其驾驶证。

第三十七条　处罚交通事故责任者，应当根据其违章行为、事故责任和事故后果，分别裁决，合并执行。吊扣驾驶证合并执行不得超过 18 个月。

第三十八条　对机动车驾驶员给予吊销驾驶证处罚的，由裁决的公安交通管理部门将裁决书和驾驶证转送驾驶员现籍车辆管理部门执行。需对现役军人拘留处罚的，由县以上公安机关提出建议，移送军队保卫部门处理。

第三十九条　被处以吊扣、吊销驾驶证的期限，从处罚裁决之日起计算。吊扣驾驶证处罚期满，交通事故处理未结案的，应当发还其驾驶证。

第四十条　对交通事故责任者进行处罚时，其他当事人超过三名的，处罚裁决书可口头告知其他当事人，并作好记录。其他当事人有复议要求的，应当向其送交裁决书复制件。

## 第六章　赔偿调解

第四十一条　交通事故损害赔偿调解须在交通事故办案人员主持下进行。调解的时间、地点、方式由公安交通管理部门指定。

第四十二条　调解未达成协议的，在《道路交通事故处理办法》规定期限内，只调解两次。调解时须制作调解记录。

第四十三条　交通事故办案人员通知当事人或者代理人参加调解时，一般使用书面通知。口头通知的须记入调解记录。当事人或者代理人因故不能按期参加调解的，须事先通知交通事故办案人员，请求变更调解时间；无正当理由不到或者调解中途退离的，计为调解一次。

第四十四条　调解参加人：

（一）交通事故当事人；

（二）交通事故伤亡者的近亲属或者监护人；

（三）交通事故车辆所有权人；

（四）法定代理人和委托代理人；

（五）公安交通管理部门认为有必要参加的人员。

上述人员经公安交通管理部门同意后方准参加调解，一方人数不得超过三人。

第四十五条　委托代理人参加调解须向交通事故办案人员提交由委托人签名或者盖章的授权委托书。授权委托书须载明委托事项和权限。

第四十六条　调解中，当事方更换调解参加人的，连续计算调解次数和时间。当事人或者代理人因不可抗力或者特殊情况不能按时参加调解的，调解时限中断。

第四十七条　调解重大、复杂交通事故需要延长调解期限的，须经上一级公安交通管理部门负责人批准。

第四十八条　调解中，调解参加人提出《道路交通事故处理办法》未规定的赔偿项目和要求的，不予调解。

第四十九条　确定扶养人时，其当事人或者有关人员应当提供有扶养关系的证明。公安交通管理部门认为必要时，应当要求其公证。

第五十条　交通事故损害赔偿达成协议的，公安交通管理部门在制作调解书时应当写明下列事项：

（一）事故简要案情和损失情况；

（二）责任认定；

（三）损害赔偿的项目和数额；

（四）赔偿费给付方式和结案日期。

交通事故办案人员不予转接赔偿款项。但是涉外事故除外。

## 第七章　涉外事故处理

第五十一条　境外来华人员、车辆发生交通事故适用本规定，但调解时可以采用单方调解方式进行。

第五十二条　公安交通管理部门应当通知发生交通事故的境外来华人员履行《道路交通事故处理办法》和本规定所规定的义务。对不履行的，可按规定阻止离境。

第五十三条　享有外交或领事特权和豁免的外国人发生交通事故的，按照我国法律的有关规定和国际惯例处理。

## 第八章　简易程序

第五十四条　案情简单、因果关系明确、当事人争议不大的轻微和一般事故，可由一名交通事故办案人员处理。执勤的交通警察在事故现场处理轻微事故时，适用简易程序。

第五十五条　造成轻微和一般交通事故，应当给予当事人当场处罚的，按照当场处罚规定予以处罚。

第五十六条　需要对损害赔偿进行调解时，办案人员可当场进行调解，达成协议的，制作调解书；达不成协议的，制作调解终结书，分送当事人。

第五十七条　当事人不同意使用简易程序处理时，不适用简易程序。

## 第九章　附　　则

第五十八条　交通事故案件审批权限由省、自治区、直辖市公安厅、局制定。

第五十九条　本规定自发布之日起实行。

# 道路交通安全违法行为处理程序规定

## 第一章　总　　则

第一条　为了规范道路交通安全违法行为处理程序，保障公安机关交通管理部门正确履行职责，保护公民、法人和其他组织的合法权益，根据《中华人民共和国道路交通安全法》及其实施条例等法律、行政法规制定本规定。

第二条　公安机关交通管理部门及其交通警察对道路交通安全违法行为（以下简称违法行为）的处理程序，在法定职权范围内依照本规定实施。

第三条　对违法行为的处理应当遵循合法、公正、文明、公开、及时的原则，尊重和保障人权，保护公民的人格尊严。

对违法行为的处理应当坚持教育与处罚相结合的原则，教育公民、法人和其他组织自觉遵守道路交通安全法律法规。

对违法行为的处理，应当以事实为依据，与违法行为的事实、性质、情节以及社会危害程度相当。

## 第二章　管　　辖

第四条　交通警察执勤执法中发现的违法行为由违法行为发生地的公安机关交通管理部门管辖。

对管辖权发生争议的，报请共同的上一级公安机关交通管理部门指定管辖。上一级公安机关交通管理部门应当及时确定管辖主体，并通知争议各方。

第五条　交通技术监控资料记录的违法行为可以由违法行为发生地、发现地或者机动车登记地的公安机关交通管理部门管辖。

违法行为人或者机动车所有人、管理人对交通技术监控资料记录的违法行为事实有异议的，应当向违法行为发生地公安机关交通管理部门提出，由违法行为发生地公安机关交通管理部门依法处理。

第六条　对违法行为人处以警告、罚款或者暂扣机动车驾驶证处罚的，由县级以上公安机关交通管理部门作出处罚决定。

对违法行为人处以吊销机动车驾驶证处罚的，由设区的市公安机关交通管理部门作出处罚决定。

对违法行为人处以行政拘留处罚的，由县、市公安局、公安分局或者相当于县一级的公安机关作出处罚决定。

## 第三章　调查取证

### 第一节　一般规定

第七条　交通警察调查违法行为时，应当表明执法身份。

交通警察执勤执法应当严格执行安全防护规定，注意自身安全，在公路上执勤执法不得少于两人。

第八条 交通警察应当全面、及时、合法收集能够证实违法行为是否存在、违法情节轻重的证据。

第九条 交通警察调查违法行为时，应当查验机动车驾驶证、行驶证、机动车号牌、检验合格标志、保险标志等牌证以及机动车和驾驶人违法信息。对运载爆炸物品、易燃易爆化学物品以及剧毒、放射性等危险物品车辆驾驶人违法行为调查的，还应当查验其他相关证件及信息。

第十条 交通警察查验机动车驾驶证时，应当询问驾驶人姓名、住址、出生年月并与驾驶证上记录的内容进行核对；对持证人的相貌与驾驶证上的照片进行核对。必要时，可以要求驾驶人出示居民身份证进行核对。

第十一条 调查中需要采取行政强制措施的，依照法律、法规、本规定及国家其他有关规定实施。

第十二条 交通警察对机动车驾驶人不在现场的违法停放机动车行为，应当在机动车侧门玻璃或者摩托车座位上粘贴违法停车告知单，并采取拍照或者录像方式固定相关证据。

第十三条 调查中发现违法行为人有其他违法行为的，在依法对其道路交通安全违法行为作出处理决定的同时，按照有关规定移送有管辖权的单位处理。涉嫌构成犯罪的，转为刑事案件办理或者移送有权处理的主管机关、部门办理。

第十四条 公安机关交通管理部门对于控告、举报的违法行为以及其他行政主管部门移送的案件应当接收，并按规定处理。

## 第二节 交通技术监控

第十五条 公安机关交通管理部门可以利用交通技术监控设备收集、固定违法行为证据。

交通技术监控设备应当符合国家标准或者行业标准，并经国家有关部门认定、检定合格后，方可用于收集违法行为证据。

交通技术监控设备应当定期进行维护、保养、检测，保持功能完好。

第十六条 交通技术监控设备的设置应当遵循科学、规范、合理的原则，设置的地点应当有明确规范相应交通行为的交通信号。

固定式交通技术监控设备设置地点应当向社会公布。

第十七条 使用固定式交通技术监控设备测速的路段，应当设置测速警告标志。使用移动测速设备测速的，应当由交通警察操作。使用车载移动测速设备的，还应当使用制式警车。

第十八条 作为处理依据的交通技术监控设备收集的违法行为记录资料，应当清晰、准确地反映机动车类型、号牌、外观等特征以及违法时间、地点、事实。

第十九条 自交通技术监控设备收集违法行为记录资料之日起的十日内，违法行为发生地公安机关交通管理部门应当对记录内容进行审核，经审核无误后录入道路交通违法信息管理系统，作为违法行为的证据。

公安机关交通管理部门对交通技术监控设备收集的违法行为记录内容应当严格审核制度，完善审核程序。

第二十条 交通技术监控设备记录的违法行为信息录入道路交通违法信息管理系统后三日内，公安机关交通管理部门应当向社会提供查询；并可以通过邮寄、发送手机短信、电子邮件等方式通知机动车所有人或者管理人。

第二十一条　交通技术监控设备记录或者录入道路交通违法信息管理系统的违法行为信息，有下列情形之一并经核实的，应当予以消除：

（一）警车、消防车、救护车、工程救险车执行紧急任务的；

（二）机动车被盗抢期间发生的；

（三）有证据证明救助危难或者紧急避险造成的；

（四）现场已被交通警察处理的；

（五）因交通信号指示不一致造成的；

（六）不符合本规定第十八条规定要求的；

（七）记录的机动车号牌信息错误的；

（八）因使用伪造、变造或者其他机动车号牌发生违法行为造成合法机动车被记录的；

（九）其他应当消除的情形。

## 第四章 行政强制措施适用

第二十二条　公安机关交通管理部门及其交通警察在执法过程中，依法可以采取下列行政强制措施：

（一）扣留车辆；

（二）扣留机动车驾驶证；

（三）拖移机动车；

（四）检验体内酒精、国家管制的精神药品、麻醉药品含量；

（五）收缴物品；

（六）法律、法规规定的其他行政强制措施。

第二十三条　采取本规定第二十二条第（一）、（二）、（四）、（五）项行政强制措施，应当按照下列程序实施:

（一）口头告知违法行为人或者机动车所有人、管理人违法行为的基本事实、拟作出行政强制措施的种类、依据及其依法享有的权利；

（二）听取当事人的陈述和申辩，当事人提出的事实、理由或者证据成立的，应当采纳；

（三）制作行政强制措施凭证，并告知当事人在 15 日内到指定地点接受处理；

（四）行政强制措施凭证应当由当事人签名、交通警察签名或者盖章，并加盖公安机关交通管理部门印章；当事人拒绝签名的，交通警察应当在行政强制措施凭证上注明；

（五）行政强制措施凭证应当当场交付当事人；当事人拒收的，由交通警察在行政强制措施凭证上注明，即为送达。

现场采取行政强制措施的，可以由一名交通警察实施，并在 24 小时内将行政强制措施凭证报所属公安机关交通管理部门备案。

第二十四条　行政强制措施凭证应当载明当事人的基本情况、车辆牌号、车辆类型、违法事实、采取行政强制措施种类和依据、接受处理的具体地点和期限、决定机关名称及当事人依法享有的行政复议、行政诉讼权利等内容。

第二十五条　有下列情形之一的，依法扣留车辆：

（一）上道路行驶的机动车未悬挂机动车号牌，未放置检验合格标志、保险标志，或者未随车携带机动车行驶证、驾驶证的；

（二）有伪造、变造或者使用伪造、变造的机动车登记证书、号牌、行驶证、检验合格标志、保险标志、驾驶证或者使用其他车辆的机动车登记证书、号牌、行驶证、检验合格标志、保险标志嫌疑的；

（三）未按照国家规定投保机动车交通事故责任强制保险的；

（四）公路客运车辆或者货运机动车超载的；

（五）机动车有被盗抢嫌疑的；

（六）机动车有拼装或者达到报废标准嫌疑的；

（七）未申领《剧毒化学品公路运输通行证》通过公路运输剧毒化学品的；

（八）非机动车驾驶人拒绝接受罚款处罚的。

对发生道路交通事故，因收集证据需要的，可以依法扣留事故车辆。

第二十六条 交通警察应当在扣留车辆后24小时内，将被扣留车辆交所属公安机关交通管理部门。

公安机关交通管理部门扣留车辆的，不得扣留车辆所载货物。对车辆所载货物应当通知当事人自行处理，当事人无法自行处理或者不自行处理的，应当登记并妥善保管，对容易腐烂、损毁、灭失或者其他不具备保管条件的物品，经县级以上公安机关交通管理部门负责人批准，可以在拍照或者录像后变卖或者拍卖，变卖、拍卖所得按照有关规定处理。

第二十七条 对公路客运车辆载客超过核定乘员、货运机动车超过核定载质量的，公安机关交通管理部门应当按照下列规定消除违法状态：

（一）违法行为人可以自行消除违法状态的，应当在公安机关交通管理部门的监督下，自行将超载的乘车人转运、将超载的货物卸载；

（二）违法行为人无法自行消除违法状态的，对超载的乘车人，公安机关交通管理部门应当及时通知有关部门联系转运；对超载的货物，应当在指定的场地卸载，并由违法行为人与指定场地的保管方签订卸载货物的保管合同。

消除违法状态的费用由违法行为人承担。违法状态消除后，应当立即退还被扣留的机动车。

第二十八条 对扣留的车辆，当事人接受处理或者提供、补办的相关证明或者手续经核实后，公安机关交通管理部门应当依法及时退还。

公安机关交通管理部门核实的时间不得超过10日；需要延长的，经县级以上公安机关交通管理部门负责人批准，可以延长至15日。核实时间自车辆驾驶人或者所有人、管理人提供被扣留车辆合法来历证明，补办相应手续，或者接受处理之日起计算。

发生道路交通事故因收集证据需要扣留车辆的，扣留车辆时间依照《道路交通事故处理程序规定》有关规定执行。

第二十九条 有下列情形之一的，依法扣留机动车驾驶证：

（一）饮酒后驾驶机动车的；

（二）将机动车交由未取得机动车驾驶证或者机动车驾驶证被吊销、暂扣的人驾驶的；

（三）机动车行驶超过规定时速50%的；

（四）驾驶有拼装或者达到报废标准嫌疑的机动车上道路行驶的；

（五）在一个记分周期内累积记分达到12分的。

第三十条 交通警察应当在扣留机动车驾驶证后24小时内，将被扣留机动车驾驶证交所属公安机关交通管理部门。

具有本规定第二十九条第（一）、（二）、（三）、（四）项所列情形之一的，扣留机动车驾驶证至作出处罚决定之日；处罚决定生效前先予扣留机动车驾驶证的，扣留一日折抵暂扣期限一日。只对违法行为人作出罚款处罚的，缴纳罚款完毕后，应当立即发还机动车驾驶证。具有本规定第二十九条第（五）项情形的，扣留机动车驾驶证至考试合格之日。

第三十一条　违反机动车停放、临时停车规定，驾驶人不在现场或者虽在现场但拒绝立即驶离，妨碍其他车辆、行人通行的，公安机关交通管理部门及其交通警察可以将机动车拖移至不妨碍交通的地点或者公安机关交通管理部门指定的地点。

拖移机动车的，现场交通警察应当通过拍照、录像等方式固定违法事实和证据。

第三十二条　公安机关交通管理部门应当公开拖移机动车查询电话，并通过设置拖移机动车专用标志牌明示或者以其他方式告知当事人。当事人可以通过电话查询接受处理的地点、期限和被拖移机动车的停放地点。

第三十三条　车辆驾驶人有下列情形之一的，应当对其检验体内酒精、国家管制的精神药品、麻醉药品含量：

（一）对酒精呼气测试等方法测试的酒精含量结果有异议的；

（二）涉嫌饮酒、醉酒驾驶车辆发生交通事故的；

（三）涉嫌服用国家管制的精神药品、麻醉药品后驾驶车辆的；

（四）拒绝配合酒精呼气测试等方法测试的。

对酒后行为失控或者拒绝配合检验的，可以使用约束带或者警绳等约束性警械。

第三十四条　检验车辆驾驶人体内酒精、国家管制的精神药品、麻醉药品含量的，应当按照下列程序实施：

（一）由交通警察将当事人带到医疗机构进行抽血或者提取尿样；

（二）公安机关交通管理部门应当将抽取的血液或者提取的尿样及时送交有检验资格的机构进行检验，并将检验结果书面告知当事人。

检验车辆驾驶人体内酒精、国家管制的精神药品、麻醉药品含量的，应当通知其家属，但无法通知的除外。

第三十五条　对非法安装警报器、标志灯具或者自行车、三轮车加装动力装置的，公安机关交通管理部门应当强制拆除，予以收缴，并依法予以处罚。

交通警察现场收缴非法装置的，应当在 24 小时内，将收缴的物品交所属公安机关交通管理部门。

对收缴的物品，除作为证据保存外，经县级以上公安机关交通管理部门批准后，依法予以销毁。

第三十六条　公安机关交通管理部门对扣留的拼装或者已达到报废标准的机动车，经县级以上公安机关交通管理部门批准后，予以收缴，强制报废。

第三十七条　对伪造、变造或者使用伪造、变造的机动车登记证书、号牌、行驶证、检验合格标志、保险标志、驾驶证的，应当予以收缴，依法处罚后予以销毁。

对使用其他车辆的机动车登记证书、号牌、行驶证、检验合格标志、保险标志的，应当予以收缴，依法处罚后转至机动车登记地车辆管理所。

第三十八条　对在道路两侧及隔离带上种植树木、其他植物或者设置广告牌、管线等，遮挡路灯、交通信号灯、交通标志，妨碍安全视距的，公安机关交通管理部门应当向违法行为人送达排除妨碍通知书，告知履行期限和不履行的后果。违法行为人在规定期限内拒不履行的，依法予以处罚并强制排除妨碍。

第三十九条 强制排除妨碍，公安机关交通管理部门及其交通警察可以当场实施。无法当场实施的，应当按照下列程序实施：

（一）经县级以上公安机关交通管理部门负责人批准，可以委托或者组织没有利害关系的单位予以强制排除妨碍；

（二）执行强制排除妨碍时，公安机关交通管理部门应当派员到场监督。

## 第五章 行政处罚

### 第一节 行政处罚的决定

第四十条 交通警察对于当场发现的违法行为，认为情节轻微、未影响道路通行和安全的，口头告知其违法行为的基本事实、依据，向违法行为人提出口头警告，纠正违法行为后放行。

各省、自治区、直辖市公安机关交通管理部门可以根据实际确定适用口头警告的具体范围和实施办法。

第四十一条 对违法行为人处以警告或者200元以下罚款的，可以适用简易程序。

对违法行为人处以200元（不含）以上罚款、暂扣或者吊销机动车驾驶证的，应当适用一般程序。不需要采取行政强制措施的，现场交通警察应当收集、固定相关证据，并制作违法行为处理通知书。

对违法行为人处以行政拘留处罚的，按照《公安机关办理行政案件程序规定》实施。

第四十二条 适用简易程序处罚的，可以由一名交通警察作出，并应当按照下列程序实施：

（一）口头告知违法行为人违法行为的基本事实、拟作出的行政处罚、依据及其依法享有的权利；

（二）听取违法行为人的陈述和申辩，违法行为人提出的事实、理由或者证据成立的，应当采纳；

（三）制作简易程序处罚决定书；

（四）处罚决定书应当由被处罚人签名、交通警察签名或者盖章，并加盖公安机关交通管理部门印章；被处罚人拒绝签名的，交通警察应当在处罚决定书上注明；

（五）处罚决定书应当当场交付被处罚人；被处罚人拒收的，由交通警察在处罚决定书上注明，即为送达。

交通警察应当在二日内将简易程序处罚决定书报所属公安机关交通管理部门备案。

第四十三条 简易程序处罚决定书应当载明被处罚人的基本情况、车辆牌号、车辆类型、违法事实、处罚的依据、处罚的内容、履行方式、期限、处罚机关名称及被处罚人依法享有的行政复议、行政诉讼权利等内容。

第四十四条 制发违法行为处理通知书应当按照下列程序实施：

（一）口头告知违法行为人违法行为的基本事实；

（二）听取违法行为人的陈述和申辩，违法行为人提出的事实、理由或者证据成立的，应当采纳；

（三）制作违法行为处理通知书，并通知当事人在15日内接受处理；

（四）违法行为处理通知书应当由违法行为人签名、交通警察签名或者盖章，并加盖公安机关交通管理部门印章；当事人拒绝签名的，交通警察应当在违法行为处理通知书上注明；

（五）违法行为处理通知书应当当场交付当事人；当事人拒收的，由交通警察在违法行为处理通知书上注明，即为送达。

交通警察应当在 24 小时内将违法行为处理通知书报所属公安机关交通管理部门备案。

第四十五条　违法行为处理通知书应当载明当事人的基本情况、车辆牌号、车辆类型、违法事实、接受处理的具体地点和时限、通知机关名称等内容。

第四十六条　适用一般程序作出处罚决定，应当由两名以上交通警察按照下列程序实施:

（一）对违法事实进行调查，询问当事人违法行为的基本情况，并制作笔录；当事人拒绝接受询问、签名或者盖章的，交通警察应当在询问笔录上注明；

（二）采用书面形式或者笔录形式告知当事人拟作出的行政处罚的事实、理由及依据，并告知其依法享有的权利；

（三）对当事人陈述、申辩进行复核，复核结果应当在笔录中注明；

（四）制作行政处罚决定书；

（五）行政处罚决定书应当由被处罚人签名，并加盖公安机关交通管理部门印章；被处罚人拒绝签名的，交通警察应当在处罚决定书上注明；

（六）行政处罚决定书应当当场交付被处罚人；被处罚人拒收的，由交通警察在处罚决定书上注明，即为送达；被处罚人不在场的，应当依照《公安机关办理行政案件程序规定》的有关规定送达。

第四十七条　行政处罚决定书应当载明被处罚人的基本情况、车辆牌号、车辆类型、违法事实和证据、处罚的依据、处罚的内容、履行方式、期限、处罚机关名称及被处罚人依法享有的行政复议、行政诉讼权利等内容。

第四十八条　一人有两种以上违法行为，分别裁决，合并执行，可以制作一份行政处罚决定书。

一人只有一种违法行为，依法应当并处两个以上处罚种类且涉及两个处罚主体的，应当分别制作行政处罚决定书。

第四十九条　对违法行为事实清楚，需要按照一般程序处以罚款的，应当自违法行为人接受处理之时起 24 小时内作出处罚决定；处以暂扣机动车驾驶证的，应当自违法行为人接受处理之日起三日内作出处罚决定；处以吊销机动车驾驶证的，应当自违法行为人接受处理或者听证程序结束之日起七日内作出处罚决定，交通肇事构成犯罪的，应当在人民法院判决后及时作出处罚决定。

第五十条　对交通技术监控设备记录的违法行为，当事人应当及时到公安机关交通管理部门接受处理，处以警告或者 200 元以下罚款的，可以适用简易程序；处以 200 元（不含）以上罚款、吊销机动车驾驶证的，应当适用一般程序。

## 第二节　行政处罚的执行

第五十一条　对行人、乘车人、非机动车驾驶人处以罚款，交通警察当场收缴的，交通警察应当在简易程序处罚决定书上注明，由被处罚人签名确认。被处罚人拒绝签名的，交通警察应当在处罚决定书上注明。

交通警察依法当场收缴罚款的，应当开具省、自治区、直辖市财政部门统一制发的罚款收据；不开具省、自治区、直辖市财政部门统一制发的罚款收据的，当事人有权拒绝缴纳罚款。

第五十二条　当事人逾期不履行行政处罚决定的，作出行政处罚决定的公安机关交通管理部门可以采取下列措施：

（一）到期不缴纳罚款的，每日按罚款数额的3%加处罚款，加处罚款总额不得超出罚款数额；

（二）申请人民法院强制执行。

第五十三条　公安机关交通管理部门对非本辖区机动车驾驶人给予暂扣、吊销机动车驾驶证处罚的，应当在作出处罚决定之日起15日内，将机动车驾驶证转至核发地公安机关交通管理部门。

违法行为人申请不将暂扣的机动车驾驶证转至核发地公安机关交通管理部门的，应当准许，并在行政处罚决定书上注明。

第五十四条　对违法行为人决定行政拘留并处罚款的，公安机关交通管理部门应当告知违法行为人可以委托他人代缴罚款。

## 第六章 执法监督

第五十五条　交通警察执勤执法时，应当按照规定着装，佩戴人民警察标志，随身携带人民警察证件，保持警容严整，举止端庄，指挥规范。

交通警察查处违法行为时应当使用规范、文明的执法用语。

第五十六条　公安机关交通管理部门所属的交警队、车管所及重点业务岗位应当建立值日警官和法制员制度，防止和纠正执法中的错误和不当行为。

第五十七条　各级公安机关交通管理部门应当加强执法监督，建立本单位及其所属民警的执法档案，实施执法质量考评、执法责任制和执法过错追究。

执法档案可以是电子档案或者纸质档案。

第五十八条　公安机关交通管理部门应当依法建立交通民警执勤执法考核评价标准，不得下达或者变相下达罚款指标，不得以处罚数量作为考核民警执法效果的依据。

## 第七章　其他规定

第五十九条　当事人对公安机关交通管理部门采取的行政强制措施或者作出的行政处罚决定不服的，可以依法申请行政复议或者提起行政诉讼。

第六十条　公安机关交通管理部门应当使用道路交通违法信息管理系统对违法行为信息进行管理。对记录和处理的交通违法行为信息应当及时录入道路交通违法信息管理系统。

第六十一条　公安机关交通管理部门对非本辖区机动车有违法行为记录的，应当在违法行为信息录入道路交通违法信息管理系统后，在规定时限内将违法行为信息转至机动车登记地公安机关交通管理部门。

第六十二条　公安机关交通管理部门对非本辖区机动车驾驶人的违法行为给予记分或者暂扣、吊销机动车驾驶证以及扣留机动车驾驶证的，应当在违法行为信息录入道路交通违法信息管理系统后，在规定时限内将违法行为信息转至驾驶证核发地公安机关交通管理部门。

第六十三条　对非本辖区机动车驾驶人申请在违法行为发生地参加满分学习、考试的，公安机关交通管理部门应当准许，考试合格后发还扣留的机动车驾驶证，并将考试合格的信息转至驾驶证核发地公安机关交通管理部门。

驾驶证核发地公安机关交通管理部门应当根据转递信息清除机动车驾驶人的累积记分。

第六十四条　以欺骗、贿赂等不正当手段取得机动车登记的，应当收缴机动车登记证书、号牌、行驶证，由机动车登记地公安机关交通管理部门撤销机动车登记。

以欺骗、贿赂等不正当手段取得驾驶许可的，应当收缴机动车驾驶证，由驾驶证核发地公安机关交通管理部门撤销机动车驾驶许可。

非本辖区机动车登记或者机动车驾驶许可需要撤销的，公安机关交通管理部门应当将收缴的机动车登记证书、号牌、行驶证或者机动车驾驶证以及相关证据材料，及时转至机动车登记地或者驾驶证核发地公安机关交通管理部门。

第六十五条　撤销机动车登记或者机动车驾驶许可的，应当按照下列程序实施：

（一）经设区的市公安机关交通管理部门负责人批准，制作撤销决定书送达当事人；

（二）将收缴的机动车登记证书、号牌、行驶证或者机动车驾驶证以及撤销决定书转至机动车登记地或者驾驶证核发地车辆管理所予以注销；

（三）无法收缴的，公告作废。

第六十六条　简易程序案卷应当包括简易程序处罚决定书。一般程序案卷应当包括行政强制措施凭证或者违法行为处理通知书、证据材料、公安交通管理行政处罚决定书。

在处理违法行为过程中形成的其他文书应当一并存入案卷。

## 第八章　附　　则

第六十七条　本规定中下列用语的含义：

（一）“违法行为人”，是指违反道路交通安全法律、行政法规规定的公民、法人及其他组织。

（二）“县级以上公安机关交通管理部门”，是指县级以上人民政府公安机关交通管理部门或者相当于同级的公安机关交通管理部门。“设区的市公安机关交通管理部门”，是指设区的市人民政府公安机关交通管理部门或者相当于同级的公安机关交通管理部门。

第六十八条　本规定未规定的违法行为处理程序，依照《公安机关办理行政案件程序规定》执行。

第六十九条　本规定所称以上、以下，除特别注明的外，包括本数在内。

本规定所称的“二日”、“三日”、“七日”、“十日”、“十五日”，是指工作日，不包括节假日。

第七十条　执行本规定所需要的法律文书式样，由公安部制定。公安部没有制定式样，执法工作中需要的其他法律文书，各省、自治区、直辖市公安机关交通管理部门可以制定式样。

第七十一条　本规定自 2009 年 4 月 1 日起施行。2004 年 4 月 30 日发布的《道路交通安全违法行为处理程序规定》（公安部第 69 号令）同时废止。本规定生效后，以前有关规定与本规定不一致的，以本规定为准。

# 参 考 文 献

[1] 周延礼．机动车辆保险理论与实务［M］．北京：中国金融出版社，2001.

[2] 梁军．汽车保险与理赔［M］．北京：人民交通出版社，2004.

[3] 罗向明．保险路路通——车辆保险知识与案例［M］．广州：中山大学出版社，2005.

[4] 陈立辉．车险理赔面面谈——汽车保险 ABC［M］．北京：机械工业出版社，2005.

[5] 杨立旺．机动车辆保险投保与索赔指南［M］．成都：西南财经大学出版社，1999.

[6] 周新苗．非对称信息条件下机动车辆保险合同与风险因素研究［M］．北京：中国水利水电出版社，2009.

[7] 中国平安保险（集团）股份有限公司法律合规部．保险合同法案例解说［M］．北京：清华大学出版社，2005.

[8] 中国平安保险（集团）股份有限公司．意外险和健康险条款汇编［M］．北京：中国平安财产保险股份有限公司，2006.

[9] 中国平安保险（集团）股份有限公司．车险文件管理制度汇编［M］．大连：中国平安财产保险股份有限公司大连分公司，2004.

[10] 付铁军，杨学坤．汽车保险与理赔［M］．北京：北京理工大学出版社，2008.

[11] 曾鑫．汽车保险与理赔［M］．北京：人民邮电出版社，2010.

[12] 宋孟辉．汽车定损与理赔［M］．北京：人民邮电出版社，2010.

[13] 董恩国，陈立辉．汽车保险与理赔［M］．北京：北京理工大学出版社，2008.

[14] 何宝文．汽车保险与理赔［M］．北京：机械工业出版社，2011.